mor
hapus

I Mirain, y ffrind gorau fu

mor hapus

GWENLLIAN ELLIS

Argraffiad cyntaf: 2025
© Hawlfraint Gwen Ellis a'r Lolfa Cyf., 2025

*Mae hawlfraint ar gynnwys y llyfr hwn ac mae'n
anghyfreithlon llungopïo neu atgynhyrchu unrhyw ran ohono
trwy unrhyw ddull ac at unrhyw bwrpas (ar wahân i adolygu) heb
gytundeb ysgrifenedig y cyhoeddwyr ymlaen llaw*

Llun y clawr: Elin Gruffydd

Rhif Llyfr Rhyngwladol: 978-1-80099-554-3

Dymuna'r cyhoeddwyr gydnabod cymorth ariannol
Cyngor Llyfrau Cymru

Cyhoeddwyd ac argraffwyd yng Nghymru
ar bapur o goedwigoedd cynaliadwy gan
Y Lolfa Cyf., Talybont, Ceredigion SY24 5HE
e-bost ylolfa@ylolfa.com
gwefan www.ylolfa.com
ffôn 01970 832 304

'Neither one of us talks, the way people sometimes don't when they are happy – but as soon as I have this thought, I realise its opposite is also true.'

Claire Keegan, Foster (2010)

Haf 2009
(Pen Llŷn)

Mae'r awyr yn stremps tew o gandi fflos dros ynysoedd Sant Tudwal a'r haul yn simsanu mymryn ar ôl diwrnod hir o daflu gwres a goleuni ar y penrhyn. Mae hi'n dal yn gynnes, a'r môr yn hollol lonydd, gydag ambell un yn dal i nofio yn y dŵr llugoer, yn ceisio gwasgu pob eiliad allan o'u Sul. Roedd hi wedi bod yn un o'r penwythnosau perffaith 'na ym mis Mehefin; yn haul poeth, yr aer yn hallt a'r traeth yn llawn chwerthin a chwarae, pawb yn oglau eli haul, tywod yn casglu yng ngwaelod 'sgidiau a bagiau, *ice packs* wedi hen ddadmer.

Mae'r ddwy yn eistedd ar flanced IKEA flodeuog ym mhen pellaf y traeth, eu tyweli'n dal i sychu ar y creigiau. Mae'r aer wedi ysgafnhau bellach a sŵn y môr yn torri ar y traeth mor gyson â metronom. Maen nhw eisioes wedi trafod y noson allan yn or-fanwl, wedi dadansoddi pob edrychiad, pob sgwrs. Chwardda'r ddwy i mewn i'w fish 'n chips wrth i Magw ddweud ei stori, eu tinau'n gylchoedd dwfn yn y tywod.

'A be wedyn?' gofynna Thelma wrth biffian chwerthin, ei breichiau'n chwifio o'i hamgylch mewn cyffro. 'Deud! God ma hyn rêl chdi yn cadw rwbath fel'ma oddi wrtha i am ddiwrnod cyfan!'

Chwaraea Magw â'r chips efo'i fforc fach bren, a trio dal ei chwerthin yn ôl heb lwyddo rhyw lawer. 'Wel... wedyn natho sort of... jest gorffan. Paid â chwerthin! Dwi'n teimlo'n gas yn deud hyn. Nath o ofyn i mi beidio deud dim.'

'Yn *amlwg* mi wyt ti am ddeud wrth dy ffrind gora. So unwaith o'dd o 'di gorffan, nath bob dim jest... gorffan?'

'Wel... do... o'dd y ddau ohonan ni'n reit flustered a ddim wir yn gwbod be i neud!'

'Dos 'na'm rhyfadd bo chdi isho jumbo sausage heno felly,' heria Thelma.

'O mai god, Thelma, stop!'

'Pa mor fawr o'ddi, 'ta?' Cydia Thelma yn ei jumbo sausage yn awgrymog, cyn gofyn, 'Maint yma?'

Mae Magw'n cochi, ddim yn gwybod lle i orffwys ei llygaid, ei bochau'n brifo gan wenu gymaint.

'Stopia! Ti mor crude!'

'Ocê, 'na'i stopio,' meddai Thelma gan gymryd brathiad mawr o'r sosej wrth edrych ar ei ffrind gan gilwenu a chodi ei haeliau arni.

'Paid!'

Mae'r ddwy yn chwerthin eto. Mae Magw o'r diwedd yn ddynes. Tydi hi ddim yn malio am ansawdd y secs, dim ond y weithred ei hun. Tydi hi ddim yn malio am y ffordd y cafodd ei thrin wedyn ond am y weithred ei hun. Dim ond y weithred ei hun.

Mae'r ddwy'n distewi.

'O'dd o jest reit ocwyrd. 'Nes i waedu. Do'ddan ni'm yn gwbod be i neud... A wedyn natho jest troi ar ei ochr,' dyweda Magw.

Mae hi'n ceisio basgio yn y ffaith ei bod hi ddim yn virgin ac yn trio anghofio am y pethau dibwys eraill oedd hi wedi ddisgwyl fyddai'n cyfoethogi'r profiad. Doedd ganddi ddim ots am waedu na phoen na chydlo: roeddan nhw wedi ffwcio a dyna'r unig beth oedd yn cyfri iddi hi. Meddylia Magw, tybed oedd o wedi dweud unrhyw beth wrth ei ffrindiau a tybed beth fysa'u hymateb nhw? Tydi hi ddim yn gwybod ei fod o wedi dweud wrth bawb ei bod hi'n frigid ac yn virgin, a ddim yn deall yr effaith fydd hynny'n ei gael arni am flynyddoedd i ddod.

'Dim cydlo?' gofynnodd Thelma.

'Dim cyffyrddiad o gwbwl,' meddai Magw wrth ryddhau'r ochenaid leiaf un. 'A nath o ddeffro fi 7 o'r gloch bora 'ma i ddreifio fi adra rhag ofn i'w rieni fo ffendio allan.'

'God, ma hogia *mor annoying*, dydyn?' ateba Thelma a rowlio ei llygaid.

'O'dd o'n hel fi o tŷ fatha mod i'n fin oedd angen mynd i lôn.'

'Dyna pam ddyla chdi neud siŵr na fo sy'n dod i dy le di,' meddai Thelma wrth eistedd yn ôl ar ei phenelinau.

''Sa Mam yn lladd i,' meddai Magw gyda gwên eiddigeddus.

''Da chi'm yn soul mates felly?' gwawdia Thelma'n heriol.

'God, nadan. Wel o leia dwi'm yn virgin ddim mwy, nadw? Fydda i'n mynd i Lundain a fydd gen i ddim ofn mynd efo *neb*, rŵan.'

'Deflowered and ready to fuck,' medd Thelma'n chwareus. Mae'r ddwy'n chwerthin yn afreolus, eu cyrff yn symud a'u bochau'n brifo. Mae'r haf yn ymestyn o'u blaenau, yn ganfas wag, yn llawn posibiliadau a phartis ac amser i'w wastraffu. Maen nhw'n ffrindiau gorau. Does ganddyn nhw ddim poenau go-iawn, dim ond pwy maen nhw am ffwcio, be maen nhw am wisgo a pha un sydd am ddreifio nhw i'r holl lefydd maen nhw'n bwriadu mynd.

Maen nhw'n dod i'r traeth yn aml i leddfu hangofyrs a bwyta

fish 'n chips ymysg y twristiaid a'r plant ac yn addo i'w gilydd eu bod nhw am fynd i draeth distawach tro nesaf. Tydyn nhw ddim yn poeni rhyw lawer am y dyfodol, am be sy'n digwydd yn y byd, am wleidyddiaeth na'r economi na ffeministiaeth. Maen nhw'n smalio eu bod nhw'n gwybod beth ydi secs a sut mae orgasm yn teimlo. Maen nhw'n meddwl eu bod nhw'n oedolion ond tydyn nhw ddim yn cysidro'r holl bethau nad ydyn nhw'n eu dallt eto. Mae'r ddwy yn symud i Lundain fis Medi ac mae bywyd yn teimlo fel ei fod ar fin dechrau'n iawn. Maen nhw o'r diwedd yn cael gadael y penrhyn bach, diflas yma.

Eistedda'r ddwy ar y flanced IKEA yn chwerthin ac yn siarad am oriau eto, tan i'r haul ddiflannu'n llwyr, i'r awyr droi'n biws-las ac i'r môr lonyddu cymaint nes ei fod o'n edrych fel triog solat yng ngolau'r lloer.

Ac maen nhw mor hapus.

Diwedd Hydref 2023 (Llundain)

Roedd yr awyr yn las heb unrhyw gwmwl, y diwrnod yn dechra setlo. Arhosodd Magw Morgan o flaen prif fynedfa Marchnad Borough yn ei het a'i sgarff gnotiog, y lle'n fwyd ac yn fywyd ac yn fwrlwm mor fuan ar fore Sadwrn: aroglau coffi ffres a bara newydd ei bobi yn dylu aroglau arferol y ddinas, a sŵn masnachwyr a boregodwyr yn dylu murmur y traffig, y trenau a'r awyrennau uwchlaw. Roedd hi'n gynhesach nag oedd hi wedi ddisgwyl, ei cheseiliau'n sticio i'w hen grys a'i chroen yn gwlitho dan yr haul crimp, hydrefol. Roedd ei gwallt melyngoch yn disgleirio yn y golau yma, yn donnau o liwiau taffi a mahogani a'i llygaid brown fel aur, ei brychni yn dryleu. Bellach, roedd hi'n difaru bod mor gyffrous i estyn ei 'stwff gaeaf', ei chôt yn teimlo'n rhy drwm, ei theits yn ludiog a'i bŵts yn gwneud iddi deimlo'n frumpy.

Dyma'r lle, roeddan nhw wedi penderfynu flynyddoedd ynghynt, oedd y canolbwynt perffaith a'r union bellter rhwng eu cartrefi. Doedd dim math o dystiolaeth na gwaith manwl wedi ei wneud i brofi'r peth. Roedd y traddodiad o ddod yma yn bwysicach na'r lle ei hun bellach. Roedd 'na rywbeth am ddringo allan o risiau'r Tube yn y rhan yma o Lundain oedd yn llwyddo i'w rhyfeddu bob amser; yr agosrwydd at adeilad talaf gorllewin Ewrop, golau gwyn yn tasgu o'r ffenestri, yr holl bobl – dim ots faint o'r gloch oedd hi – y traffic yn ceisio croesi'r bont, cornucopia o fywyd o'i chwmpas.

Crynodd y ffôn yn ei phoced.

09:50
Thelma: Mor sori, dwi'n rhedag yn hwyr. Geshi draffath shifftio ryw ddyn o ngwely bora ma!!! Dos di yna a na'i ddal fyny. Fydda'i ryw chwartar awr eto. Sori xx

Cynhesodd gwên ar wyneb Magw wrth weld yr holl emojis aubergine, er ei bod hi'n casáu pan oedd pobl yn hwyr. Roedd hi'n brydlon bob amser, a Thelma wastad yn hwyr i bob man, rhyw ddrama am ei gwisg neu drasiedi gwallt neu or-stwna yn ei rafu hi, nid fod gan Thelma fawr o ots am droi fyny'n hwyr gan ei bod hi'n gwneud i fyny am ei hamhrydlondeb pan oedd hi *yn* cyrraedd. Boed yn noson allan neu'n ddigwyddiad gwaith neu'n frecwast efo hen ffrind, roedd Thelma'n gwbwl bresennol bob eiliad yn lle bynnag oedd hi.

09:51
Magw: Dim probs! Wela'i di munud. Xx

Cyrhaeddodd Magw'r bwyty, archebu coffi a smoothie iddi hi'i hun a fflicio'n ddifeddwl drwy ei ffôn, yn neidio rhwng yr aps, ei meddwl yn methu canolbwyntio ar ddim yn rhy hir. Darllenodd am y gwrthdaro oedd yn digwydd yn Gaza a rhannodd erthygl ar ei stori Instagram. Roedd 'na bobl wedi bod yn gorymdeithio ac yn protestio o flaen Downing Street pob penwythnos ers yr ymosodiadau ar y 7fed o Hydref. Doedd Magw ddim wedi bod i'r un, felly'r peth lleiaf oedd hi'n fedru gwneud oedd rhannu ambell erthygl neu fideo brawychus. Nid apathi oedd hyn fel y cyfryw, ond ei phen yn chwalu am gymaint o anghyfiawnder oedd yn y byd a hithau ddim yn gwybod lle i ddechrau dygymod â hynny. Roedd hi wedi colli ffydd yn yr holl beth – y byd, ei lle hi ynddo fo – felly oedd, roedd hi'n haws ar ei chydwybod i rannu storïau ar gyfryngau cymdeithasol a chyfarfod ei ffrind am frecwast.

Dyma'r lle roedd y ddwy yn cyfarfod ers blynyddoedd, ers i Magw a Dyfed symud i fewn i'r fflat, ers iddyn nhw orfod cyfarfod am frecwast os oeddan nhw am weld ei gilydd. Hen fecws oedd y bwyty, wedi ei guddio lawr un o strydoedd bach London Bridge ond roedd bellach wedi ei drawsnewid yn fan bwyta 'hip' lle roedd hi'n amhosib cael bwrdd ynddo os nad oedd rhywun yn cyrraedd fel roeddan nhw'n agor. Ymhen chwarter awr roedd y byrddau i gyd yn llawn a chiw yn ffurfio tu allan, sŵn cwsmeriaid yn siarad a ffa coffi'n cael eu greindio a llefrith yn stemio yn adleisio ar hyd y stafell. Byrstiodd Thelma i fewn i'r caffi bychan fel corwynt, gwên enfawr ar ei hwyneb, ei chynnwrf a'i llawenydd yn gorlifo ohoni. Y math o lawenydd hunangyfiawn sy'n benodol i berson sydd wedi anwybyddu'r byd ers 24 awr a hynny am iddi fod efo dyn.

'O mai god, sori mod i'n hwyr!'

'Paid â poeni, shŵr,' atebodd Magw wrth godi i'w chofleidio. Gafaelon nhw yn ei gilydd am 'chydig eiliadau, siapau cyrff ac oglau perfume cyfarwydd yn cynnig cysur ac yn teimlo fel adref. Roedd y ddwy yr un taldra ond roedd Thelma wastad yn gwisgo sodlau, bŵts pinc heddiw, ei choflaid yn cylchu sgwyddau Magw a breichiau Magw yn gafael rownd wast Thelma.

Dechreuodd y ddwy chwerthin wrth i Thelma ddatod ei chôt hir, ddu, ei miri a'i chynnwrf fel petai'n lledaenu fel gwres yr haul ar draws y bwyty, yn gwneud i bawb deimlo yr un mor ewfforig â hi. Roedd ei gwallt siocled, oedd yn hir fel arfer ac yn tasgu lawr ei chefn, wedi ei glymu nôl yn dynn ac yn chwifio tu ôl iddi. Gallai Magw'n weld pob llinell ac ystum yn hollol glir: ei hwyneb yn ganfas i'r stori. Roedd gan Thelma lygaid mawr, fel cymeriad anime, bochau onglog uchel a chroen porslin oedd fymryn yn wridog. Fel rheol, roedd hi'n golur neu'n fake tan drosti ond heddiw roedd ei hwyneb yn noeth, ei chroen hufennog yn sgleinio, gan ddangos ei brychni ysgafn.

'Dwi'n licio'r gôt 'na. Newydd?' holodd Magw wrth i Thelma eistedd o'i blaen. Roedd hi wastad yn sylwi ar ddillad newydd Thelma, wastad yn cael ei hysbrydoli gan yr hyn roedd hi'n wisgo. Amdani heddiw oedd ffrog ddu hir oedd yn glynu i'w ffigwr, y math o ffrog oedd yn gwneud i ddynion fod eisiau ei ffwcio hi ac i Magw deimlo cenfigen pur. Roedd hi'n grwn yn y llefydd iawn: pen ôl, brestiau a hips crwn a phob man arall yn fflat neu'n daclus, dim fel Magw oedd yn hir ac yn syth ac yn rhy grwn yn y llefydd anghywir. Roedd 'na rywbeth gwahanol yn y ffordd roedd Thelma'n dal ei hun, y ffordd roedd hi'n bodoli yn y byd. Yr unig gysur i Magw oedd ei bod hi fymryn yn gleniach ei hedrychiad a'i natur.

'O diolch, yndi, treat wsos dwytha ar ôl gorffen y case mawr 'na.'

'O ia, y messy celebrity divorce,' meddai Magw gan godi ei dwylo a ffurfio dyfynodau efo'i bysedd ar y tri gair olaf.

'Pliiiiis 'nei di ddeud pwy?' erfynnodd Magw.

'Ha, fedra i ddim, dwi 'di seinio NDA. Ag *yn amlwg* dwi'm isho siarad am 'y ngwaith,' meddai gyda gwên beryg ar ei hwyneb.

'Cym on, 'ta, deud y blydi cwbwl!' meddai Magw'n fyrlymus, wrth i Thelma eistedd i lawr dros y ffordd â hi, ei gwên yn dangos ei dannedd i gyd.

Dechreuodd y ddwy chwerthin, y sŵn yn canu o'u cwmpas.

'O mai god, Magw!' gwichiodd, ei breichiau yn chwifio o amgylch ei hwyneb, ei dwylo'n llydan agored, fel petai'n dysgu plentyn gyfri i ddeg. 'Dwi jest 'di ca'l y ddau ddwrnod mwya... amazing. O'ddan ni'n dathlu gorffen y merger efo'r firm o Efrog Newydd nos Iau, ag o'n i 'di bod yn goro delio dipyn efo un o'r Senior Partners sy 'di bod yn gweithio yn ein swyddfa ni ers 'chydig, tra ma'r merger yn cael ei ddarfod, Dwight–'

'*Dwight?*'

'Ia, Dwight. Mae o'n American, yn amlwg?'

'Be, fel Dwight o *The Office?*' meddai Magw'n syfrdan a dechrau giglo.

'Ia, Magw! Ma'r enw yn *hollol* irrelevant.'

Cymerodd Magw swig o'i smoothie i'w helpu hi i lonyddu.

'Eniwe, o'n i 'di bod yn gweithio ar y merger 'fyd a wedi treulio amser efo fo. Ag eniwe, nos Iau o'ddan ni'n ca'l bach o fizz ar ôl i bob dim officially ga'l 'i drosglwyddo drosodd i'r tîm yn Efrog Newydd, ag o'n i'n teimlo bo 'na *wbath* 'di bod yna ers iddo gyrradd, lot o ryw giledrach ar ein gilydd. Wedyn athon ni allan i Shoreditch i ddathlu, lle o'dd y vibes yn undeniable, o'ddan ni jest–'

Styrbiodd y gweinydd Thelma i ofyn oedd hi eisiau archebu unrhyw beth, fel oedd y stori ar ei chrescendo.

'Can I have the same please? Flat white and that smoothie. Thanks,' meddai gyda gwên ddiamynedd. 'A wedyn nathon ni jest hit it off a, to cut a long story short, wnaeth o ddod acw a nathon ni ffwcio non-stop rhwng nos Iau a bora 'ma.'

'Be uffar?' gofynnodd Magw gydag anghrediniaeth a chyffro.

'Wir 'ŵan, dwi'm yn gwbod sut dwi'n dal i sefyll i ddweud gwir.'

'O mai god,' atebodd Magw, ei chynnwrf hithau wedi cynyddu. 'Gan y boi stamina!'

'Oes. Ac o'dd o'n generous hefyd, syth i lawr arna i.'

'Esdi arno fo?'

'Do,' dywedodd gyda gwên lydan. 'Yn lownj, ar y soffa. My party trick,' gorffennodd gyda winc.

'O mai god, stop! Paid â deud–'

'Mae o 'di bod acw ers hynny! O'dd gen i ddiwrnod off dydd Gwener beth bynnag, so do'dd 'na ddim brys iddo adal a nathon ni jest ffwcio a byta, siarad a ffwcio mwy, a nath o aros neithiwr, ag ar 'y marw o'n i bron iawn â chanslo arna chdi ond o'dd raid i ni stopio ryw ben 'chos mi o'dd o angen gadael a doeddan ni ddim am fedru aros yn ogla'r sheets *cumlyd* 'na am fawr hirach i fod yn onast.'

Edrychodd Magw o'i chwmpas i wneud yn siwr nad oedd neb yn gwrando nac yn eu deall. 'O mai god, Thelma.'

Roedd Thelma yn gallu siarad am secs mewn ffordd rwydd lle roedd hi'n datgelu jest digon i wneud i'r person arall feddwl bod ganddi berthynas iach efo secs. Doedd ganddi ddim cywilydd siarad am ei choncwests rhywiol; a dweud gwir, doedd hi erioed wedi cysylltu cywilydd a secs ond gwyddai fod eraill yn feirniadol o'i hagweddau. Ac er na fyddai yn fodlon cyfaddef hynny, roedd Magw'n euog o'i beirniadu o bryd i'w gilydd hefyd.

'Ag o'dd o jest mor *dda* a'r pillow talk yn wych 'fyd. Gynnon ni gymaint i ddeud wrth ein gilydd, chemistry rili da. O'dd y siarad cystal â'r secs. Ac o'dd y secs, jest... *rili* da. Methu stopio, methu ca'l digon o'n gilydd, rili nwydus a –' dywedodd Thelma, y geiriau yn baglu allan ohoni'n anhrefnus.

'Ond be am Tom?'

'Wel, dwi'n meddwl naethon ni mutually ghostio'n gilydd.'

'A, bechod, o'n i'n licio fo.'

'Wel, o'dd o'n immature, ac o'dd o'n ddiflas. You win some, you lose some,' dywedodd Thelma'n gwbl ddi-hid. 'It's a dog eat dog world out there.'

'Dwi mor... *jelys,*' meddai Magw. 'Dwi'm yn meddwl fyswn i'n gwbod sut i ga'l one night stand ddim mwy, nid mod i rioed 'di ca'l yr hang ohonyn nhw.'

'Trystia fi, 'di o ddim mor glamorous â hyn fel arfer.'

Byddai Thelma wastad yn adrodd hanesion ei dêts ofnadwy a byddai Magw wastad mor genfigennus, nid o'r dêts, ond o hyder Thelma i fynd ar y dêts yn y lle cyntaf.

'Wel, ma Dwight yn swnio mor exciting a *hot!*' cyffrôdd Magw, yn ysu i glywed mwy.

'O, mi oedd o!' dywedodd Thelma, y penysgafnder i'w glywed yn ei llais.

Roedd y ddwy'n methu stopio gwenu, nes na fyddai cwsmeriaid eraill yr hen gaffi yn gwybod yn iawn pa un oedd yn rhannu ei stori a pha un oedd yn gwrando ar y stori. Byddai'r ddwy wastad yn teimlo fel petai'r pethau oedd yn digwydd i un yn digwydd i'r llall, profiadau wedi eu rhannu, teimladau am y digwyddiad wedi eu rhannu hefyd. Roeddan nhw'n ffrindiau ers eu diwrnod cyntaf yn yr ysgol gynradd. Thelma oedd yr un hyderus, swnllyd a Magw yr un fewnblyg, swil; y ddwy yn berchen ar fymryn yn ormod o'r nodweddion fyddai wedi bod yn fuddiol i'r llall. Doedd y naill na'r llall ddim yn gallu cofio yn union sut oedd o wedi digwydd, na chwaith wedi disgwyl i'r fath gyfeillgarwch ffurfio, ond mi lwyddon nhw i aros yn ffrindiau gorau ers y diwrnod cyntaf hwnnw. Am gyfnod mor hir, roedd jest y ddwy ohonyn nhw, yn byw ym mhocedi ei gilydd ac yn treulio bob eiliad posib efo'i gilydd. Newidiodd pethau fymryn yn yr ysgol uwchradd pan ddaru Thelma ddarganfod alcohol a hogiau fel ffordd i ymdopi hefo'i phroblemau ond at Magw oedd hi wastad yn dychwelyd.

'Sori, dwi heb hyd yn oed ofyn sut w'ti. Ti'n iawn?' Daeth y weinyddes yn ôl efo diodydd Thelma a gofyn beth oedd y ddwy eisiau i'w fwyta.

'Be ti'n ga'l? Yr usual mae'n siŵr?' heriodd Thelma.

Anwybyddodd Magw ei ffrind ac ateb y weinyddes. 'Yes, I'll have the shakshuka, please.'

'Thanks. Sorry, I haven't even looked yet, I'll just have the...' meddai Thelma wrth edrych ar y fwydlen, ddim wir yn ei ddarllen nac yn andros o lwglyd. 'I'll have the avo toast with eggs, please? Thanks,' dywedodd wrth roi'r fwydlen yn ôl i'r weinyddes. Edychodd ar Magw. 'So, ti'n iawn?'

'Yndw, dwi'n iawn diolch. Dim byd *hannar* mor gyffrous â hyn wedi digwydd i mi ers dy weld di ddwytha, yn amlwg.'

Holodd Thelma sut oedd gwaith Magw, 'Same old' atebodd hi, ac yna gofynnodd sut oedd ei gŵr, Dyfed. Er eu bod yn briod ers bron i ddwy flynedd bellach roedd hi'n dal yn od meddwl amdano'n ŵr a hithau'n wraig.

'Dyfed 'di bod yn brysur efo gwaith, ti'n gwbod yn well na neb sut ma'r lawyers ma'n gorfodi'r juniors i weithio. Mae o'n trio ca'l promotion a 'dan ni'n trio safio am deposit, so 'dan ni heb neud fawr o ddim.'

Teimlodd Thelma ryw euogrwydd wrth glywed Magw'n dweud hyn, fel oedd hi wastad yn ei deimlo pan oeddan nhw'n trafod materion cyllid personol. Roedd 'na fwlch mawr wedi ffurfio o ran yr hyn roeddan nhw'n ennill ac yn y ffordd roeddan nhw'n gwario pres dros y ddegawd ddiwethaf, oedd yn achosi embaras i Thelma. Byddai ei hymdrechion hi i dalu am bethau o bryd i'w gilydd yn ymgais at haelioni a charedigrwydd, ond roedd y ffordd roedd Magw yn ei gwrthod yn awgrymu nad fel hynny oedd hi'n meddwl am y rhodd.

'Ti am weld Dwight eto?' holodd Magw.

'Wel, mae o'n fflio'n ôl i Efrog Newydd heddiw, dyna pam o'dd raid iddo adael, ond fydd o'n ôl eto mewn 'chydig fisoedd, felly bosib wna-i weld o adag yna. Ond yn Efrog Newydd fydd o'n based. A dwi'm yn meddwl fydda i'n gorfod mynd yno... wel, byth rili, gan mai cyfraith Brydeinig dwi'n neud, os na fysan ni'n cael rhyw Transatlantic divorce. 'Sa raid i mi ddysgu am gyfreithiau gwahanol a ballu a ma gen i ormod yn mynd mlaen yn fama fel ma'i.'

'Ooo, siomedig. Alli di'm trefnu bo chdi'n *gorfod* mynd?'

'Na'draf, yn anffodus. A 'di o ddim rili...' oedodd Thelma'n lletchwith gan wthio ei bysedd drwy ei phonitêl. 'Mae o 'di prodi. So, jest rhyw two-night stand oedd o.'

Ceisiodd Magw reoli ei mynegiant ac ymateb yn y ffordd y byddai Thelma'n ymateb i newyddion fel hyn.

'Plis paid â sbio arna fi fel'na. Doedd o'm byd,' dwrdiodd Thelma.

'Dwi'm yn sbio arna chdi *fel'na*. Dyma 'ngwynab i.'

'Pam fod y llinell 'na ar dy dalcen di, 'ta?'

'Jest 'chos mod i'n methu fforddio ca'l botox, ma gen i'r petha 'ma ar 'y nhalcan o'r enw llinella a rincyls,' dywedodd Magw'n sarcastig.

'Oi–' meddai Thelma.

Parhaodd Magw. 'Sbia arna chdi, ti'n gwenu 'tha giât a ti 'di cynhyrfu'n lân, dwi'n medru deud arna chdi: doedd o *ddim* yn ddim byd.'

'Ia, jest wedi egseitio dwi ar ôl bod *efo* rywun. Ma hi 'di bod yn amsar hir ers i fi ga'l conecshyn fel'na 'fo rywun, Mags. O'n i heb gyfarfod neb yn y byd go-iawn ers mor hir, mond ar yr aps ma pobl yn cyfarfod 'ŵan a dwi jest mor ffed up... O'dd hi jest neis cyfarfod rywun yn y cnawd o'n i'n licio. Dim mwy na hynny.'

'A be am 'i wraig o?'

'Ma hi'n byw mewn *brownstone* yn Manhattan a neith hi byth ffendio allan,' atebodd, y llawenydd yn lleihau.

'Ia, ond ma dal 'di digwydd, 'do? Mae o 'di bod yn anffyddlon, 'di torri'r adduned priodas.'

'Wel, ei benderfyniad o oedd hynna, *dwi* heb neud dim o'i le.'

'Ond o'dda chdi'n gwbod bod o 'di priodi, doeddat?'

'Wel, o'n, ond dim fi sy 'di priodi, nage? Dwi heb neud dim byd yn rong.'

'Ma'n ddiegwyddor, dydi.' Gwnâi tôn Magw i'r datganiad swnio fel cwestiwn.

'Sori, Mags, o'n i'm yn gwbod bo chdi'n pillar of morality, all of a sudden.'

'Dwi'm yn pillar of morality, ond ma hynna *yn* rong, dydi? Ti'n gwbod hynna. Os o'ddat ti'n gwbod bod o 'di priodi, ddyla chdi ddim wedi ca'l two-night stand efo fo, na ddylat?' Roedd Magw'n trio cadw ei llais hi'n wastad ond roedd 'na fymryn o feirniadaeth yn ei lygru, oedd hi'n methu helpu ei hun. 'Ei wraig druan.'

Doedd Magw ddim yn cofio sut beth oedd teimlo cywilydd neu edifarhad am gysgu efo rhywun, gan mai dim ond Dyfed, ei gŵr, oedd hi wedi cysgu efo ers dros ddeg mlynedd. A doedd hi ddim yn cofio'r tro diwethaf iddi deimlo cynnwrf yn eu perthynas pan oedd hi'n dod i secs; roedd o bellach yn set o symudiadau – gwyddai beth oedd holl arferion Dyfed. Os oedd o'n dechrau crafu ei chefn, os oedd o'n rhoi swsys ar ei gwddf: gwyddai beth oedd pob un o'r pethau hyn yn ei olygu. Gwyddai pan oedd o'n cael pedwar peint y byddai'n trio rhywbeth ond rhywbeth dros pum peint doedd 'na ddim pwynt. Doedd hi'm yn cofio'r tro diwethaf iddi deimlo temtasiwn wrth sylwi ar rywun arall hyd yn oed, bron fel petai hi wedi cau'r rhan yna o'i meddwl a'i chorff. Roedd secs jest yn rhywbeth oedd hi'n ei wneud o bryd i'w gilydd efo dyn roedd hi'n ei garu ers blynyddoedd ar flynyddoedd.

'Plis, paid â rhoi amser caled i fi am hyn. Dwi'm isho teimlo'n shit.'

Hoffai Thelma fedru bod yn berson mwy preifat, fel Magw, heb deimlo'r angen i ddweud bob dim wrth bawb. Ond dyma'r ffordd roedd hi'n gwneud yn siŵr fod y pethau roedd hi'n eu gwneud ac yn eu dweud yn bodoli yn y byd go iawn. Doedd o ddim yn deimlad oedd Thelma'n medru ei fynegi'n hawdd, ond roedd pethau'n gwneud mwy o synnwyr unwaith roedd Magw'n gwybod. Trwy gydol ei bywyd roedd pobl wedi gwneud iddi deimlo ei bod hi'n gwneud pethau'n anghywir a Magw oedd yr unig un oedd yn gweld mai'r byd oedd yn edrych yn anghywir ar yr hyn roedd hi'n wneud. Ond roedd ymateb Magw heddiw yn gwneud iddi deimlo cywilydd ac fel petai'n cael ei beirniadu.

'It is what it is,' meddai Thelma.

'Dwi'n casáu y dywediad 'na, it is what it is. Mae o mor pasif. Mae o'n esgusodi penderfyniadau...' Ceisiodd Magw ddewis y gair cywir. 'Anfoesol,' gorffennodd efo gwên 'chos doedd hi wir ddim eisiau gwneud i'w ffrind deimlo'n ddrwg. Doedd hi ddim yn gwybod pam fod rhaid iddi ddweud y pethau 'ma weithiau. Thelma oedd yr unig un yn y byd oedd hi'n medru bod mor agored a diflewyn-ar-dafod efo hi.

'Plis, Magw.'

'A mae it is what it is yn deffensif.'

'Sut ma rwbath yn medru bod yn pasif *ac* yn deffensif?'

Edrychodd Magw arni, gan grychu ei thalcen, ei llygaid yn flin.

'Dwi jest yn deud bod pasif a deffensif yn ddau beth gwrthgyferbyniol,' meddai Thelma. 'Ma defensiveness yn rhwbath actif.'

'Paid â bod yn lawyer efo fi rŵan.'

Gwenodd Thelma. 'Comes with the territory mae arna i ofn.'

'Ti mor annoying,' cilwenodd Magw. 'Dwi'n meddwl weithia bo'r ymadrodd 'na'n esgusodi'r ffaith bod petha'n brifo neu'n shit,' meddai'n dosturiol. 'Ella bo'r ffaith bod o 'di priodi *yn* shit. 'Chos o'dda chdi'n licio fo.'

'Ti'n neud hyn lot mwy dyfn na mae o angan bod. It's not that deep, Magw,' atebodd Thelma.

Rowliodd Magw ei llygaid.

'Eith o ddim pellach a geith ei wraig o gario mlaen i fyw yn y tŷ neis yn Manhattan a geith o 'nghofio fi fel y Senior Associate cŵl wnaeth o gysgu efo hi yn Llundain. Secs hwyl, *consensual* rhwng dau oedolyn oedd yn rili ffansïo'i gilydd, a lot gwell na rhai o'r bobl dwi 'di'u ffendio ar yr aps dros y blynyddoedd – a doedd o ddim yn Rob sy'n beth da, yn amlwg. Dwi ddim am decstio fo na gyrru e-bost flirty. Os na fydd o'n ca'l crisis of conscience ar ôl cyrraedd adra, does neb am ffendio allan.'

'Be os fydd *o'n* tecstio neu gyrru e-bost flirty i chdi?'

'Wel os oes ganddo fo sens o gwbwl, fydd o ddim.'

'Ti'm isho fo neud 'chydig bach hyd yn oed?'

'Nagoes.'

'Oes, tad.'

'Nagoes.'

'*Fine*. Sgen ti lun ohono fo, 'ta? Siŵr 'sa'n haws peidio bod yn judgy os ydi o'n hyll.'

'Y peth ydi, mae o'n absolute bêb. Fatha, hunk in a three piece suit. Sbecs efo ffrâm dew. Silver fox.'

'Ugh, ma'n nhw wastad, dydyn? Chiseled.'

'*Mor* chiseled.'

'Gad mi weld llun, 'ta.'

Tynnodd ei ffôn allan a thapio ei enw yn google.

'O god... Mae o *yn* bêb. 'Sa fo methu edrach mwy fel American 'sa fo'n trio.'

Gyda'r llun ysgafnhaodd y tensiwn. Doedd Magw ddim yn beio Thelma nac yn ei gweld hi'n berson drwg am fynd efo gŵr rhywun arall mewn gwirionedd, yn enwedig am nad hi oedd yn briod. Ond roedd yn gas ganddi ei gweld yn mynd efo dynion oedd byth am fedru rhoi mwy nag un neu ddwy noson iddi. Dros y misoedd dwytha roedd Thelma wedi taflu ei hun i'r sin ddêtio, yn cysgu hefo dyn gwahanol bob wythnos – dim ots os oedd hi'n eu licio nhw neu ddim. Dim ots os oedd y ddêt ei hun wedi bod yn drychinebus, byddai'n dal yn gwadd y dynion hyn am night-cap. Roedd hi'n poeni bod Thelma'n gwastraffu nosweithiau ac am ddiweddu ar ei phen ei hun, byth am gael *y* person 'na. Er ei bod hi'n dweud ei bod hi'n hapus ar ei phen ei hun. Oedd hi wir yn bosib bod yn hapus a chreu bywyd cyflawn heb ei rannu hefo rhywun arall? Gwyddai Magw fod y feddylfryd yma'n hen ffasiwn ond roedd bywyd yn haws mewn pâr, yn doedd? Roedd 'na rywun wastad *yna*; yna yn y presennol ac yn addewid i'r dyfodol. Ac roedd Thelma'n haeddu rhywun i fod yna iddi hi.

'Eniwe, dyna ni rŵan. Sut ma petha efo chdi?' gofynnodd Thelma. 'Unrhyw newydd?'

'So ma gen i 'chydig o newyddion hefyd,' cyhoeddodd Magw. 'Dos 'na'm amsar grêt i ddeud wrthat ti, ond–'

'Oh god.' Llyncodd Thelma swig o'i choffi. 'Ti'n disgwl?'

Roedd o'n gwestiwn oedd wastad yn dychryn Thelma. Gyda phob dyweddïad neu feichiogrwydd, roedd ei byd hi'n newid: ei chylch ffrindiau'n lleihau a'r hyn roedd hi wedi ei gyflawni yn golygu llai. Byddai'r pethau roedd hi'n eu gwneud yn gwelwi o gymharu â phriodi, beichiogi a magu plant. A gwyddai fod beichiogi fel arfer yn golygu symud adref neu i suburbia a doedd hi ddim yn gwybod a oedd hi'n barod i Magw a Dyfed symud o Lundain eto. Roeddan nhw'n byw yno ers mynd i'r Coleg yn ddeunaw oed ac yn ddiweddar roedd Thelma'n teimlo bod y newyddion eu bod yn symud ymlaen o Lundain yn hongian uwch ei phen fel bom yn barod i gael ei gollwng. Wrth gwrs roedd ganddi ei bywyd ei hun yno bellach ond petaen nhw'n symud mi fyddai'n ddiwedd ar rywbeth.

'Callia, nadw,' atebodd Magw, er fod 'na ddim byd yn wirion o hurt am y cwestiwn roedd ei ffrind wedi gofyn. 'Ti meddwl 'swn i'n cyhoeddi mod i'n disgwl drw ddeud bo 'na'm amsar grêt i ddeud wrtha chdi? *Charming*.'

Chwarddodd Thelma'n nerfus. 'Wel 'sa bywyd... yn wahanol, bysa?'

'Bysa, ma siŵr.'

'Wel, be, 'ta? Ti'm yn disgwl diolch byth, ond be?'

Anadlodd. 'Wel... ma Rob a Chrissy wedi dyweddïo,' blyrtiodd Magw. 'Nath Rob ffonio ni neithiwr.'

'Be? 'Di dyweddïo?' atebodd Thelma'n araf gan geisio cadw'i llais a churiad ei chalon yn wastad.

'Ia, nathon nhw ddyweddïo neithiwr.'

Ysgydwodd Thelma'i phen a chrebachu ei hwyneb a gallai deimlo'r chwys yn dechrau pefrio o'i cheseiliau, y stafell yn fach ac yn boeth mwya sydyn. Doedd hi ddim yn siŵr oedd hi'n iach i gorff newid o ecstasi i sioc mor sydyn.

'Yn yr Eidal, yr Amalfi Coast,' parhaodd Magw.

Pwysodd Thelma ei thafod yn erbyn top ei cheg er mwyn ceisio rheoli ei mynegiant. Caeodd ei llygaid am eiliad fel ei bod hi'n cael cyfle i ddod at ei choed. Sut oedd hyn yn medru bod yn wir?

'Ma 'na lun. Tisho gweld?'

'Oes, yn amlwg,' atebodd Thelma a chodi ei llaw yn barod i gipio'r ffôn. Astudiodd y llun yn ofalus. 'Dwi'n casáu'r fodrwy, diamond tiny. A ma'r hotel 'na'n edrach fel all inclusive,' ffyrnigiodd. 'Ma lliw'r nail varnish 'na'n afiach.'

Chwarddodd Magw'n lletchwith. Cymerodd swig o'i choffi. Gwyddai fod yna fwy ar flaen tafod Thelma.

'A pwy ddiawl sy'n mynd i'r Amalfi Coast diwedd *Hydref*? 'Di *hyd yn oed* yn braf yna rŵan?'

Dechreuodd Magw chwerthin ar outburst Thelma.

'Ti'n iawn?' gofynnodd Magw, ond doedd Thelma ddim yn gwrando. 'Sori... er dwi'm yn gwbod pam mod i'n ymddiheuro chwaith. Ma hyn yn rili... wiyrd.'

'Ma'n nhw'n dyweddïo ar ôl llai na blwyddyn o fod efo'i gilydd yn *wiyrd*. 'Di *hi'm* yn disgwl, nadi?' gofynnodd Thelma, a'i llais yn bigog.

'Nadi, dwi'm yn meddwl, beth bynnag. O'dd hi'n swigio Prosecco fel bo 'na'm fory ar Facetime neithiwr, 'de.'

'Nathon nhw'm hyd yn oed ca'l Champagne i ddathlu?'

'Paid â bod yn hen snob.'

'Dwi'm yn bod yn snob, dwi jest yn deud petawn i'n dyweddïo, Champagne fyswn i'n ddisgwl.'

'Ia, ond Prosecco ma'n nhw'n yfad yn yr Eidal, ynde?'

'Wel, fysa gen i ddisgwyliadau uwch. A fyswn i ddim isho modrwy draddodiadol fel'na. Ma'n fach ofnadwy, dydi?' parhaodd, y geiriau'n poeri o'i cheg.

'Thelma,' meddai Magw mewn tôn llais rhiant yn rhoi un cyfle arall i blentyn oedd yn cambihafio. 'Modrwy ei nain ydi hi.'

'A dwi jest yn meddwl bod o mor *predictable*, dyweddïo ar wyliau. Fyswn i'n goro deud "na" jest am fod mor unorginial,' dywedodd, y fitriol yn glir.

'Wel, ma dda bo gen ti ddim diddordeb mewn dyweddïo felly, dydi?'

'Sori,' atebodd Thelma, fel petai'n dod ati ei hun ychydig, yr ysgydwad cychwynnol bellach yn agosach at rwystredigaeth neu siom. Gwyddai fod sefyllfaoedd fel hyn yn anorfod i Magw ond roeddan nhw wastad yn brifo. 'Ffoc sêcs, 'de, pam fod o'n goro *dyweddïo* ar yr un amser â fi'n cysgu efo cyfreithiwr American hot?'

Chwarddodd y ddwy. 'Yr hen delepathi 'na sgynnoch chi, 'de?' meddai Magw'n sarcastig. 'O'ddo'n gwbod bod o angen one-up arna chdi, ma siŵr.'

'O ddifri 'wan, sut mae o'n *engaged*? *What the fuck*? Be *uffar* ydi'r brys?' erfyniodd Thelma.

'Dim brys, jest cariad, ynde?' cynigiodd Magw'n goeglyd ond doedd hithau ddim yn gallu dallt y brys chwaith. 'Mmm.'

'Gweld pawb arall yn prodi a setlo lawr ma Rob, ma siŵr? Ac isio yr un peth ei hun.'

'Mmm,' atebodd Thelma eto.

Cymerodd y ddwy swig o'u smoothies drwy welltyn papur, y top wedi gwlychu'n barod ac yn colli ei siâp. Doedd Thelma ddim yn gwybod lle i orffwys ei llygaid. Setlodd ar y golar Peter Pan ar grys Magw, gan sylwi ar y foundation ar yr ymylon rhaflog. Roedd hi efo Magw'r diwrnod wnaeth hi brynu'r crys, degawd ynghynt.

'Be ti'n sbio? Ma'r crys 'ma mor hen.' Cododd ei dwylo a sythu'r goler.

'Dwi'n cofio chdi'n prynu hwnna'n Topshop ar Oxford Street. Pan o'dda chdi'n cychwyn dy job newydd. A gest di hen drywsus pegleg check du a gwyn 'run pryd. A jacket o Next, ti'n cofio?'

'God, am depresing mod i dal i weithio i'r un cwmni a rŵan yn gwisgo'r crys i fynd am frecwast efo chdi. Pryd neshi droi i fod y person sy'n gwisgo ffycin Peter Pan collar i fynd am brunch?'

Dechreuodd Thelma chwerthin. 'Dim ond un existential crisis ar y tro plis! Ac o'n i yn ganol un fi.'

'Ond dwi'n dal yn gwisgo top neshi ga'l pan o'n i'n be, 22? A dwi'n dal yn gweithio i'r un cwmni ac efo'r un dyn. Dos 'na'm llawar 'di digwydd yn 'y mywyd i, nagoes?'

'Paid 'ŵan. Ti 'di priodi dyn ti'n garu, ti 'di gweithio dy hun i fyny yn y cwmni, 'dio'm fatha bo chdi yn yr un job, nadi? A ma steil chdi 'di gwella'n aruthrol dros y blynyddoedd, os 'di hynna'n gwneud i chdi deimlo'n well.'

'Ydi o?' atebodd gan brodio'r crys. 'Sgen i'm hunan-barch ddim mwy!'

''Nei di gallio plis? Ma'r crys yn neis. *Timeless.*'

'Ond ma'n fwy na jest y crys, dydi? Be dwi 'di neud mewn degawd? Dim byd o bwys beth bynnag.'

Cyrhaeddodd y prydau a diolchodd y ddwy. Dechreuon nhw roi halen a phupur ar y bwyd, yn falch o gael rhywbeth i'w wneud. Estynnodd Thelma ei ffôn i gael llun o'r bwyd ac yna daliodd y camera yn uwch fel ei bod hi'n cael llun o Magw.

'Magw, gwena.'

'Plis paid â ca'l llun ohona i yn y fflipin crys 'ma! A paid â'i roi ar Instagram!'

'Paid â bod mor galad arna chdi dy hun. Ma'r crys yn fine. Ti'n neud yn dda, ti'n head of department,' ceisiodd Thelma gysuro ei ffrind wrth bostio'r llun ar ei stori beth bynnag.

'I adran fflipin HR. God ma HR mor ddiflas ac unsexy.'

'Diflas ond neccessary,' meddai Thelma. 'Ti'n hapus dwyt?'

'Ydw i?' gofynnodd Magw.

Edrychodd Thelma arni, ei haeliau wedi closio at ei gilydd. Aeth Magw yn ei blaen.

'Ti 'di prynu lle ar ben dy hun, ma gen ti swydd wych a ti'n *rising star* a *one to watch*, yn ôl y British Legal Awards, ti 'di teithio'r byd. Ti 'di gneud petha a 'di prynu dillad newydd. Ti 'di ffwcio cyfreithiwr o New York sy'n gwisgo turtlenecks. Ti 'di bod yn Glastonbury. Ti 'di bod yn Berghain!'

'A pa wahaniaeth mae hynny 'di wneud? Ti'n neud yn reit dda efo tick boxes bywyd. Job dda, tick. Cariad a prodi, tick. Lle eich hun. Mond plant a retirement crusie i'r Caribbean sgen ti ar ôl.'

Cymerodd Thelma frathiad mawr o'i thost ac avo a gobeithio bod ei geiriau doeth wedi lleddfu fymryn ar boenau ei ffrind. Ei ffrind gwych oedd wastad yn poeni fod 'na rywbeth ddim *cweit* yn iawn. 'Fi sydd angan poeni. Dwi'n sengl, dim sôn am setlo lawr. Dos'na fawr 'di newid i fi chwaith. Dwi'n dal yn styc efo chdi, dydw?' gwenodd arni.

'Ha, ha,' atebodd Magw'n araf ac yn sardonig. 'Gawn ni fynd i siopa rôl bwyd? Dwi angan *style overhaul*. Dillad fyswn i ddim yn mynd amdanyn nhw fel arfer. Lliw! Patryma! Ella ddylwn i ga'l highlights yn 'y ngwallt hefyd. Dwisho cyrradd adra heddiw fel Anne Hathaway yn *The Devil Wears Prada*.'

'Iesu, un peth ar y tro, ia?'

'Dwi o ddifri! Ella 'na i ga'l ffrinj 'fyd.'

'Iawn. Mond os ti'n gaddo peidio ca'l ffrinj,' chwarddodd Thelma.

'Gaddo.'

'So, nôl i'r ffaith bo Rob yn prodi Chrissy.'

''Dyn nhw ond efo'i gilydd ers be? Naw mis? Dwi jest ddim yn dallt.'

Oedodd Magw cyn ateb. 'When you know you know,' crechwenodd a dipio ei thôst i'r wyau, gan droi y saws tomato trwchus yn farbl oren-goch.

Cododd Thelma ael. ''Di hynna *ddim* yn ffyni.'

'Ma'n wahanol i ddynion, dydi. 'Tha bo 'na switch yn mynd off 'yn 'u penna nhw pan ma'n nhw'n dri-deg. Amsar callio rŵan, let's get myself a wifey.'

'Ond–'

'Mae o fel the taxi cab theory o *Sex and the City*, dydi? Nath Rob droi'r gola 'na mlaen a Chrissy oedd y person cyntaf iddo fo gwrdd,' meddai Magw.

Gallai Thelma fynegi ei hun mor dda a chlir ym mhob sefyllfa, yn trafod pob pwnc, hynny yw, tan iddi orfod siarad am Rob Jones.

'Ond ma hi mor *boring*. Ma hi jest yn bland,' cwynodd Thelma.

'Ti'm yn nabod hi o gwbwl. Tydi hi ddim mor ddrwg â hynny. Rho gyfla iddi.'

'Dwi'n medru deud. Ella dwi'm yn nabod hi cystal â chdi 'chos mod i heb ga'l gwadd ar y couples trip dwytha,' dywedodd Thelma'n sbeitlyd.

Cythruddwyd Thelma pan glywodd hi fod y pedwar yn mynd i'r Cotswolds ddechrau'r haf. Roedd hi wedi'i digio wrth feddwl amdanyn nhw hefo'i gilydd ac am Chrissy'n nadreddu ei ffordd at agosatrwydd cymedrol efo'i ffrind gorau hi. Tybed oeddan nhw'n siarad amdani hi neu oedd hi wedi cael ei dileu o'r naratif yn llwyr, fel petai hi ddim hyd yn oed yn bodoli? Roedd y math hyn o beth wastad yn digwydd i Thelma: cael ei gwthio tuag at gyrion bywydau ei ffrindiau. Doedd Thelma ddim yn cofio pryd ddechreuodd hi deimlo fel petai hi'n cael ei gadael ar ôl gan bawb a ddim yn gwybod pryd ddechreuodd y cyfan deimlo mor drwm. Roedd hi wastad wedi byw bywyd annibynnol ac erioed wedi teimlo ei bod angen plygu ei hun i fyw bywyd confensiynol fel pawb arall, ond bellach gallai deimlo crafangau'r hyn nad oedd hi wedi bod ei eisiau yn cydio ynddi.

'O be dwi'n weld, mai'n bland,' cyhoeddodd Thelma.

'Tydi hi ddim, ond, tydi dynion ddim yn poeni am betha fel'na, nadyn? Dim cymaint â merched, o be dwi'n weld, beth bynnag.'

'Be? Ddim yn poeni am bersonoliaeth?'

'Wel, dim gymaint â merched. Cyffredinoliad hiwj yn fa'na dwi'n ymwybodol.'

Edrychodd Thelma o'i chwmpas, y caffi'n orlawn a mwy o bobl yn dod fewn jest i gael eu gwrthod. Roedd 'na ddynas yn trio dod drwy'r drws efo coets fawr, y babi yn creu rhyw fath o gomosiwn.

'O'dd Dyfed yn poeni, doedd? Ti'm yn bland, nagwyt?'

'Ia, ond ma wahanol i fi a Dyfed, 'dan ni'n nabod ein gilydd ers bo ni'n ugain oed, o'ddan ni'n blant basically... Ma jest yn wahanol. Ac ella mod i'n bland. Ma pobl *bland* yn gweithio mewn HR ac yn gwisgo Peter Pan collars ma siŵr, dydyn?'

'Callia 'nei di. Ti'm yn bland. Ti'n un o'r bobl ora dwi'n nabod. Ti'n glyfar. Ti'n *worldly*.'

'Watsia i 'mhen i fynd rhy fawr, ne' fydda i'n methu tynnu'r flows 'ma amdana i, wir.'

'Gweld. Dwi'm yn meddwl fysa Chrissy'n gneud jôc fel'na. Dwi'n siriys, ma 'na gymaint o ddynion yn setlo am ferched mor *ddiflas*.'

'Tisho trio peidio offendio ein rhyw cyfan ni?'

'Dwi jest yn deud, ma Dyfed 'di neud yn dda i dy ga'l di.'

'Ma Chrissy'n iawn, sti. Fysa Rob ddim yn mynd efo rywun hollol boring, nasa?'

Rowliodd Thelma ei llygaid a chymryd brathiad o'i bwyd, y melynwy yn troi arni.

'Ma merched yn gneud yr un fath 'fyd? Setlo 'chos bo nhw'n poeni am brodi a ca'l plant,' cynigodd Magw. 'Ma rhai pobl yn meddwl mwy am y checklist nag am y person ma nhw isho neud y petha hefo nhw. Ond dwi'n meddwl neith dynion bigo rywun attractive dros compatibility.'

'Ella na Chrissy 'di'r un sy'n setlo,' dywedodd Thelma gyda rôl arall i'w llygaid.

'Ella wir,' chwarddodd Magw.

'Ac ella bod y byd llawn pobl sydd 'di sticio 'fo'r person o'ddan nhw efo pan nathon nhw droi'n dri deg, y syniad o ffendio rhywun arall jest yn ormod o hasyl. Ella na dyna pam ma Dwight yn cysgu 'fo merched ugain mlynedd yn fengach na fo rŵan.'

'O mai god, o'ddo'n bump deg?' chwarddodd Magw wrth barhau i fwyta ei shakshuka.

'Pump deg tri,' chwarddodd Thelma. 'Neshi sbio yn ei basbort pan oedd o'n cael cawod.'

Dros y blynyddoedd, roedd Thelma yn darganfod mwy am y dynion oedd hi'n weld pan *nad* oeddan nhw yno. Fel detectif yn hel tystiolaeth, byddai'n mynd drwy eu pethau pan oeddan nhw'n y gawod neu wedi mynd i'r siop neu'n cysgu, yn cael cipolwg i fewn i'r dynion oedd yn rhannu ei gwely a'i chorff. Roedd distawrwydd cyfforddus rhwng y ddwy am 'chydig eiliadau wrth iddyn nhw fwyta, llaw Magw'n rhwbio colar ei chrys yn ysgafn, Thelma'n chwarae efo'r hadau a'r perlysiau ar ei phlât, eu hesthetig ar ddechrau'r pryd yn drybola erbyn rŵan.

'Ti meddwl bo chdi a Dyfed 'di *setlo*?' holodd Thelma wrth roi ei chyllell a'i fforc i lawr a chychwyn ffidlan efo'i chlustlyst.

'Knock a gal while she's down, why don't you!' chwarddodd Magw 'chos doedd hi ddim yn hollol ddigalon ac roedd y cwestiwn yn un doniol, mewn rhyw ffordd drasig. Ac wrth gwrs, roedd o'n gwestiwn roedd hi wedi gofyn iddi hi ei hun yn nyfnderoedd y nos neu pan oeddan nhw'n eistedd ar y soffa yn y fflat heb ddweud gair wrth ei gilydd. Petai hi a Dyfed yn cyfarfod rŵan, fysan nhw'n dewis ei gilydd? Fysan nhw'n sbio ddwywaith ar ei gilydd mewn bar? Fysan nhw'n sweipio i'r dde? Roedd o'n ei dychryn hi i feddwl am y peth, gan ei bod hi'n meddwl amdani ei hun yng nghyd-destun hi a Dyfed, yn gweld y ddegawd olaf yng nghyd-destun beth roeddan nhw wedi ei gyflawni, y llefydd roeddan nhw wedi bod, y dadleuon, y prydau bwyd, y boxsets.

'Dwi'm yn meddwl, sti... ond 'dan ni rioed 'di bod efo neb arall chwaith go iawn, naddo? Mi o'ddan ni mor ifanc. So, ella bo ni.'

Synnodd Thelma at onestrwydd Magw, oedd hi wedi ei chychwyn ar drywydd troellog, beryg? 'Ma'r berthynas yn fwy na hynna bellach, dydi?' cysidrodd wrth drio achub y sefyllfa.

''Dan ni 'di dewis cario mlaen efo'r berthynas, dwi'n meddwl bo ni wedi gneud hynny, beth bynnag,' dywedodd gan wthio'r gwelltyn o amgylch y smoothie tew, fel ei bod yn chwilio am rywbeth yng ngwaelod y gwydr. 'Dyna 'di priodi, ynde? Sticio efo rywun, dim otsh be sy'n digwydd?' Cymerodd swig o'i smoothie.

'God, ma hynna fymryn yn depressing hefyd, dydi?' chwarddodd Thelma i geisio ysgafnhau'r sefyllfa.

'Iesu mawr, pam bo ni'n siarad am hyn wir?'

''Chos bo Rob yn setlo am Chrissy,' atebodd Thelma, ei thafod yn ei boch.

''Da ni ddim i wbod, nadan? Ella'i bod hi'n tanio fo mewn ffor dos 'na neb arall 'di neud erioed,' dywedodd Magw ond wnaeth hi duchan yr un amser.

Edrychodd Thelma arni. 'Callia, 'nei di,' atebodd yn ddrwgdybus. 'Pam ti'm jest yn cytuno hefo fi?'

Doedd Magw ddim yn hollol siŵr pam nad oedd hi'n cytuno hefo'i ffrind ac yn ceisio gwneud hwyl am ben y sefyllfa – dyna fyddai ffrind da yn ei wneud. Gwyddai y byddai'r newyddion yn gwneud i Thelma deimlo'n anesmwyth ar y gorau a'i brifo ar y gwaethaf, ond roedd Magw'n gwybod o'r eiliad y cafodd y newyddion gan Rob a Chrissy, ei bod *hi* eisiau bod yr un i ddweud wrthi. Oedd cael newyddion fel hyn yn well neu'n waeth os oedd o'n cael ei gyflwyno gan ffrind? Ac roedd Magw, yn ei hisymwybod wedi cael cic o fod yr un i ddweud wrthi, y syniad o fychanu Thelma, dim ond ychydig bach, yn gwneud iddi deimlo'n bwerus. Doedd hi erioed wedi teimlo ei bod hi'n medru cystadlu hefo Thelma – doedd hi ddim mor ddel, na chlyfar, na bydol, na chyfoethog – dim ond gyda gwybodaeth y gallai hi fod 'chydig bach yn fwy pwerus. Roedd gwybod hyn amdani ei hun yn gwneud iddi gasáu ei hun fwy. Gallai Magw deimlo tensiwn rhyngddyn nhw, y ddwy yn bwyta heb ddweud fawr ddim a'r aer yn sydyn yn boeth ac yn dew yn y caffi. Roedd y ffenestri wedi stemio a'r byd tu allan yn gudd iddyn nhw rŵan, heblaw am sŵn y traffig tu allan, a'r anwedd yn llifo lawr fel y dagrau y gallai Magw weld bod Thelma'n trio eu cuddio.

'Ddylwn i decstio fo i'w longyfarch o?'

'Na, do'n i ddim fod i ddeud wrth neb, heb sôn amdanat ti.'

'Pam nest di ddeud, 'ta?' gofynnodd Thelma.

Hyffiodd Magw. 'Chos mi fysa gweld yr Instagram post heb unrhyw rybudd yn lot gwaeth,' atebodd yn hunangyfiawn.

Nodiodd Thelma. 'Ti meddwl ga'i wadd?' holodd, ddim yn siŵr iawn pam ei bod hi'n gofyn na beth oedd hi eisiau ei glywed yn ateb.

'Siŵr o fod.'

'Ti meddwl?'

'Yndw. Ti a Rob, be bynnag sydd 'di mynd mlaen, 'da chi'n *ffrindia*, dydach? Dwi'm yn meddwl 'sa fo *ddim* yn dy wadd di. Fydd criw coleg i gyd yna a fysa peidio dy wadd di 'chydig bach yn sbeitlyd, bysa?'

'Bysa, ma siŵr.' Roedd 'na ddistawrwydd wrth i'r ddwy

orffen eu bwyd. 'Ydi Chrissy hyd yn oed yn gwbod amdana i? A fi a Rob?' gofynnodd.

'Wrth gwrs 'i bod hi'n gwbod amdanat ti, ond dwi'm yn gwbod i ba radda ma hi'n *gwbod*. Dwi'n meddwl ei bod hi'n ymwybodol fod 'na rwbath 'di mynd mlaen yn y gorffennol ond dwi'm yn meddwl bod Rob 'di deud y stori... i gyd,' atebodd Magw, yn teimlo'n euog erbyn hyn.

'So, 'di hi ddim yn gwybod am–'

'Nadi.'

Roedd Thelma'n ddistaw, ddim yn hollol siŵr sut i deimlo nac ymateb, fel oedd o hyd mewn sgwrs am Rob. Doedd hi ddim yn gwybod oedd ganddi hawl i'r ffordd roedd hi rŵan. Chrissy oedd â'r hawl i'r berchnogi'r teimladau hynny.

'Fysa petha jest lot haws tasa hi'n hen bitsh hyll,' brathodd.

'Sori.'

Gwenodd Magw mewn cydymdeimlad.

'Dwi'm yn gwbod pam mod i'n teimlo fel'ma. Ma hyn jest...'

'Chos 'na Rob ydio, yn amlwg.'

'Dwi'm isho'i briodi fo... ond dwi'm isho fo briodi neb arall chwaith. So fi 'di'r hen bitsh hyll go iawn, 'de?' dywedodd gyda thristwch, gan wneud i Magw deimlo bechod drosti yn fwy na dim.

Byddai Magw wastad yn genfigennus o hunanymwybyddiaeth Thelma a pha mor onast oedd hi'n medru bod efo'i hun, mor effro i'w theimladau ei hun, byth yn byw ei bywyd i blesio eraill nac i wneud pethau'n llai lletchwith; roedd barn pobl eraill yn gwbwl amherthnasol iddi. Byddai hi wastad yn siarad yn onast am yr hyn oedd yn ei phoeni tra'i bod hi'n cymryd amser i Magw ddatgelu'r hyn oedd ar ei meddwl hi, hyd yn oed efo Thelma. Roedd 'na rywbeth oedd yn ei hatal o hyd, rhyw angen i orfeddwl a stiwio yn ei phen cyn medru dweud y geiriau'n uchel. Doedd hi ddim yn ystyried ei hun yn swil, ond doedd hi ddim chwaith yn un oedd yn mwynhau sylw a gwell oedd ganddi fod ar y cyrion, yn rhan o bethau ond byth yn ganolbwynt. Doedd Thelma byth yn gwneud iddi deimlo ar y cyrion ond byth yn ei gorfodi i fod yn y canol chwaith; roedd 'na ddealltwriaeth berffaith yn eu perthynas, fel dawnswyr yn gwneud i symudiadau cymhleth ymddangos yn hawdd.

/

Ar ôl iddyn nhw orffen eu brecwast, symudodd y sgwrs yn naturiol i'r stwff arferol. Gwaith. Thelma'n andros o brysur fel arfer, Magw'n diflasu. Yr hyn oeddan nhw'n wylio neu'n ddarllen, y podcasts roeddan nhw'n gwrando arnyn nhw, y bobl oeddan nhw wedi eu gweld, y llefydd roeddan nhw wedi bod, y nosweithiau allan, y newyddion (roedd 'na stori arall am ddynas wedi cael ei threisio a'i lladd gan ei gŵr – ia hynny eto), y pethau roeddan nhw am wneud, y bobl roeddan nhw am weld. Siaradon nhw am eu ffrindiau, Grace a David, oedd yn symud i Surrey yn rhywle. Doedd 'na ddim byd yn codi pwys yn fwy ar Thelma na'r syniad o symud i'r suburbs neu fyw ar y commuter belt.

'Ma'n ddoniol bod byw mewn dinas wastad yn cael ei drin fel bodolaeth dros dro, dydi?' meddai Magw wrth godi o'r bwrdd a gafael yn ei chôt.

'Hm,' atebodd Thelma, ei meddwl yn crwydro. 'Thanks,' dywedodd wrth afael yn ei chôt hithau a cherdded allan o'r drws i'r stryd, y ddwy yn difaru dod â'u cotiau.

'Bob tro dwi'n dod adra ma 'na rywun yn gofyn pryd 'dan ni'n symud nôl,' meddai Magw wrth ffanio'i chrys.

Cerddon nhw ochr yn ochr i lawr y stryd tua'r afon, am y siopau i Magw gael prynu dillad newydd. Aeth y ddwy drwy'r farchnad, Thelma'n archebu donuts i'w rhoi yn anrheg yn y swper roedd hi'n fynychu y noson honno.

'Ella na rwbath gogledd Cymru 'di hynna yn hytrach na rwbath Llundain? Ma Liz yn dallt mod i ddim yn dod nôl,' chwarddodd Thelma. Liz oedd nain Thelma, y ddynes oedd wedi ei magu ar ôl i'w mam farw mewn damwain car pan oedd hi'n chwech oed. Lladdwyd ei mam gan yrrwr wedi meddwi ar lôn Trefor. Hithau'n athrawes ysgol oedd heb gyrraedd ei thri degau eto. Damwain oedd wedi ysgwyd y gymuned ond heb gyffwrdd Thelma yn yr un ffordd. Roedd Liz wedi mynnu bod Thelma yn ei galw wrth ei henw ers fod Thelma'n hogan fach, y syniad o fod yn Nain ddim yn addas i ddynes o'i hoed.

'Ti'n gwbod be sy'n rili codi 'ngwrychyn i? Tasa Dyf a fi *yn* penderfynu mynd adra i fyw, fyddai pawb yn deud bod y blynyddoedd dwytha 'ma yn *wast*.'

'Mags, ti'n poeni gormod am be ma pobl yn feddwl o dy fywyd di. Os 'na rywun yn malio? A ma rywun sy'n cyfeirio at dy fywyd di fel wast yn... stiwpid ac yn small-minded.'

'Ella 'sa hi'n wahanol 'sa ni'n berchen tŷ, ond ma hi mor ddrud, dwi jest ddim yn weld o'n digwydd am flynyddoedd os na 'di–'

'Dy dad di'n marw a gadal pres i chdi?' meddai Thelma a chodi ei haeliau.

'Ma hynna *mor* dywyll,' chwarddodd Magw wrth edrych at afon Tafwys, yr haul yn sgleinio arni ac yn gwneud i'r dŵr brown ymddangos yn ddeniadol, yn hytrach na'r arferol, bygythiol, budur. 'Ac os fysa Dad yn marw, dwi'm yn meddwl 'sa *fo*'n gadal swm chwe ffigwr i mi yn ei ewyllys!'

'Un o'r petha da am fod yn child of an affair, ynde? Tad cyfoethog. Nid ewyllys chwaith, Trust Fund. Mi oedd o'n evil genius, sti, cadw'r holl bres 'na mewn Trust fel fod 'na neb yn ffendio allan.'

'Tywyll, rili blydi tywyll,' chwarddodd Magw eto. 'O'n i am ddeud: sut 'dan ni'n medru bod ar gyfloga *gweddol* dda a *dal* yn methu fforddio prynu rhywle yn Zone 3? Ma Dyf yn Solicitor for god's sake.'

Parhaodd y ddwy heibio'r Globe, heibio'r Tate Modern a'r OXO Tower, y National Theatre, yr hen ffair lyfrau ail law, heibio'r London Eye, gan blethu drwy'r holl bobl.

'Wel, ma Solicitors i gyd yn slaves, dwi'n gweithio deuddeg awr y dydd rhan fwya o'r amser.'

'Ella na dyna pam 'dio ddim yn Senior Associate fel chdi eto, felly,' dywedodd Magw 'chydig yn anfodlon, yn teimlo'n gas am fod mor sbeitlyd am ei gŵr ei hun. Gwyddai mor galed oedd o'n gweithio a doedd hi ddim wir yn ddig am iddo beidio â chael dyrchafiad. 'Ella pan ti'n bartner gei di brynu tŷ i ni,' heriodd Magw.

'Cyn belled bod 'na annex i mi.'

'Deal,' gwenodd. 'Ella 'sa pobl yn derbyn wedyn bo ni'n siriys am 'yn gilydd?' chwarddodd Magw, a chwarddodd Thelma hefyd, tensiwn y sgwrs gynt wedi ei hen anghofio, yr awyr iach fel petai wedi ei chwythu i ffwrdd.

Cyrhaeddon nhw bont Westminster a'i chroesi, a gwau eu ffordd drwy'r twristiaid yn tynnu lluniau ac yn gwylio dynion yn gwneud sioe o guddio ceiniogau o dan gwpanau cyn ymlwybro i fyny drwy Whitehall ac i fyny am Trafalgar Square.

'Be sy'n digwydd ar yr aps dyddia yma?' meddai Magw'n obeithiol, wrth edrych o'i chwmpas fel petai'r dyn perffaith i Thelma am ymddangos o'u blaenau wrth ochr y ffynnon enfawr neu o dan un o'r delwau llewod.

Hyffiodd Thelma'n uchel cyn ateb. 'Wel, mae o fwy depressing nag erioed. Conveyor belt o opshyna diddiwedd ond uffar o ddim byd da; fast food, dim slow and steady 12 course taster menu, ti'n gwbod?' dywedodd Thelma fymryn yn anobeithiol. Anadlodd allan yn araf.

'Dio'm yn hwyl fel oedd o ers talwm. Ond dwi'm yn gwbod sut arall dwi am gyfarfod pobl. Dwi'n gweithio gymaint, ma'n ffrindia fi gyd yn gypla yn barod. Dos 'na neb yn pilates a dos 'na neb yn cyfarfod allan ddim mwy, felly dwi'n styc.'

'O's 'na rywun yn gwaith i chdi?'

'Neb age neu marital status appropriate yn amlwg. A dio'm fatha mod i hyd yn oed yn chwilio am rywun i'w briodi, ond 'sa hi'n dda ca'l rhywun dwi isho i sticio o gwmpas am fwy na noson.'

'God ma hi'n boeth,' meddai Magw wrth estyn i fewn i'w bag am glip i roi ei gwallt yn ôl. 'Wel, ma pawb yn deud bod o'n digwydd pan ti'n stopio chwilio, dydyn?'

'Dwi'n casáu pan ma pobl yn deud hynna,' atebodd Thelma yn rhedeg ei bysedd drwy dop ei phonitêl. 'Eniwe, fedra i'm rhoi fy hun drwy lwyth o ddêts aflwyddiannus eraill 'lly dwi am sticio efo'r kink app 'na lle ma pobl jest yn cyfarfod i ffwcio. Dwi'n mynd i weld rhywun yn Hackney sy'n gneud tantra nos fory.'

Edrychodd Magw ar Thelma'n gwenu gyda gwên ffals. Teimlodd Magw don o dosturi dros ei ffrind a rhyddhad llwyr nad oedd hi'n gorfod arteithio'i hun yn y byd dêtio. Yna teimlodd yn euog am nad oedd Thelma angen ei thosturi hi o gwbwl.

'Ti mor lwcus bo cariad chdi o Uni 'di prodi chdi,' hyffiodd Thelma gyda chwerthiniad fymryn yn goeglyd.

'So, deud mwy am y tantra...' cychwynnodd Magw.

Gyda'r cwestiwn teimlodd Thelma fymryn yn fwy sionc. 'Wel. Mae o'n 41 ac yn drop dead gorgeous ag o'n i'n tantra-curious. Dwi rioed 'di meddwl am wneud y ffashwn beth o'r blaen ond...'

Cerddon nhw heibio theatrau Leicester Square, am gynnwrf Soho ac Oxford Street. Dyma'r math o ddiwrnod oedd yn gwneud i'r ddwy feddwl, 'dan ni'n byw yn Llundain, canolbwynt y byd, y lle gwych a gwallgof yma, y lle mae bob dim yn digwydd; gan gadarnhau cymaint oedd y ddinas yn dal i olygu iddyn nhw, dros ddeg mlynedd yn ddiweddarach. Yr haul yn taflu hud a lledrith ar y ddinas, gan ddiddymu'r teithiau hunllefus i'w gwaith, prysurdeb pobl ar ben ei gilydd a thalu wyth bunt am beint.

Plodion nhw drwy'r Zara mawr ar Bond Street, yn bodio'r dillad yn ddiamcan, yn dweud wrth y llall yn gellweirus y bysa 'hwn yn dy siwtio di', ac 'o, dwi ffansi hwn' ac 'angen llall'.

'Sbia! Jumpsuit leopard print. Pam 'nei di'm trio hon?' gofynnodd Thelma wrth fodio'r dilledyn. 'Sicir gwthio chdi allan o dy comfort zone ond rhaid i chdi drio rhywbeth newydd, bydd, Magw?'

/

Pedwar mis a hanner yn ôl, ym mis Mehefin, mi wnaeth calon tad Thelma stopio curo tra oedd o'n darlithio mewn ysgol haf ym mhrifysgol Caergrawnt.

'Ma Dad 'di marw,' bloeddiodd Thelma i lawr y lein, gan gerdded camau bychain ymlaen, yn ôl ac i'r ochr o amgylch y stafell fach. 'Dead as a Dodo.'

'Be?'

'Dwi newydd ga'l galwad gan ei Financial Advisor. Fedri di ffycing gredu na dyna sut 'nes i ffendio allan? Nath o farw wythnos dwytha.'

'O wow... Lle wyt ti?'

'Yn y toilet anabl yn gwaith. Ma siŵr bo nhw'n meddwl mod i'n ca'l uffar o gachiad, 'chos dwi yma ers oes. Mags, dwi'm yn gwbod be i neud. 'Nei di'm credu, ond mae o wedi gadal lot o bres i mi. Llwyth 'lly. Mwy na dwi rioed 'di ga'l yn 'y mywyd.'

'Ddo i atat ti. A wedyn awn ni nôl i dy fflat di ne rwbath, neu gei di aros efo ni, os tisho.'

'Iawn.'

'Iawn, fydda'i yna mewn hannar awr. '

'Diolch,' atebodd.

'Faint?' holodd Magw.

'*Lot.*'

'A, Thels? Dwi'n ofnadwy o sori i glwad am dy dad.'

Diolchodd Thelma unwaith eto, o'r galon, am gydymdeimlo, ond yn bennaf am y gydnabyddiaeth.

Eisteddodd Thelma ar y llawr, wrth aros am Magw, yn meddwl am y tro olaf iddi weld ei thad, 'chydig fisoedd ynghynt, yn Llewelyn's, Herne Hill. Dyma'r math o le roedd y *Michelin Guide* yn ei alw'n 'Neighbourhood Restaurant'.

'You've only picked this place to taunt me with the Welsh name,' dywedodd wrth gerdded i fewn chwarter awr yn hwyr, gan dynnu ei het big a'i gosod ar y bwrdd. 'You know full well I can't do the double L sound and I'm not about to learn Welsh now, so you leave me with no choice but to butcher the name of your dear *Lewe-elle-inns.*'

Doedd o ddim yn anghywir. Roedd gas ganddi pa mor hunangyfiawn oedd ei thad a chymaint oedd o'n gorfoleddu wrth fychanu Thelma am fod yn hanner Cymraes. Un o'i hoff bethau oedd ei hatgoffa hi mai'r rhan gryfaf ohoni oedd yr hanner Saesneg, ei hanner o, a'i bod hi wedi gwneud peth call yn gadael Cymru a dod i Lundain lle roedd y cyfleoedd i gyd.

'Wales is lovely and there's a lovely lilt to the Welsh language but you won't get much experience in the Law there. It's all happening here. Your mum knew that too.'

Doedd Thelma byth yn fwy o Gymraes na phan oedd hi yng nghwmni'r dyn yma. Mi fyddai'r sgyrsiau wastad yn cychwyn fel'na, ond roedd cyfarfod yn Llewelyn's, ar ei phatsyn hi, yn meddwl y gallai Thelma fwynhau gweld ei thad yn gwneud yr ymdrech i deithio i'w gweld hi yn hytrach na'r ffordd arall rownd. Gallai ei thad newid ei feddwl am y cyfarfodydd hyn mor hawdd, ac ar y funud olaf, a bysa'n well gan Thelma fod yn agos i adref os oedd hi am gael ei siomi.

'So how are we, darling? I'm just about to embark on a summer law lecture series at Cambridge. Very high accolade for me.'

Roedd ganddo wyneb oedd ddim o reidrwydd yn ddel nac yn drwsiadus, ond yn fwy na hynny; yn dal sylw ac wedi ei farcio â llinellau dyfn a phrofiadau bywyd. Byddai pobl yn dweud yr un fath am wyneb Thelma, ei fod yn ddiddorol ac yn ennyn chwilfrydedd. Gwyddai fod hynny'n werth mwy na bod yn ddel, ond roedd ganddi nodweddion a llygaid mawr ei mam hefyd oedd yn meddalu ochrau siarp ei thad. Y tro hwn, y tro olaf iddi ei weld, roedd ei thad i'w weld yn hŷn, ond roedd hi wastad yn sylwi ar newidiadau bach am nad oedd hi'n ei weld yn aml. Roedd ei wallt yn wynnach, y llinellau'n ddyfnach a'i ddwylo'n sychach. Ac wrth gwrs roedd o'r un mor amddifad o emosiwn ag arfer, y sgwrs yr un mor arwynebol ac yn cychwyn ac yn gorffen efo fo'n siarad amdano'i hun ac yn addo ei chyflwyno i rywun neu'i gilydd fyddai'n helpu ei gyrfa. Doedd 'na fyth lawer o sôn am ei mam, ar ôl iddo ei sarhau ar y dechrau. Weithiau, ond dim yn aml, byddai'n slipio ac yn sôn am ei wraig, ei ferch, a byddai Thelma'n gorfod dod â'r holl ddarnau bychan o wybodaeth at ei gilydd i greu darlun o'i fywyd, fel ditectif yn hel i ddatrys dirgelwch. Doedd 'na ddim cyfle i dreiddio yn ddyfn ond roedd hi'n gwybod bod ganddo wraig o'r enw Maggie a merch o'r enw Sophie oedd wedi astudio Ffrangeg, ac wedi byw ym Mharis, ac oedd yn gweithio i'r llywodraeth. Roedd hi fymryn yn hŷn na Thelma, mae'n siŵr. Wrth gwrs gallai hi'n hawdd deipio enwau'r tri yn Google a darganfod llith o wybodaeth amdanyn nhw, mwy na fysa hi fyth angen ei wybod. Ond roedd gwell ganddi beidio gwybod, a meddwl amdanyn nhw fel enwau yn unig ac nid fel hanner ei theulu. Gwyddai'n iawn nad oeddan nhw'n gwybod unrhyw beth amdani hi. Byddai Thelma wedi licio cael chwaer. Byddai'n meddwl yn aml a oedd ei mam yn gwybod am Maggie a Sophie? Oedd hi'n teimlo'n euog ei bod hi wedi cysgu hefo dyn priod ac wedi cadw'r babi, heb iddo wybod?

'Fancy a bottle of the Riesling? German, go nice with the fish,' gwenodd arni a dechrau siarad am y cwrs y byddai o'n ddysgu. 'It's a lot of work, just when things are meant to be slowing down. But it's *Cam*bridge, how can I refuse *Cam*bridge?' Bob tro byddai'n dweud y gair Cambridge, byddai'n rhoi'r pwyslais ar ran gyntaf y gair: *came, same, lame*.

Ni wyddai Thelma pam ei bod hi'n rhoi ei hun drwy'r hunllef mewn gwirionedd. Roedd hi wastad yn teimlo'n llai ar ôl ei weld, fel petai wedi methu arholiad doedd hi ddim yn gwbod ei bod hi'n ei sefyll. Doedd y dyn o'i blaen ddim yn sbeshal o gwbwl, a doedd o ddim am rannu'r gyfrinach fyddai'n ateb yr holl gwestiynau oedd ganddi – amdani ei hun a'r ffordd oedd hi, ei hetifeddiaeth, ei chymeriad.

Dyna oedd y bwriad pan wnaeth hi droi fyny yn ei ddarlith 'Tort Law' yn King's College yn ddeunaw oed: darganfod ei hun drwy ei thad, darganfod ei mam drwyddo hefyd, fel petai o'n gist o drysor hanesyddol. Roedd hi wedi archebu prawf DNA ar-lein pan oedd hi'n bymtheg oed ac wedi gweld ei enw yno yn y canlyniadau. Ac yna roedd wedi darganfod ei fod yn fargyfreithiwr ac yn darlithio yn y brifysgol ar ôl teipio ei enw i fewn i Google. Roedd hi wedi meddwl am y peth fel ffawd ar y pryd ac wedi gweld ei dyfodol yn glir o'i blaen – roedd hithau am fod yn gyfreithiwr hefyd a byddai ei thad yn ei charu am hynny.

Eisteddodd Thelma ar y sêt ledr yn y neuadd fawr grand, desg fach o'i blaen efo'i llyfr nodiadau Moleskin yn byseddu ei beiro'n eiddgar, yn gobeithio bod 'na rywbeth am y dyn y byddai hi'n adnabod, rhywbeth cyfarwydd yn y llinellau dyfn a'r cylchoedd tywyll, neu yng ngoslef ei lais, ond roedd hi'n teimlo fel petai hi'n eistedd o flaen dieithryn. Ni allai weld unrhyw beth yn y dyn i wneud iddi deimlo tristwch, na chariad nac eiddigedd. Thynnodd hi ddim mo'i llygaid oddi arno, yn llawn gobaith, ond roedd y weithred honno'n ofer hefyd. Erbyn diwedd y ddarlith roedd hi'n barod i adael ac ailfeddwl am ei dyfodol yn y gyfraith ond mi alwodd ei henw hi a gofyn iddi aros. A dyna ddechrau adeiladu rhyw fath o berthynas efo'r dieithryn hwn.

Doedd hi ddim yn siŵr beth yn union oedd perthynas ei mam a'i thad a doedd hi erioed wedi teimlo'n ddigon dewr i ofyn i'w thad – rhag iddo weld cyfle i fychanu ei mam neu beth bynnag fu rhyngddyn nhw. Dywedodd un tro ei fod wedi bod eisiau dod i gynhebrwng ei mham, fel tasa'r ffaith iddo ddweud hynny yn ymddangos fel tasai wedi bod yno.

Pan oedd hi'n blentyn, byddai Thelma'n dychmygu ei hun yng nghwmni ei thad, fel petai'n ffrind dychmygol. Pan fyddai hi'n mynd i rywle mewn cerbyd, yn ei dychymyg byddai'n eistedd yn sêt gefn ei gar o, yn gwylio'r cloddiau gwyrdd yn gwibio heibio ac yn ei ddychmygu o yn y sêt flaen. Byddai'n smalio siarad ag o ar y ffôn. Byddai'n ysgrifennu llythyrau iddo, llythyrau hir yn manylu ar yr holl bethau oedd yn mynd mlaen yn ei bywyd. Byddai'n dweud wrth ei ffrindiau ysgol ei fod yn dod i'w nôl hi ac yn mynd â hi am hufen iâ i Gricieth ar y penwythnos. Ac roedd 'na ran ohoni wir yn credu ei fod am lanio yno un diwrnod. Ond doedd 'na ddim arlliw ohono ac roedd yr absenoldeb i'w deimlo – yn lletchwithdod Liz a'i mam bob tro roedd hi'n holi amdano, yn anesmwythder yr oedolion bob tro byddai'n cyfeirio ato, yn yr 'o god ma Dad mor annoying' gan ei ffrindiau oedd yn ei llosgi. Ar ôl 'chydig, mi stopiodd hi holi amdano yn gyfan gwbl. Ac erbyn ei bod yn ei harddegau, doedd hi ddim angen dyn dychmygol pan roedd hi'n cael sylw cymaint o hogiau yn yr ysgol. Roedd pob un ei heisiau a hithau'n eu trin fel gwobr i'w hennill ac yna gael gwared arni, arferiad doedd hi ddim wedi gallu ei dorri.

Roedd y dyn oedd hi wedi ei greu yn ei phen yn teimlo'n arallfydol o fawr a chlyfar a gwahanol i unrhyw ddyn oedd hi'n dod ar ei draws o ddydd i ddydd yng ngogledd Cymru (nid ei bod hi hyd yn oed yn nabod llawer o ddynion ar y pryd). Ond wedi iddi ddod i adnabod ei thad, gallai Thelma weld drwy'r persona roedd hi wedi ei fireinio dros y blynyddoedd. Gallai weld y person ffaeledig. Dyma'r math o ddyn fysa hi a Magw'n chwerthin ar ei ben bellach – cartŵn yn ei siwt frethyn a'i hetiau tymhorol, Tory with a small t, efo Tate Membership a sticer National Trust ar ei Vovlo.

Roedd o mor wahanol i rieni Magw, Gwyndaf a Sylwen, yr unig oedolion eraill oedd wedi chwarae rhan ffurfiannol yn ei phlentyndod. Y teip i fynd dramor unwaith y flwyddyn, ar drip blynyddol i Ddinbych y Pysgod ac allan am ginio Sul oeddan nhw, halen y ddaear yn llygaid Thelma, heb unrhyw rodres. A hi oedd pedwerydd aelod y teulu'r rhan fwyaf o'r amser, yn treulio penwythnosau a gwyliau haf efo nhw, ac mor ddiolchgar am hynny. Roedd ei nain wedi rhoi magwraeth dda i Thelma ond roedd o wastad yng nghefn ei meddwl nad oedd hi erioed wedi treulio'r diwrnod efo'i mam *a*'i thad; y tri ohonyn nhw'n uned deuluol, fel teulu Magw. Weithiau byddai'n smalio mai hi oedd ail ferch Gwyndaf a Sylwen. Ar wyliau un tro, roedd hi wedi curo mewn cystadleuaeth plant ac roedd cyflwynydd y Kids Club wedi dweud wrthi ar y llwyfan, yn gwbl ddiarwybod, 'Oh I bet your parents are proud,' a hithau wedi nodio, a'r cyflwynydd wedi gofyn iddi lle roeddan nhw iddyn nhw gael codi llaw. Pwyntiodd Thelma at y ddau a'u dal yn edrych arni gyda hanner gwên.

Cyrhaeddodd Magw a chnocio ar y drws. Roedd hi'n dal laptop a bag Thelma, oedd yn llawn dogfennau pwysig yr olwg a phacedi gwag Haribos. 'Do'n i'm yn meddwl y bysat ti isho mynd nôl i'r swyddfa i ga'l dy betha... Neshi ddeud wrth y receptionist ddeud wrth dy fos di.'

'Diolch,' meddai a chofleidiodd y ddwy.

'Sut w't ti'n teimlo?' holodd Magw.

'Dwi'n iawn...' atebodd gan ollwng ei gafael. Ma hyn yn

haws rhywsut, tydi o jest ddim yn broblam yn 'y mywyd i ddim mwy. A ma'r pres yn *bonus* yn amlwg.'

'Ti'n rhyfeddol o... glinigol,' meddai Magw.

'Dwi'm isho crio dros rywun oedd ddim yn meddwl llawer ohona i. Dio'm yn haeddu dagra, dio'm yn haeddu...'

Doedd Thelma ddim yn medru gorffen ei brawddeg. Doedd hi ddim *eisiau* gwastraffu amser yn galaru am ddyn oedd wedi byw ar gyrion ei bywyd, yn dipio fewn ac allan fel oedd yn ei siwtio, yn gwneud iddi deimlo'n wag ar ôl pob ymweliad. Roedd fel petai hi newydd ddarganfod bod selebriti roedd hi'n licio wedi marw, ei chydymdeimlad yn ymestyn i'w deulu a'i ffrindiau, y galar roedd hi'n ei deimlo'n ymylol.

Fyddai hi ddim yn gorfod teimlo'n euog am ei gasáu, poeni amdano'n canslo planiau ar y funud olaf neu deimlo cywilydd ar ei ran am anghofio ei phen-blwydd, er nad oedd o erioed wedi teimlo'n euog am unrhyw beth yn ei fywyd, tybiai Thelma. Fyddai hi byth yn gorfod gwrando ar ei fyfyrdodau hir am y Labour Party a gwinoedd y byd na chlywed hanes y ffrindiau y byddai Thelma *wrth ei bodd* yn cwrdd â nhw, ond fyth yn gwneud. Fyddai hi ddim yn gorfod teimlo'n siomedig nac yn wirion am gredu ei fod o'n mynd i'w chyflwyno hi i unrhyw un yn ei fywyd.

'Dwi'n gasáu fo,' poerodd Thelma. 'Dwi'n gasáu o am wneud i mi deimlo fel'ma.'

Yn erbyn ei greddf, roedd hi'n drist, ac roedd ei thristwch yn ddigon i gymryd ei hanadl. Roedd diwedd ei fywyd yn golygu diwedd i'r gobaith distaw. Fyddai hi fyth eto'n cael cyfle i agor cist ei gorffennol.

'Wel, ma'n official – dwi'n orphan,' cyhoeddodd Thelma gan ryddhau ei hanadl yn uchel. Dechreuodd chwerthin ond heb iddi sylwi, meddalodd y sŵn ac ysgafnhau yn udo distaw, y dagrau'n gwlychu ei bochau. Gafaelodd Magw ynddi'n dynn tan ei bod hi'n barod i adael y ciwbicl bach.

/

Yr holl ffordd adref o'r siopau, gorfeddyliodd Magw am yr hyn oedd Thelma wedi gofyn iddi: oedd hi a Dyfed wedi setlo? Oedd hi'n bosib setlo am rywun os oeddat ti wedi dechrau mynd efo nhw mor ifanc, neu oedd eu cab lights ymlaen mor gynnar â hynny? Sut oedd hi i wybod bellach? Beth oedd setlo hyd yn oed? Pam ei bod hi'n poeni gymaint am y peth? Doedd hi ddim yn deall pam, ond roedd y syniad fel petai'n meddiannu ei meddwl, fel tiwmor yn amsugno mwy a mwy o waed ac ocsigen, yn llwgu gweddill ei meddyliau. Roedd Magw wedi dioddef o orbryder ers cyn iddo fodoli yn ei geirfa. Roedd y rhan fwyaf o ansicrwydd Magw'n deillio o'r ffordd roedd hi'n edrych. Roedd ganddi wallt melyngoch, llygaid brown a chroen hufennog wedi ei smotio hefo brychni; y cyfuniad o'r tri yn golygu nad oedd hi'n teimlo'n ddeniadol. Gwyddai ei bod hi'n *weddol* glyfar ac yn *weddol* ffraeth ond pan edrychai yn y drych, dim ond y pethau hyll roedd hi'n eu gweld ac o'r herwydd, roedd hi wastad yn gwylio beth roedd hi'n fwyta ac yn trio ymarfer corff yn aml. I ddweud gwir, roedd hi'n boenus o hunanymwybodol ac ansicr yn ei chroen yn dri-deg-dau, a hynny ynddo ei hun oedd yn codi cywilydd arni ac yn bwydo'r gylchred o orbryderu. Oedd Dyfed yn dal i'w ffansïo hi? Ers talwm roedd bod efo fo'n ddigon i dawelu'r meddyliau ymwthiol oedd yn dweud nad oedd hi'n secsi neu'n dlws. Wrth sbio'n ôl gallai weld mai nid Dyfed oedd hi eisiau, o reidrwydd, ond unrhyw un fyddai'n gwneud iddi deimlo'n well am y ffordd roedd hi'n teimlo amdani ei hun. Ystyriodd a oedd hi yr un peth iddo ef; rhywun i dawelu meddyliau? Nag oedd, gobeithio. Doedd hi erioed wedi bod y person dela yn y criw tra oedd hi'n tyfu fyny. Doedd hogiau erioed wedi heidio ati fel oeddyn nhw at Thelma, ond roedd ganddi hi a Dyfed rywbeth tu hwnt i gig a gwaed bellach, doedd? Roeddan nhw'n rhy gall i boeni am bethau arwynebol fel sut roeddan nhw'n edrych. Fel arfer roedd hi'n pendilio rhwng casineb ac apathi am y ffordd roedd hi'n edrych ond roedd hi'n gobeithio nad oedd Dyfed yn teimlo'r un ffordd amdani hi, nac amdano'i hun.

Cyn cyfarfod Dyfed, byddai'n poeni'n ormodol am y ffordd roedd dillad yn disgyn ar ei chorff. Oedd hi'n dangos digon o goes neu frest? Roedd 'na rywbeth tosturiol am sut roedd hi'n gweld ei hun drwy lygaid dynion – oedd hi'n ddigon deniadol iddyn nhw, oeddan nhw'n ei ffansïo hi? Byddai'n cerdded drwy fywyd yn teimlo fel cynhwysydd gwag a phob edrychiad gan ddyn yn ei llenwi fymryn ac yn ei gwneud hi'n fwy gweladwy. A doedd bod yn ffrindiau gorau hefo Thelma ddim 'di helpu ei self-esteem a hithau mor hyderus. Tawelodd Dyfed hyn ond roedd 'na dal olion o'r hen ffordd o feddwl yn treiddio drwyddi'n gyson. Efallai na fel hyn roedd hi am fod am byth, ychydig yn niwrotig am y ffordd roedd hi'n edrych a'i chamau'n bywiogi bob tro roedd 'na rywun yn dweud ei bod hi'n edrych yn dda, bywiogi mwy os oeddan nhw'n dweud ei bod hi'n edrych yn denau. Oedd unrhyw ferch oedd wedi tyfu fyny yn y nawdegau oedd ddim fymryn yn niwrotig am eu cyrff?

Cyrhaeddodd ddrws y fflat, ei bagiau'n llawn dillad newydd, yn drwm efo'r pwysau i'w thrawsnewid a'i hyrddio i fywyd newydd. Cerddodd i fewn a dweud helô wrth ei gŵr oedd yn eistedd ar y soffa fawr yn gwylio rhyw gêm bêl-droed ar y teledu, rhoi sws sydyn ar dop ei ben a cheisio anghofio am bopeth fu'n mynd trwy ei meddwl y diwrnod hwnnw. Chymrodd o fawr o sylw ohoni, jest dweud helô wrth barhau i edrych ar y teledu, ac yna gwnaeth rhywun sgorio neu gael cerdyn coch, doedd Magw ddim yn rhy siŵr, ond gwylltiodd Dyfed a chodi a cherdded tua'r gegin i estyn can arall o gwrw o'r oergell.

Roedd Magw wedi meddwl erioed ei fod yn ddyn cysurus o gyffredin ei edrychiad – tal, llydan, gwallt tywyll, mynd yn denau ar y top, wyneb clên, ochrau meddal. Doedd yntau chwaith erioed wedi bod y person mwyaf stylish, wastad yn gwisgo amrywiad o beth oedd pawb o'i gwmpas o'n wisgo. Amdano'r prynhawn hwnnw oedd hen bâr o siorts rygbi a siwmper dyllog, cyfuniad roedd hi wedi ei weld ganwaith o'r blaen. Doedd Magw erioed wedi poeni rhyw lawer am hynny – doedd gan yr hyn oedd o'n ei wisgo neu'n berchen arno ddim byd i wneud efo'r ffordd oedd hi'n teimlo amdano.

Roeddan nhw'n rhentu'r fflat ers pum mlynedd bellach, ar delerau da efo'r landlord a'r lle'n teimlo fel cartref. Rhywsut neu'i gilydd roeddan nhw wedi goroesi'r cyfnod clo mewn fflat fechan heb ardd a heb ladd ei gilydd. Roedd y wal gyferbyn â'r teledu wedi ei pheintio'n fwstard ac wedi ei gorchuddio hefo lluniau a phrints a gwaith celf roeddan nhw wedi eu casglu dros y blynyddoedd, llawr pren, planhigion wedi eu gwasgaru ar hyd y lle, futon a chadair felfedaidd wyrdd yn y gongl, lot o ddodrefn gwyn IKEA. Doedd 'na ddim byd unigryw am y lle ond roedd o'n dal yn teimlo fel eu lle *nhw*.

'Sut o'dd Thelma?' gofynnodd Dyfed wrth i'r can ffisian yn agored, y sŵn fel matsian yn tanio.

'O'dd hi'n iawn, 'di bachu cyfreithiwr priod o New York, so o'ddi'n grêt. Ar ben y byd. Totally *buzzing*.'

'Fflipin hec.'

'Dwi'n gwbod. *Dwight* o'dd 'i enw fo!'

'*Dwight?*' chwarddodd. 'Fatha *The Office?*'

'Dyna 'nes i ddeud! Obviously doedd hynny ddim yn bwysig, medda hi.'

'Do'n i'm yn meddwl bod Dwight yn enw go iawn,' chwarddodd.

'Dwi'n meddwl bo hi'n dal i iwsho secs i ddelio 'fo colli'i thad a ballu.'

'Wel ma Thelma'n iwsho secs i ddelio 'fo lot o betha. *Dwight!*'

'Dwi hefyd yn sicir bod hi 'di isho mynd efo fo fwy 'chos na *Dwight* oedd ei enw fo. Ti'n cofio Eugene?'

Chwarddodd Dyfed yn gytûn a chymryd swig o'i gwrw, distawrwydd bodlon yn setlo wrth i Magw dollti dŵr iddi'i hun o'r jwg ffilter roeddan nhw'n gadw yn yr oergell.

'Mae hi'n mynd allan efo rywun i neud tantric sex nos fory, rhyw hipi o Sri Lanka,' meddai Magw.

'Tantric sex? Blydi hel.'

'Ynde.'

Safai'r ddau yn y gegin a dechrau teimlo'n anghyfforddus wrth feddwl am Thelma'n cael tantric sex. Yfodd y ddau heb erych ar ei gilydd, Dyfed yn rowlio ei lygaid a hyffio'n ysgafn.

'Weithia dwi'n meddwl ei bod hi'n gwneud y petha 'ma jest i ga'l stori dda i ddweud wrth bobl.'

'Mae'n siŵr ei bod hi,' gwenodd Magw. 'Ond tydi clywed amdanyn nhw ddim yn llai pleserus, nadi?'

Cytunodd Dyfed.

''Nes i ddeud wrthi am Rob a Chrissy –'

'Maaags, pam nest 'di hynna?' dywedodd yn rhwystredig.

'O'n i methu peidio dweud wrthi! Hi 'di'n ffrind gora fi!'

'Dwi'n ffrind gora iddo *fo!*'

'Wel, ella ddyla chdi ddim 'di atab 'i alwad o. Ers pryd ma Rob yn Facetimeio, wir?' heriodd hithau. Hoffai fedru bod yn berson oedd yn cyffwrdd pobl yn hawdd, byddai rhyw binsiad chwareus ar ei wast rŵan wedi medru ysgafnhau'r ffordd roedd hi'n teimlo ond doedd hi erioed wedi bod y person yna, erioed wedi bod yn rhywun fyddai'n cael ei disgrifio fel person cynnes. Roedd rhywbeth pell ac oer amdani erioed.

'Sut gymerodd hi'r newyddion?' holodd Dyfed.

'Dim yn grêt.'

'Wel, dwi'm yn synnu. Ma hi dal in love efo fo, dydi?'

'Ma nhw in love efo'i *gilydd*, ar ôl yr holl flynyddoedd 'ma,' meddai Magw, yn teimlo'n warchodol o'i ffrind. Roedd dynion wastad mor ddall i'r pethau hyn. 'O'dd hi methu dallt be o'dd 'u brys nhw.'

'Os 'na rywun?'

Cilwenodd Magw arno, yn teimlo'n lletchwith o amgylch ei gŵr. Oeddan nhw wedi setlo? Ai dyma oedd eu bywyd rŵan? Gwneud sylwadau ar berthnasau a two-night stands ffrindiau.

'Ti 'di bod yn gwario hefyd?' gofynnodd Dyfed yn chwareus a'i thynnu o'i myfyrdodau.

'O do, ma siŵr 'na'i returnio bob dim.'

'O reit.'

'Ma'r top 'ma mor hen.'

'O yndi?'

Gwyddai fod Dyfed fyth yn sylwi ar bethau dibwys fel'ma a doedd o ddim yn poeni am y dillad roedd ei wraig yn wisgo.

Pam fysa Dyfed yn cofio am grys gwirion oedd yn wrthrych ei chasineb ar hyn o bryd?

'Mae o gen i ers deg mlynadd. Ges i o pan gychwynnish i yn y cwmni.'

Doedd hi ddim yn medru dweud mwy. Roedd rhyw reddf yn dweud wrthi am beidio ond roedd y teimlad mor effro tu fewn iddi, yn ei gwneud hi'n sâl. Aeth Dyfed yn ei ôl at y soffa i wylio'r pêl-droed ac aeth Magw i eistedd ar ochr arall y soffa.

''Nes i wisgo fo ar 'y nwrnod cynta i 'ngwaith.'

'O do? Mae o'n neis,' dywedodd heb edrych ar Magw, yn anymwybodol o'r prawf dychmygol roedd o'n ei fethu gyda phob un sylwebaeth.

'Mae o 'di torri ar hyd y golar yn fama.'

'Wel mae hi'n beth da bo chdi wedi bod yn siopa felly, dydi? Si'm rhaid i ti justifyio dy wario i fi, sti,' meddai Dyfed wrth ymestyn ei gorff ar draws y soffa, heb sylwi ei fod wedi camddeall yn llwyr yr haenau o gymhlethdod oedd o dan y crys.

Ceisiodd Magw ddod yn ôl ati ei hun, yn ôl at ei gŵr, yn ôl i'r stafell a dweud rhywbeth. Meddyliodd am rywbeth ffraeth fyddai wedi gwneud i Dyfed chwerthin. Ond methodd. Roedd hi'n teimlo fel petai hi'n suddo'n ddyfnach i'r soffa. Gallai deimlo'r niwl yn cau amdani, ei llygaid yn lludiog a rhyw deimlad anesmwyth yn setlo drosti fel haen denau o eira ar ddiwrnod sych, ei hymennydd fel petai'n chwarae pob un digwyddiad o'i bywyd drosodd a throsodd yn ei phen. Byddai'n cofio pethau roedd hi wedi'u dweud neu eu gwneud yn yr ysgol gynradd, yr ysgol uwchradd, pob moment anghyfforddus yn ei bywyd, y digwyddiadau oedd wedi codi cywilydd arni'n ailchwarae fel rîl o uchafbwyntiau. Doedd hi ddim yn cofio amser pan oedd hi ddim yn cael cyfnodau o deimlo gorbryder dwys, roedd o bellach yn rhywbeth oedd wedi ei wreiddio ynddi.

'Dwi'n gwybod hynny,' atebodd Magw yn lle dweud yr holl bethau oedd ar ei meddwl. Daeth allan yn llawer mwy sur nag oedd hi wedi ei fwriadu.

Aeth y noson heibio fel oedd llawer nos Sadwrn o'i blaen, yn ddistaw ac yn ddiflas, y ddau ohonyn nhw ar y soffa, yn gwylio'r teledu ac yn fflicio drwy'u ffonau, yn bwyta popcorn a fferins, yn yfed gwin a'u cyrff yn cyffwrdd yn ysgafn, a chorff Magw'n stiff yn erbyn clustogau'r soffa. Fedrai hi ddim canolbwyntio'n iawn ar y ffilm Koreaidd roeddan nhw'n ei gwylio er mwyn cael dweud wrth eu ffrindiau, a dangos eu bod yn cŵl ac yn fydol. Byddai Magw wastad yn gwneud pethau i ymddangos yn fwy cŵl i bobl eraill, er enghraifft byddai hi wastad yn dweud mai *Mulholland Drive* oedd ei hoff ffilm er mai rom-coms oedd hi'n fwynhau wylio a doedd hi ddim wir yn hoff o steil David Lynch o gwbl. Fel petai ymddangos yn berson nad oedd hi ddim mewn gwirionedd yn codi ei gwerth rhywsut.

Yn y ffilm Koreaidd roedd 'na childhood sweethearts yn cyfarfod ei gilydd eto ar ôl 24 mlynedd o fyw mewn gwledydd a diwylliannau gwahanol, eu cysylltiad yn bresennol yr holl flynyddoedd wedyn.

'Ti meddwl na fel'na mae Rob a Thelma? Fydd gynnon nhw'r cysylltiad 'na am byth, dim otsh pwy sy'n dod wedyn?'

'Mae'n siŵr,' mwmiodd Dyfed wrth gymryd swig o'i win.

'Chrissy druan.'

'Ynde.'

'Ma'n fwy na jest attraction, dydi? Chemistry. Ma'n soul-to-soul. Dwi'm yn meddwl bo hynny'n digwydd yn aml. Totally irrational efo Rob a Thelma 'chos ma nhw'n bach o car crash, dydyn?'

Gwnaeth Dyfed sŵn 'm' er mwyn dangos ei fod yn cytuno.

Meddyliodd Magw mor hawdd oedd bywydau pobl oedd ddim yn meddwl mor ddyfn am bethau. Roedd Dyfed, ei gŵr, yn un o'r bobl hynny. Oedd, roedd pethau'n llawer mwy syml iddo fo: os oeddat ti'n caru rhywun yna roeddat ti hefo nhw. Os doeddat ti ddim yn eu caru, doeddat ti ddim. Doedd o erioed wedi darllen nofel yn ei fywyd ac wedi dweud ei fod o ddim yn gweld pwynt ffuglen. Dim ond darllen llyfrau ffeithiol oedd o. Cythruddwyd Magw gan ei ddatganiad, fel petai'n staen ar ei gymeriad ac yn dangos nad oedd ganddo'r dychymyg na'r gallu i weld harddwch mewn pethau dibwys. Ceisiodd newid ei feddwl am ddarllen nofelau, hithau'n curadu'r awgrymiadau, yntau'n cychwyn darllen, neu'n smalio cychwyn, pwy a ŵyr – byddai Magw'n dweud wrthi ei hun, petai o'n gorffen y stori, yna fyddai o'n medru bod y person oedd hi eisiau iddo fod. Ddaru o erioed wneud, fel oedd hi'n gwybod, mae'n siŵr. Du a gwyn, ffuglen a ffeithiol, mor syml â hynny.

Wrth orwedd yn y gwely y noson honno, pendronodd Magw a oedd hi a Dyfed yn soul-to-soul. Do'dd hi ddim yn credu mewn ffawd, doedd hi ddim yn grefyddol, doedd hi ddim yn ysbrydol a doedd hi ddim yn credu bod yna bwerau duwiol wedi dod â hi a Dyfed at ei gilydd ar noson allan ddeuddeg mlynedd yn ôl. Roedd bywyd yn gyfres o ddamweiniau. Gallai hi'n hawdd fod wedi penderfynu peidio â mynd allan y noson honno, mynd i dafarn wahanol, neu gyrraedd awr yn hwyrach a newid cwrs ei bywyd. Ond roeddan nhw'n dal efo'i gilydd rhywsut, wedi aros efo'i gilydd am ddeuddeg tro o amgylch yr haul. Roedd eu bywydau wedi plethu mor dynn, fedrai hi ddim dychmygu bod hebddo fo a doedd hi ddim yn gwybod sut fyddai bywyd heb fod yn gariad, yn wraig iddo fo. Roedd y rhamant a'r angerdd wedi hen fynd, ond roedd hynny'n anorfod, doedd? Roedd eu cariad yn fwy na hynny rŵan. A beth oedd yn bod ar setlo? Oedd pobl yn aros efo'u partneriaid am eu bod nhw ofn bywyd hebddyn nhw? A fysa bywyd hebddyn nhw'n well beth bynnag? Doedd y bywyd *heb* ei fyw ddim o reidrwydd yn well na'r bywyd oedd rhywun yn ei fyw.

'Dyfed,' sibrydodd i'r tywyllwch ac ysgwyd ei gŵr yn ysgafn. 'Dyfed.'

Gallai glywed ei anadliadau yn asio.

'Ti meddwl bo ni 'di setlo?' gofynnodd iddo ef, iddi hi ei hun, i'r düwch. Anadlodd Magw allan a throi ar ei hochr, yn teimlo rhyddhad ei bod wedi dweud yn geiriau'n uchel, a gadael i'r tywyllwch ei hamgáu.

/

Gorweddai Thelma'n noeth ar ei gwely, ei thywel wedi ei hanner lapio amdani fel tasa hi'n dduwies Roegaidd, ei bronnau oddfog yn eistedd ar ei brest fel hanner cylchoedd o jeli. Roedd hi'n gorweddian ers iddi ddod allan o'r gawod 'chydig ynghynt yn fflicio drwy ei ffôn – sgroliodd drwy lwyth o luniau o brotest yn galw am heddwch yn Gaza. Roedd hi wedi ei brawychu'n llwyr gan yr hyn oedd yn digwydd, er nad oedd hi wedi cael cyfle eto i fynychu unrhyw brotest (wel dyna oedd hi'n ei ddweud i gysuro ei hun), ond roedd hi wedi cyfrannu ac wedi arwyddo deisebau, sioe druenus o undod pan oedd 'na gymaint mwy y gallai hi wneud.

Anghofiodd bob dim am Gaza pan welodd hi joint-post

Rob a Chrissy ar Instagram yn datgelu eu dyweddïad i'w dilynwyr. Rowliodd ei llygaid. Doeddan nhw'n amlwg ddim am wastraffu amser. Edrychodd ar y llun ohonyn nhw'n edrych ar ei gilydd, yn chwerthin mewn ffordd gwbwl naturiol, fel tasa rhywun wedi eu dal *jest* ar y foment roedd un ohonyn nhw wedi sibrwd cyfrinach tu hwnt o ddoniol yng nghlust y llall, ei freichiau amdani a'i braich chwith hithau yn estyn ymlaen gyda'r fodrwy fechan yn disgleirio ar ei bys. Roeddan nhw'n edrych mor hapus, bron y gallai Thelma glywed sŵn eu chwerthin wrth i ffasiwn lawenydd belydru o bob crych ar eu hwynebau. Byddai llun o'r fath wedi dod â gwên enfawr i wyneb Thelma fel rheol, ond yn ei le teimlodd boen yn ei stumog oedd yn ei gwneud hi'n anodd i anadlu'n iawn. Cymhellodd ei hun i yrru neges i Rob, yn eu llongyfarch, ond fedrai hi ddim meddwl am unrhyw eiriau synhwyrol. Setlodd am nodyn clinigol yn eu llongyfarch o dan y post Instagram – dim byd personol, ond o leia roedd hi wedi dweud rhywbeth, y sefyllfa'n gwneud iddi deimlo'n sâl ac yn aflonydd – teimlad anghysurus y byddai hi'n gorfod byw gydag o nes i rywbeth gwaeth ddigwydd i'w wared.

Rhoddodd Thelma ei ffôn ar y stand wrth y gwely, ei llygaid yn sgwâr ar ôl i'r doom-scrolling ar Instagram gipio hanner awr. Roedd hi angen paratoi i fynd am swper i gartref ei ffrind Jon a'i bartner Simon, ac roedd hi'n hwyr. Cododd ar ei thraed a cherdded at y drych mawr crwn ar y wal binc. Sylwodd ar ei llygaid, yn rhy fawr i'w gwyneb, y trwyn main, y croen gwelw. Doedd Thelma ddim yn poeni am heneiddio, iddi hi roedd mynd yn hŷn yn anrhydedd – roedd hi'n hŷn na'i mam pam fu hi farw yn barod ac roedd hynny'n deimlad anghyfforddus. Roedd y ffaith ei bod hi'n chwistrellu botox i'w thalcen ac o dan ei llygaid bob chwe mis yn ddim byd i'w wneud â'i hieuenctid a fwy am deimlo'n ddeniadol ynddi hi ei hun, y disgwyliadau roedd cymdeithas yn eu gosod fyth o fewn ei gafael. Dim ots faint o bobl oedd yn dweud ei bod hi'n ddel doedd hi fyth wir yn eu credu, roedd hi'n chwarae rôl, y rhan wedi ei pherffeithio dros y blynyddoedd 'chos doedd rhywun oedd yn edrych fel hi ddim yn cael teimlo'n hyll.

Clywodd Thelma ei ffôn yn crynu wrth iddi estyn am ei bag colur.

18:45
Jon: Can you bring a baguette with you please? x

18:46
Thelma: Sure, I'm just getting ready now xx
Thelma: Sorryyyy
Thelma: I got some donuts at Borough Mtk, will bring as well xx

18:47
Jon: We knew you'd never make it here for 7 love x

O fewn hanner awr roedd hi'n clipiti-clopian yn ei bŵts pinc am fflat foethus Jon a Simon yn Brixton, dim ond tafliad carreg o'i fflat hi, ei gwallt wedi ei gyrlio a'i hwyneb wedi ei drawsnewid wedi iddi ymbincio. Roedd Jon a'i bartner yn fargyfreithwyr a bellach yn cysidro eu hunain yn high-end London gays, y ddau yn mwynhau moethusrwydd, yn talu dros £50 am botel o win neis, heb deimlo cywilydd, ac yn meddwl bod unrhyw un oedd ddim, yn israddol. Roedd y ddau'n olygus mewn ffyrdd gwahanol; Jon efo'i ben o wallt tywyll, llygaid cul, gwddf hir ac onglau sgwâr a'i wyneb wastad mewn 'resting bitch face', a Simon ar y llaw arall yn fwy crwn, ei wallt sinsir wedi britho, sbectol ffrâm dew ar ei wyneb, ei fynegiant yn fwy meddal. Roedd Simon wedi dechrau dod i pilates efo Thelma'n ddiweddar a'i gorff wedi meinio rhywfaint, tra bod Jon yn gwella'i hun yn y gampfa. Daeth Simon i'r pictiwr 'chydig flynyddoedd ynghynt, ar ôl i Jon ac yntau weithio yn erbyn ei gilydd mewn achos llys, y ddau wedi dal llygaid ei gilydd a Jon yn barod am berthynas sefydlog.

Cyfarfu Thelma a Jon yn eu seminar gyntaf yn y coleg a buont yn ffrindiau ers hynny, cysylltiad wedi ffurfio o'r eiliad wnaeth Thelma sibrwd 'This twat's my father,' yn ei glust ac i Jon dagu ar ei Lucozade Orange.

'FUUUCK OOOFF,' ynganodd Jon, wedi ei syfrdanu'n llwyr.

Ar ôl y seminar, aethon nhw i dafarn gyfagos ac yfed am weddill y prynhawn, sylfeini eu cyfeillgarwch yn cael eu gosod gyda phob peint. Gwyddai'r ddau'n syth y bydden nhw'n ffrindiau mawr, roedd *rhaid* iddyn nhw fod yn ffrindiau. Roedd eu perthynas wedi goroesi ysgol gyfreithiol, blwyddyn yn hyfforddi fel bargyfreithiwr a chyfreithiwr, arholiadau ac allnighters, un ex toxic, llwyth o ddêts aflwyddiannus, un braw HIV, road-trip yn America, y bib am chwe diwrnod yn Phuket a 48 awr yn Berghain. Gallai Thelma ddweud bod Magw heb glicio gyda Jon ar y cychwyn ond allai Thelma ddim parhau i fod yr un oedd Magw'n pwyso arni mewn sefyllfaoedd cymdeithasol am byth.

'Rob Jones is engaged. What the fuck?' oedd Jon wedi ddweud pan agorodd ddrws y fflat iddi. Rhoddodd Thelma'r baguette a'r donuts iddo.

'Don't you start,' meddai yn rhoi sws ar ei ddwy foch.

Camodd Thelma i fewn. Roedd Jon a Simon wedi prynu'r fflat efo'i gilydd flwyddyn ynghynt, y ddau wedi arwyddo contract tynn oedd yn golygu pe bydden nhw'n gwahanu y bydden nhw'n cael yn union yr un peth ag oeddan nhw wedi ei roi i fewn. Cysyniad anrhamantus i rai ond dyna oedd y peth ymarferol i'w wneud a nhwythau yn gyfreithwyr oedd wedi gweld cyplau'n ffraeo dros ddreseli neu gŵn pan oeddan nhw wedi addo na fysa petha fyth yn chwerwi. Ceisiodd Thelma gael Magw a Dyfed i arwyddo pre-nup cyn iddyn nhw briodi, y ddau yn gwrthod ar sail nad oedd ganddyn nhw unrhyw beth i'r llall gymryd beth bynnag.

Cerddodd Thelma drwadd i'r stafell fyw. Doedd dim soffas yno ond pedair cadair o hen swyddfa bensaer tad Jon, wedi eu hailorchuddio. Doedd dim teledu chwaith. ('We're not philistines, why would we need a TV in the living area? The living area is for conversation and playing the piano,' oedd o wedi ei ddweud wrthi un tro, er bod dim piano ganddyn nhw). Yng nghanol y stafell roedd 'na fwrdd coffi isel gyda phentyrrau o lyfrau trwchus, clawr caled: llyfrau am y rave scene yn yr 80au, am arddangosfeydd Tate a MOMA a'r V&A ac roedd 'na fwy o lyfrau'n gorchuddio un o'r waliau pellaf. Tair ffenest enfawr, o'r nenfwd i'r llawr a chyrtans hufen bob ochr iddyn nhw, waliau yn dal canfesi o gelf gwreiddiol. Yr ochr draw i'r ystafell fyw oedd y gegin fawr, gydag ynys yn y canol a drysau allan i'r ardd y pen arall.

Eisteddodd y tri rownd yr ynys, yn yfed eu gwin ar ôl gorffen eu swper, y pwnc yn dychwelyd at Rob Jones wrth i'r gwin eu llacio. Fyddai Thelma fyth eisiau cyfaddef cryfder ei theimladau yn sobor.

'What do you like about him?' holodd Simon a thollti mwy o win coch i'w gwydrau. 'I've only met him a couple of times. He's really good looking though.'

'I'm not even sure anymore... I like him just cause I've always liked him.'

'Yeah, but what else?'

'I can't articulate it.'

'But try! This is a man who you've been pining over for the last, what? Few years? And this engagement has propelled you to think you're the ugliest person in the world tonight.'

Chwarddodd y tri ohonyn nhw. Doedd Thelma ddim yn medru mynegi ei hun.

'Is it the sex?'

Ystyriodd Thelma'r cwestiwn. Mae'n debyg fod y secs roedd hi a Rob wedi ei gael dros y blynyddoedd yn gwbwl gyffredin. Doedd 'na ddim byd andros o arbennig amdano heblaw y ffaith ei fod o'n arbennig iddyn nhw; roedd y ddau'n mwynhau ffwcio'i gilydd. Doedd Thelma erioed wedi teimlo cysylltiad rhywiol fel'na hefo neb arall yn ei bywyd a dweud y gwir.

'It is, but it's also more than that.'

'What, then?'

'I think it's cause he's known me my whole adult life. Like the *real* me. We know each other, we understand each other.'

'That's bullshit though becuase I know the real you as well and *I've* known you for as long as he's known you by the way–'

'Yeah but it's different,' rowliodd ei llygaid.

'Because I haven't fucked you?'

'No, that's not why!' chwarddodd.

Roedd 'na gerddoriaeth glasurol yn chwarae drwy'r seinydd, rhywbeth melodaidd, y symudiadau manwl gywir mor wahanol i lanast ei bywyd hithau.

'Simon – in case you didn't already know – Thelma doesn't

have the most straightforward relationship with men and sex,' meddai Jon yn estyn a gwasgu braich Simon yn dyner.

'Oh fuck you!' meddai Thelma gyda gwên.

Dyma ddadl roeddan nhw wedi ei chael droeon dros y blynyddoedd, wrth i fywyd Thelma gael ei drafod, a'i chymeriad ei dynnu'n ddarnau a'i ddadansoddi. 'I guess Rob and I have only ever know each other in a romantic sense, so it's hard not to fall back into that when we're together–'

'And when you *think* about him as well, clearly,' meddai Jon.

'I know, it's ridiculous.'

Ac mi oedd y cysyniad 'ma'n rhyfedd i Thelma: mai Rob oedd y person oedd hi wastad yn dychwelyd ato. Y person roedd hi'n defnyddio fel ffon i fesur pob siwtor arall oedd yn dod i'w bywyd.

'I've always thought he's a bit of a meat-head. Loves rugby, and a bit of a simpleton?'

Chwarddodd Thelma a theimlo embaras ail law dros Rob mai dyma oedd ei ffrind yn feddwl ohono. Ac er fod 'na wirioneddau yn cael eu datgelu roedd y sgwrs yn dal yn weddol ysgafn, y gwin yn helpu i leihau'r difrifoldeb a'r anobaith oedd Thelma'n ei deimlo ynghynt.

'I know he did Law at King's and blah, blah, blah, but he's not deep or wordly, is he? Always wearing some sort of plaid shirt, blue jeans and brown shoes. Or worse, a rugby shirt. Loves a pint at the pub with the lads.'

'Jon! You snob!' gwaeddodd Simon a'i slapio'n ysgafn ar ei arddwrn.

'I'm sorry! I just can't see it *ever* working long-term. You are *so* different, Thelma. Chalk and cheese levels of different. You're here, he's there.'

'He's not like that, you know he's got something about him,' dadleuodd Thelma.

'He's fuckable for sure–'

'Jon!' gwaeddodd y ddau arall gan chwerthin.

'What?' smaliodd Jon gan chwerthin a thollti mwy o win i wydrau pawb.

'I think I've battled with it for so long, and then tonight when I saw that sickening Insta post, and saw them looking so fucking happy, it all just seemed so... *official*. This is nice by the way,' meddai Thelma wrth gymryd cegiad o'r gwin.

'Thanks, it's from that new bottle shop in Brixton Market,' meddai Simon ond roedd Jon am wybod mwy am Rob ac nid y gwin.

'So do you want him, or do you just not want him to marry anyone else?' gofynnodd.

'I don't know. That's what I said to Magw when I found out he was engaged,' atebodd Thelma.

'So much self-awareness,' heriodd Jon. 'Want to know my theory?'

'Oh here we go, enthrall us with your psychological analysis,' dywedodd Simon yn nawddoglyd.

Roedd Thelma a Simon wedi clywed y theori yma ganwaith, a Jon wedi cael cyfle i'w mireinio dros y blynyddoedd.

'And it's *all* down to my abandonment issues–' cychwynnodd Thelma wrth gynnig winc slei i Simon, hithau wedi cael cyfle i fireinio ei rhan hithau.

'It is! You don't need to be a quack to work this one out. Your Dad never bothered with you, then your Mum died and then your Dad died as well. Rob's the man you return to over and over again. Other than Dyf and I, he's probably been the most consistent man in your life. And now that's also been taken away from you. Simple.'

'Truly, thank you for simplifying my entire life and making light of my trauma,' atebodd Thelma gyda chlinc ar ei gwydr.

'I think you'd get bored within a year of being with him. And you'd regret getting together. The reason you like him so much is because he's safe and he's always been available and there and–'

'And my Dad hasn't? See, heard it all before, Jon,' winciodd ar Simon eto.

'Exactly.'

Roedd Jon wastad yn meddwl bod problemau Thelma'n deillio o'r ffaith nad oedd ei thad erioed wedi bod yna mewn ffordd ystyrlon a phositif. Ac mae'n debyg eu bod nhw; doedd hi erioed wedi teimlo'n ddigon da i neb – roedd rhywbeth cynhenid amdani doedd pobl ddim yn ei hoffi. Onid oedd pawb jest eisiau cael ei hoffi? Ac eisiau hoffi eu hunain?

'That's part of the appeal, the fact that you've never actually had a long-term relationship. You haven't had the chance to get sick of each other. You haven't had to pick his socks up off the floor, picked his fucking nose hairs out of your tweezers…'

'Oi,' meddai Simon yn chwareus.

'Maybe I want that.'

'Do you?' gofynnodd Jon.

Doedd Thelma ddim yn gwybod. 'I want to be loved by someone who really loves me, you know?'

'You want to know my theory?' gofynnodd Simon.

Edrychodd y ddau arno a gwenu.

'Go on then,' meddai Jon.

'You just have chemistry with the guy and that's not going

to change, whether he's married or not, or whether you end up with someone else, which you obviously will. It's always going to be there but you'll just have to live with it. It'll get easier but there's nothing you can do about it.'

Nodiodd Thelma gan adadlu'n ddyfn a chymryd swig arall o'i diod.

'Good theory, babes,' meddai Jon. 'Mine's better.'

Ac yna gogwyddodd y sgwrs yn naturiol tuag at bethau eraill – gwyliau oedd ar y gweill i Thelma a Jon, cynlluniau, mam Simon yn heneiddio, gwleidyddiaeth, Gaza, Trump, y Blaid Lafur, eu gwaith.

'I'm actually working on quite a high profile murder-rape trial at the moment. It's going to be all over the news when the trial starts. Keep an eye out for me in case I get my big break on the BBC,' dywedodd Jon.

'God that's heavy.' Llyncodd Thelma ei gwin a chwarae hefo'r gyllell ar y bwrdd caws oedd ar ei hanner.

'It's actually so awful. I don't know what makes some straight men rape and kill women. Like, I just don't get why you would want to force a woman to have sex with you if she doesn't want to,' erfynnodd Jon.

'I don't know, power? Inability to handle rejection?' cynigiodd Simon yn ddiymadferth.

'The guy in this case is a hard-core Andrew Tate follower as well. Been posting anonymously on loads of women's Instagram accounts.'

'How old is he?'

'He's nineteen, which is chilling,' meddai Jon. 'But that's the reality these days. These guys are getting younger and more violent.'

'I wouldn't know where to start raising a son. Like, how do

you stop young people from finding this shit on the Internet?' gofynnodd Thelma.

'I know. And it feels like it's just going to get worse,' meddai Jon. 'I had a case the other week with a man who killed his wife cause she forgot to buy him a pack of Carling when she went shopping. Hit her head against a wall and killed her.'

'Imagine if I did that every time you forgot to buy me something,' torrodd Simon y tensiwn fymryn.

'It does not even bear thinking about.'

'God, can I stay in the spare room tonight? I don't want to be alone,' meddai Thelma.

Gwasgodd Simon ei hysgwydd wrth dollti rhagor o win i'w gwydr.

'I just don't understand why a man would do that,' dywedodd Thelma.

'I don't understand why straight men do a lot of things,' atebodd Jon a chymryd swig o'i win.

Gyrrodd y sgwrs ias i lawr asgwrn cefn Thelma. Roedd fel petai ei bywyd yn fflachio o'i blaen, yr holl sefyllfaoedd peryg oedd hi wedi bod ynddyn nhw ac mor lwcus oedd hi wedi bod.

/

Roedd Magw wrth ei bodd yn bwyta brecwast bore Sul efo Dyfed. Pryd bwyd cynta'r diwrnod, pryd bwyd mor intimate i'w rannu efo rhywun. Hoel cysgu a chrychau'r gwely'n dal ar eu hwynebau. Dyma reng flaen cariad, pan mae gwir gariad yn gorfod brwydro tu hwnt i'r gwynt drwg a'r pyjamas tyllog. Dyma pryd mae rhywun ar eu mwyaf bregus, eu cyrff yn dal i ddeffro, eu synhwyrau ddim cweit mor siarp heb swigiad chwerw o gaffîn.

Roedd hyn yn arferiad dydd Sul: eistedd o amgylch y bwrdd, tafell ar ôl tafell o dôst surdoes a photyn ar ôl potyn o goffi, weithiau i glirio hangofyrs, weithiau jest achos fod angen, y radio'n chwarae'n ysgafn yn y cefndir a fawr o siarad, dim ond ambell 'ti 'di clwad hyn?' neu 'sbia' wrth iddyn nhw bori drwy'r papurau newydd ar eu ffôns, neu rai papur go iawn os oeddan nhw ffansi trît. Ro'n nhw'n gwybod bod 'na wastad bore Sul: rhyw ddefod doeddan nhw ddim yn siarad amdani ond fyddai'n hawdd hiraethu amdani petai hi ddim yn digwydd.

Ond roedd o wedi chwalu hynny rŵan.

'Be neith pobl feddwl?' gofynnodd wrth ei gŵr mewn llais distaw, ei llygaid gwydrog yn edrych ar y coffi'n oeri yn ei hoff fŷg, ei dwy law wedi lapio o amgylch ei chwpan yn dynn.

'Ffwcio be ma pobl am ddeud,' atebodd Dyfed. 'Ti'n poeni gormod am be ma pobl yn feddwl.'

Disgynnodd distawrwydd llethol dros y gegin; eu cegin nhw, y gegin lle roeddan nhw wedi yfed cannoedd o gwpanau coffi, lle roeddan nhw wedi paratoi miloedd o brydau bwyd ac wedi eistedd o amgylch yr hen fwrdd derw, staenllyd efo'i gilydd ac efo'u ffrindiau. Eu cegin nhw, y gegin oren a gwyrdd gyda'r ffenest fawr oedd yn ffrydio goleuni i'r stafell, y ffenest oedd yn edrych allan ar Queen's Park. Eu cegin nhw, lle roeddan nhw wedi ffraeo am wagio'r dishwasher a glanhau'r stof. Eu cegin nhw, lle roedd ei gŵr wedi dweud ei fod o eisiau iddyn nhw ffwcio pobl eraill.

Cododd Magw ei phen am y tro cyntaf ers i'r sgwrs ddechrau ac edrych ar Dyfed, cyn edrych yn ôl i lawr achos roedd yr ateb i'r cwestiwn nesaf yn ei dychryn hi.

'Oes 'na... rywun arall?'

'Nag oes,' atebodd Dyfed yn bendant. Doedd hi ddim yn nabod y dyn o'i blaen na'r llais oedd yn ateb.

Chwyrlïodd y cwestiynau o amgylch ei phen ond yr unig un roedd hi'n medru ei ofyn oedd, 'Ti'm yn attracted i fi ddim mwy ne rwbath?' gan deimlo cywilydd mawr am ofyn rhywbeth pathetic, oedd yn teimlo mor blentynnaidd. Roedd o wastad yna, y boendod, y niwrosis.

'Callia, dio'm byd i neud efo'r ffor ti'n edrach, mae o jest am y ffor dwi'n teimlo,' atebodd Dyfed.

'A be am y ffor dwi'n teimlo?' edrychodd Magw yn ôl i lawr ar ei chwpan a cheisio dal ei dagrau'n ôl.

'Ond... be am y ffor dwi'n teimlo?' atebodd gan edrych lawr ar ei gwpan yntau.

Roedd 'na oglau daearol, ffres yn chwythu i fewn i'r gegin ynghyd â sŵn anturiaethau'r parc islaw: plant yn sgrechian, pêl yn cael ei chicio, crwnan colomennod, y gwynt yn sisial drwy'r coed. Roedd y gegin yn ddiffrwyth a llwm o gymharu â'r holl asbri tu allan, y diwrnod yn teimlo fel petai'n dawnsio.

'Ma 'na 'wbath 'di digwydd dros y flwyddyn ne ddwy ddwytha, a ma'r secs... jest...' Gallai Magw weld mor anghyffordus oedd o'n teimlo, ei fochau'n llosgi, ac roedd o'n gwybod bod ei eiriau yn ei brifo ond allai o ddim stopio rŵan ei fod wedi cychwyn. 'Ma'r secs jest 'di mynd yn ddfilas a 'dan ni'm yn neud yn aml a dwi'm yn deud mod i isho ni wahanu na'm byd fel'na, 'chos dwi'n caru chdi, ond dwi jest isho ni drafod hyn. Ma deg mlynedd yn hir ac ella 'sa hyn yn... dwi'm yn gwbod. Yn ailgynna tân. Neithiwr, 'nest di ofyn os oeddan ni 'di setlo, so ti'n amlwg yn meddwl bod 'na rywbeth yn bod.'

Roedd ei chalon hi'n curo'n gynt ac roedd hi'n synnu bod

Dyfed ddim yn ei chlywed yn drymio'n uchel, fel curiad bas y record yn chwarae ar y radio, ac roedd hi'n teimlo'r holl sleisys o dôst yn pwyso'n drwm yn ei bol, yn dychmygu'r bara bellach yn ôl yn sourdough starter, yn ffrwtian yn ei pherfedd.

'Gofyn os o'ddan ni 'di setlo o'n i... nid dweud mod i eisiau open marriage.'

Doedd y naill ddim yn gallu sbio ar y llall.

Roedd Magw'n difaru gadael i'r geiriau adael ei cheg rŵan, yn difaru gadael i Thelma dreiddio i'w phen hi.

'Dwi'n trio ca'l trafodaeth efo chdi.'

Piffiodd Magw.

'Dwi'm yn dallt. Ddoe o'ddan ni'n hollol iawn, a rŵan...'

'O'ddan ni'n hollol iawn?'

Roedd geiriau Dyfed yn teimlo fel bwledi yn anelu am ei chorff.

Mor wirion oedd hi i feddwl bod ei gŵr hi ddim yn ystyried y pethau hyn yn ddyfn. Mor wirion oedd hi i feddwl ei fod yn byw yn y du a'r gwyn; sut oedd Magw wedi camddeall gymaint amdano – ac am eu perthynas? Doedd hi erioed wedi teimlo mor bell oddi wrth ei gŵr er ei fod o'n eistedd lled bwrdd i ffwrdd oddi wrthi. Y bwrdd mawr, derw, ail law roeddan nhw wedi'i gael o Gumtree chwe blynedd yn ôl, gan addo bo nhw am ei newid am un neisach pan oedd ganddyn nhw fwy o bres. Beth bynnag fyddai'n dod ar ôl iddi godi o'r bwrdd, gwyddai Magw na fyddai ei phriodas, ei pherthynas efo'r dyn hwn, ei bywyd, eu bywydau, fyth yr un fath. Roedd y datganiad allan yna. Roedd y secs yn ddiflas. Roedd o eisiau open marriage, beth bynnag oedd hynny'n ei olygu. A hyd yn oed os na fysan nhw cael open marriage, dyna oedd ei ddymuniad o. Ac roedd y secs yn ddiflas.

Eisteddodd y ddau yno fel petaen nhw'n ceisio atal amser,

mewn distawrwydd perffaith, ac er fod 'na gymaint i'w ddweud, i'w holi a'i drafod, doedden nhw ddim yn gallu agor eu cegau i ddweud yr un gair. Aeth yr eiliadau'n funudau hir. Yna mewn un symudiad chwim taflodd Magw weddillion ei choffi llugoer i'w wyneb, cerdded allan o'r gegin a'i adael yno'n diferu ar hyd y bwrdd mawr, derw.

Mis yn ddiweddarach, diwedd Tachwedd

Doedd Magw erioed wedi teimlo ei bod hi ddim yn gwbwl effro i'r byd o'i chwmpas. Hyd yn oed fel plentyn, roedd hi'n medru dweud os oedd ei rhieni hi'n dweud clwydda, os oedd 'na awyrgylch od yn rhywle neu os oedd 'na rywbeth o'i le. Roedd ganddi sixth sense efo'r petha 'ma. Doedd hi ddim yn medru mynegi ei hun bob amser ond roedd hi'n medru darllen pobl a sefyllfaoedd gan glodfori ei hun ar ei deallusrwydd emosiynol. Doedd hi ddim fel Thelma oedd wastad yn medru dweud yr hyn oedd ar ei meddwl.

Ond doedd Magw ddim wedi rhagweld bod ei gŵr yn anhapus, neu yn ei eiriau o, 'dwi ddim yn anhapus, ond 'swn i'n medru bod yn hapusach.' Oedd hynny'n golygu eu bod wedi setlo? Oedd 'setlo' yn ddewisiad neu oedd o'n rhywbeth oedd yn digwydd dros amser? Doedd hi ddim yn gwbod yr atebion. A dweud gwir, ers y bore hwnnw, roedd hi'n amau pob dim roedd hi'n feddwl roedd hi'n wybod am ei bywyd a'r unig ddyn roedd hi erioed wedi'i garu. Roedd o wedi digwydd heb iddi sylwi. Yn ddistaw, yn ddi-lol, yn gyfrinachol fel damprwydd yn lledaenu ar waliau'r stafell folchi.

Yn y mis a ddilynodd y sgwrs efo Dyfed roedd hi wedi bod yn y gym bob diwrnod ac wedi ailddechrau smocio. Ers rhoi'r gorau i smocio'n gymdeithasol yn ei hugeiniau cynnar roedd hi wastad wedi chwilio am esgus i ailddechrau: os oedd 'na rywbeth da yn digwydd, yna byddai'n cael smôc i ddathlu, ac os oedd 'na rywbeth drwg yn digwydd, byddai'n cael smôc i gysuro ei hun. Roedd 'na rywbeth am y weithred o ddod â'r smôc at ei cheg ac anadlu'r mwg i'w hysgyfaint oedd yn ei llonyddu.

Roedd hi wedi stopio bwyta hefyd, yn byw ar Marlboro Golds, coffi a photiau granola o'r Pret wrth ymyl ei gwaith, ei chorff hi'n meinio gyda phob diwrnod âi heibio. Yr holl flynyddoedd roedd hi wedi'u gwastraffu yn trio colli'r hanner stôn 'na oedd ddim yn shifftio, roedd hi jest angen i'w gŵr ddweud bod secs efo hi'n boring! Ers y datganiad, roedd Magw'n methu edrych arno, yn methu siarad efo fo, heb sôn am geisio dod i'r afael ag anferthedd yr hyn roedd o wedi'i ddweud wrthi. Byddai'r ddau'n pwdu o amgylch y fflat, yn cyfathrebu gyda geiriau byr heb dreulio gormod o amser yn yr un stafell, fel flatmates diethr oedd wedi dechrau glynu post-it notes passive aggressive efo 'don't drink my milk' ar gartons llefrith. Yna roeddan nhw'n mynd i'r gwely ac yn gorwedd gefn wrth gefn yn y tywyllwch, yn methu cysgu, eu cyrff stiff yn gwybod na ddylid cyffwrdd, dim hyd yn oed anadl ysgafn ar flaen blewyn yn pasio rhyngddynt. Roedd Magw'n ysu i ddweud rhywbeth, unrhyw beth, ond yn methu, gan mai distawrwydd a lletchwithdod oedd yr arferiad rŵan. Ac weithiau, ar y nosweithiau lle roedd hi'n sniffio ac yn crio byddai Dyfed yn codi ac yn mynd i'r stafell sbâr i gysgu.

Arhosodd Magw allan efo'i chydweithwyr tan i'r gloch ganu fod y bar yn cau am last orders. Doedd hi erioed wedi treulio cymaint o amser efo nhw, wedi mynd o fod ar y cyrion i fynd allan efo unrhyw un fyddai'n mynd i'r dafarn gyfagos. Roedd hi'n gweithio i'r tîm adnoddau dynol ac o'r farn nad oedd uwch-reolwyr, yn enwedig o'i hadran hi, i fod i gymysgu efo'r staff oddi tanyn nhw. Roedd hi wedi dysgu mwy am y morâl yn y cwmni a beth oedd pawb yn feddwl o benaethiaid tîm yn y bythefnos ddwytha nag ers iddi gychwyn gweithio yno. Ond doedd gwedduster ddim ar ei meddwl, felly roedd hi'n eu canol, yn yfed peintiau ac yn rhannu straeon. A phan doedd hi ddim yn mynd am beint efo nhw, roedd hi'n mynd i arddangosfa neu i'r sinema, neu'n cerdded o amgylch y ddinas ar ei phen ei hun. Dyma ogoniant Llundain: roedd 'na wastad rhywle i ddianc ac i fod yn anhysbys.

Nid breuddwyd Magw oedd gweithio yn adran adnoddau dynol un o bapurau newydd mwyaf y byd ond roedd hi wedi cael swydd weinyddol yno yn ystod yr haf ar ôl iddi raddio ac wedi gweithio ei hun i fyny drwy'r rhengoedd. Roedd hi wedi gweld yr adran yn newid o 'Human Resources' i 'People and Culture', a theitl ei swydd hi bellach oedd 'Head of People'. Roedd rhywbeth chwerthinllyd am y teitl. Doedd hi ddim yn teimlo fel petai hi'n bennaeth anarferol o dda, y ffaith iddi fod yno mor hir yn fwy o ffactor ym mhob dyrchafiad na'i sgiliau ar gyfer pob swydd. Roedd hi'n teimlo 'run fath am ei swydd ag oedd ei gŵr yn teimlo amdani hi. Doedd hi ddim yn anhapus, yn sicr gallai fod yn hapusach ond roedd hi wedi arfer yno bellach. Roedd lot o bobl yn meddwl am eu gyrfaoedd fel'na, yn doeddan nhw? Pan oedd hi'n blentyn, byddai'n ysgrifennu storis mewn amryw lyfr nodiadau ond byth yn eu dangos i unrhyw un, dim Thelma hyd yn oed. Yn enwedig dim Thelma. Roedd ganddi hi uchelgais i ysgrifennu erthyglau papur newydd, llunio nofel a honno'n curo'r Booker Prize ac yn cael ei gwneud yn ffilm, ei bywyd yn glamorous, ei chyfrif banc yn llawn. Yn y coleg, ysgrifennodd sawl erthygl i bapur newydd y myfyrwyr ond ddaru hi erioed eu gyrru i fewn, y syniad o ddangos ei gwaith i unrhyw un yn llawer rhy ddychrynllyd, y syniad o rywun yn chwerthin am ei phen, neu'n dweud yr hyn oedd hi'n wybod yn barod – nad oedd hi'n ddigon da – yn gwneud iddi deimlo gorbryder dwys. Graddiodd gyda dosbarth cyntaf a meddwl y byddai'n teimlo ei bod hi'n barod i gychwyn ei bywyd yn iawn, y byddai hynny'n rhoi iddi'r hyder i fynd allan a wynebu'r byd ond roedd hi'n teimlo'n ddi-lyw, yn fwy ar goll nag erioed heb ffiniau coleg neu ysgol i'w hamddiffyn.

Roedd Magw wedi dweud wrthi ei hun ei bod hi wedi derbyn y swydd hon er mwyn bod yn ei *chanol* hi, yng nghanol y cyffro, y bobl o'i chwmpas yn ei hysbrydoli ac yn barod i rywun ei darganfod hi. Ond gyda phob dyrchafiad, diflannodd y breuddwydion cyfrinachol am weithio fel newyddiadurwr, neu fod yn awdur un diwrnod, y cyflog yn bwysicach na bod yn rhywun gwahanol erbyn hyn. Byddai'n dweud wrthi ei hun nad oedd hi'n digon cut-throat. Weithiau roedd hi'n poeni bod ganddi fwy o ddiddordeb yn y bywyd oedd yn bodoli yn ei phen, y person oedd hi yno hefyd. Ond yn lle bodoli yno, roedd hi wedi ei chaethiwo i fyw bywyd daearol lle roedd ei bywyd mor gyffredin a siomedig – ond o leiaf roedd o'n gyffredin a siomedig yn Llundain, hynny'n rhyw gysur truenus. Roedd hi'n sicr fod ganddi'r potensial i gynnig rhywbeth gwych i'r byd ond oedd hi heb weithio allan sut i wireddu hynny eto.

Felly tan hynny roedd hi'n gweithio yn yr adran adnoddau dynol i un o'r papurau newydd mwyaf yn y wlad.

Pan gafodd y swydd yn wreiddiol, roedd gan Thelma, Dyfed a Rob flynyddoedd ar ôl yn y coleg o hyd, y tri yn hyfforddi i fod yn gyfreithwyr. Mi wnaeth Magw a Thelma logi fflat dwy stafell gyfyng, ddrewllyd yn Swiss Cottage oedd wedi ei heintio â llygod. Cysidrodd Magw nad oedd hi wedi symud mwy na milltir o fanno chwaith. Roedd gan y cwmni swyddfeydd yn

Efrog Newydd, Sydney a Pharis, ond doedd Magw erioed wedi gweithio tu hwnt i'r swyddfa yn King's Cross, wedi troedio yr un siwrnai i'w gwaith am flynyddoedd. Yr unig gyfnod nad oedd hynny'n wir oedd yn ystod y pandemig; pan oedd ei swydd yn wirioneddol ddefnyddiol i'r cwmni ond roedd hi'n gweithio o'r fflat.

Gwyllt oedd y gair fysa Magw wedi disgrifio'r haf cyntaf 'na fel 'oedolion go iawn', yn Llundain, Thelma a hi yn byw ar win rhad, party drugs a charbs o simple range Sainsbury's. Yn aml byddai'n mynd i baratoi tôst iddi ei hun a darganfod briwsion lle roedd llygod wedi tyllu drwy'r dorth gyfan. Weithiau byddai'n gorwedd yn ei gwely ac yn clywed llygod yn sgrialu o amgylch ei stafell fel hwiangerdd frawychus. Roeddan nhw'n talu i'w landlord mewn cash a doedd 'na ddim ond dŵr poeth am ugain munud bob diwrnod. Er hyn, roedd o'n gyfnod o fodlonrwydd: y ddwy'n teimlo fel eu bod yn bobl yn y byd yn *gwneud* rhywbeth. Llwyddodd Thelma i gael internship anrhydeddus dros yr haf gyda chwmni cyfreithiol oedd yn y 'Magic Circle', neb yn synnu gan ei bod hi'n cut-throat ac yn benderfynol o fod yr orau ym mhopeth oedd hi'n wneud. Cafodd gynnig swydd gyda'r un cwmni wedi iddi orffen cymhwyso a chychwyn arbenigo mewn ysgariad. Byddai pobl wastad yn ddigon ffôl i briodi, felly fyddai wastad swydd i Thelma, ei gwrthwynebiad athronyddol i'r sefydliad priodas yn rhan ohoni ers oedd Magw'n cofio. Llwyddodd Dyf a Rob i gael interships gyda chwmnïau llai mawreddog, yr un o'r ddau mor benderfynol ond yn partïo yr un mor galed, y pedwar yn aml yn crasho yn y fflat efo'r llygod gan ei fod drwch blewyn yn well na'u lle nhw. Dyma oedd eu blas cyntaf ar yr hyn oedd i ddod, cyfnod melys fyddai'r pedwar yn edrych yn ôl arno drwy rose tinted glasses.

'How come you're out so much these days, then?' slyriodd Matt, y Rheolwr Digidol wrth iddyn nhw orffan peint a sigarét tu allan i'r dafarn. Goleuai'r gwresogydd trydanol eu hwynebau gyda gwynder llachar artiffisal, yn ychwanegu highlights i'w wallt brown cyrliog, ei ddannedd hufennog fel perlau, ei groen fel taffi sgleiniog. Er ei fod yn gweithio i'r cwmni ers dwy flynedd dyma'r tro cyntaf iddi drafod unrhyw beth efo fo. 'You tend to...'

'Be quite anti-social?' tarfodd Magw gyda gwên.

'I wasn't going to say that,' meddai wrth fwrw ei fraich i fewn iddi hithau, gwên ar ei wyneb. 'I was going to say, you tend to keep to yourself!'

Chwarddodd y ddau, eu breichiau'n cyffwrdd yn ysgafn a'u llygaid yn dal am eiliadau yn rhy hir. Roedd Magw wastad yn business-like yn ei gwaith, yn enwedig efo Matt. Roedd o'n rhy ifanc, rhy cŵl a rhy olygus. Dyma'r math o ddyn, teimlai Magw, oedd wedi ei greu af gyfer y ddinas: slic, hyderus, peryg.

'I know, I know. I guess I've always felt that I'd cramp your style.'

'Why would you cramp my style?'

'Comes with the territory in HR, generally. And you're *young*.'

'I'm not that young.'

'You're not thirty two–'

'Which if I may interrupt, is *not* old.'

'Well I'm not –' gwnaeth Magw stumiau ato, mwg ei smôc yn dilyn ei llaw.

'Twenty seven,' dywedodd a chymryd drag arall a chwerthin yn chwareus. 'Which is not necessarily young either.'

'Younger than thirty two for sure.'

'Do you not feel like life gets better with age? That *people* generally get a bit better with age? That's what everyone says isn't it?'

'Ah, I'm not so sure...' meddai Magw'n ostyngedig.

'Why the resignation?'

'I thought it would all get clearer, you know? But I still feel as lost as I did when I was twenty one. Like I don't know if any of the things I've done are right. And I still don't know what I *should* or even *want* to be doing.'

'Really reassuring from a woman in charge of an entire department,' heriodd.

'Yeah, that is obviously non-work related. *Nothing* to do with my *entire* career,' ffugiodd Magw, ei hwyneb yn gwbwl animeiddiedig.

Piffiodd Matt, 'Glad to hear it.' Cymerodd ddrag arall o'i sigarét, 'I don't think anyone knows what they're doing, really, do they?'

'Don't they? Some people just seem so... self-assured. Have total clarity over what they're doing.'

'But isn't life more about having clarity of purpose? A sense of fulfilment?' cynigiodd Matt. 'Who's to say whether the things we do are right? And who's to judge whether they are or not? Your family, your peers? Or do you believe in some form of all-judging higher power?'

Roedd ambell un arall wedi ymuno â nhw tu allan rŵan, pawb yn eu llygadu ac yn gadael llonydd iddyn nhw.

Ystyriodd Magw'r cwestiwn, rhyw angen i blesio'r dyn ifanc hwn yn dod drosti fel petai Duw ei hun yn rheoli ei theimladau. Cymerodd swig o'i pheint, y swigod yn mynd i'w phen.

'Sometimes I wish I believed in God.'

'Why?'

'Because even if you lacked direction, like me, you'd still have purpose. I think I feel lost cause I don't have direction *or* purpose at the moment. Let alone a sense of fulfilment.'

Cilwenodd Matt. 'I think we can steer in whichever direction we want, and find our own purpose. And fulfilment will follow.'

'I'm not sure I've ever steered in the direction I wanted... I've just followed the direction of other people and made it my direction as well.'

'Now that is a very sorry state of affairs,' heriodd Matt.

'It is indeed. Anyway, what's your purpose then?'

'Helping you find yours.' Cyffyrddodd ei benglin â'i phenglin hithau.

Edrychodd Magw arno. 'You have an answer for everything, don't you?' Oedd o'n fflyrtio mor agored efo hi?

Winciodd Matt a bwrw ei fraich i fewn iddi. Teimlai densiwn yn adeiladu rhyngddyn nhw, fel petai popeth o'u hamgylch wedi rhewi, y naill yn methu tynnu ei lygaid oddi ar y llall, yr un ohonyn nhw eisiau. Gallai Magw deimlo ei hanadliadau yn dechrau prysuro, ei chalon yn carlamu. Roedd hi wedi croesawu Matt ar ei ddiwrnod cyntaf yn y swydd, fel oedd hi wastad yn croesawu ac yn helpu fel rhan o raglen cynefino staff newydd y cwmni: brwdfrydedd a nerfusrwydd yn un, yr awch mawr i blesio yn eu dillad gorau. Doedd hi a Matt erioed wedi cyfnewid mwy nag ychydig frawddegau gweithredol, doedd dim angen. Edifarhaodd Magw nad oedd hi erioed wedi cael y pleser o weld sut oedd ei frên yn gweithio. Y pleser o edrych ar ei wyneb, sylwi ar y smotyn bach brown ar ei lygad dde, ar y graith fach ar dop ei wefus, ar yr un ael oedd yn uwch na'r llall. Teimlodd Magw yr angen i estyn ei braich a chyffwrdd ei wyneb.

Canodd y gloch tu fewn a dadmar y byd o'u cwmpas, goleuadau'r stryd yn dod yn ôl ymlaen, y traffic yn symud eto, cerbydau'n canu cyrn, sŵn tu fewn y dafarn yn llifo drwy'r craciau yn y ffenestri. Sobrodd Magw a theimlo fymryn yn anghyfforddus.

'Well, it's getting late, I should probably leave,' tagodd Magw wrth godi ei chôt am ei hysgwyddau a gafael yn ei bag, yr aer yn teimlo'n drwm a chlawstroffobig.

'You walking to the Tube?' gwenodd Matt.

Cerddodd y ddau tua'r orsaf drenau oedd cwta bum munud i ffwrdd o'r dafarn. Roeddan nhw'r un taldra, ffaith oedd yn rhoi cynnwrf pleserus iddi, fel eu bod yn gyfartal. Roedd Dyfed mor dal doedd hi erioed wedi medru edrych i'w lygaid pan oeddan nhw'n cerdded.

Llenwodd Matt a hithau'r amser yn sôn am eu planiau penwythnos. Hi: ymlacio, gweld ffrind efallai. Fo: gweld ffrindiau, mynd i gig, cinio Sul, poetry reading un o'i fêts, ella trio dal gêm bêl-droed, nid yn y drefn yna.

'How on earth you going to fit all that in?'

Chwarddodd. 'Very little sleep and a lot of alcohol, I imagine.'

Cerddon nhw drwy'r orsaf ac i lawr am y platfform. 'This is me,' dywedodd Magw wrth i'w thrên ruthro tua'r platfform. Agorodd y drysau a chamodd i fewn, gan droi rownd i wynebu Matt cyn i'r drysau gau.

'You didn't answer me, by the way. How come you're out so much these days?'

Chwarddodd Magw cyn ateb, 'Call it a change of direction. A quest to find my purpose.' Llosgai ei bochau; y sgwrs, y noson wedi gwneud iddi deimlo'n fyw eto. Dim yn aml oedd hi'n cael sgyrsiau oedd yn rhoi pili palas yn ei bol y dyddiau hyn.

Nodiodd Matt wrth i'r drws gau heb dynnu ei lygaid oddi arni. Wnaeth hithau ddim tynnu ei llygaid oddi arno ef.

Carlamodd ei chalon, ei hanadliadau yn sydyn ac yn uchel. Roedd Magw'n teimlo fel chwerthin yn uchel ar hyd cerbyd y trên a dweud wrth y person nesaf i eistedd wrth ei hochr am Matt. Eisteddodd ar y Tube yn meddwl am Matt a'u fflyrt dim-mor-ddiniwed, eu breichiau'n cyffwrdd, y syllu. Roedd o wedi tanio rhywbeth ynddi nad oedd hi wedi ei deimlo ers talwm: chwant. Yn ei meddwdod stumog wag, penderfynodd y byddai'n ffwcio ei gŵr y noson honno.

Tybed beth oedd ei phwrpas felly? Ac i ba gyfeiriad oedd hi am newid ei bywyd?

Gwyddai Magw fod Dyfed ddim yn cysgu pan gropiodd i mewn i'r gwely'n noeth, doedd ei anadlu ddim yn gyson, ei gorff ychydig yn rhy lonydd. Roedd y tensiwn yn drydanol, yn drwm efo chwant ac angen a hiraeth, am gyffyrddiad a chyswllt a chyfathrebu. Rhoddodd Magw ei llaw ar waelod ei gefn. Teimlodd gryndod drwy ei chorff wrth iddi redeg ei bysedd i fyny ac i lawr yn araf, ond doedd dim angen iddi fod ofn. Trodd Dyfed i'w hwynebu a'i thynnu tuag ato ac roedd eu gwefusau'n awchu, eu tafodau'n cyrlio am y llall, eu coesau'n clymu am ei gilydd a'u dwylo'n rhuthro o'u hwyneba i'w sgwyddau, i lawr eu cefnau fel tasai angen cadarnhad bod y naill yno go iawn ac nid yn eu dychymyg.

Parhaodd y cusanu ffyrnig heb iddyn nhw ryddhau oddi wrth ei gilydd am anadl, achos byddai anadl yn golygu meddwl a doedd Magw ddim eisiau meddwl am be oeddan nhw'n ei wneud. Agorodd ei choesau iddo gael rhoi ei fysedd tu mewn iddi, y teimlad yn rhyfeddol o gyfarwydd. Teimlai Magw fo'n galed. Gafaelodd Dyfed yn ei chorff noeth fel tasai hi'n drysor prin a'i throi ar ei chefn gerfydd ei wast cyn rhoi ei hun tu mewn iddi gydag ochenaid. Roeddan nhw'n ffwcio a'u rhythm yn uno'n berffaith ac roedd ei chroen hi'n teimlo'n fyw am y tro cyntaf ers misoedd.

'O Magw,' sibrydodd wrth gladdu ei hun ynddi'n ddyfnach. Roedd hi mor wlyb ac roedd hynny'n ei blesio.

Doedd dim angen dweud dim byd arall, eu cyrff yn gwybod beth i'w wneud a beth oedd yn gweithio. Yn y meddwl roedd y dieithrio, nid yn y ddau gnawd oedd wedi clymu i'w gilydd ers degawd. Parhaodd y ffwcio clos heb ollwng gafael ar ei gilydd tan i Dyfed ddod. Mi orweddon nhw yn nhywyllwch y llofft yn peuo, y chwys yn llaith ar eu cyrff noeth.

"Nest di?' gofynnodd Dyfed yn dal i anadlu'n uchel.

'Naddo,' atebodd Magw.

A fesul anadl, dychwelodd y distawrwydd a'r lletchwithdod a throdd Magw ar ei hochr i gysgu efo'i chefn ato.

/

Deffrôdd Magw'n fuan, heb ddeffro ei gŵr a llithro allan o'r stafell yn ei dillad hamdden. Cerddodd i lawr i Salusbury Road drwy'r parc ac eistedd tu allan i Bob's Café efo'i choffi a thanio smôc yn gwylio boregodwyr eraill Queen's Park yn mynd o gylch eu busnes yn haul llachar diwedd mis Hydref. Gadawodd i'w meddwl grwydro yn ôl at neithiwr: roedd hi'n sicr bod Matt yn fflyrtio hefo hi a dechreuodd Magw boeni a oedd hi'n rhy agored. Ac yna ffwciodd ei gŵr; roedd o'n teimlo yr un fath ag arfer ond mor wahanol hefyd a doedd hi ddim yn gwybod oedd hynny'n beth da neu beidio. Ai dyna'r secs diflas roedd Dyfed yn cyfeirio ato – missionary yn y tywyllwch heb i un ddweud bw na be wrth y llall. Ac er ei bod hi heb ddod, doedd o ddim yn teimlo'n ddiflas, roedd o'n teimlo mor *fyw*, yn fwy fel rhywbeth roedd *rhaid* iddyn nhw'i wneud, yn bwysicach nag anadlu ar y pryd. Yr angen am gysylltiad corfforol yn anifeilaidd. Doedd Magw ddim yn difaru ond doedd hi ddim chwaith yn teimlo fel ei bod hi *jest* wedi cael secs efo'i gŵr, roedd o'n deimlad anodd i'w fynegi, rhyw hen deimlad oedd wedi ei nythu yng ngwaelod ei bol a gwyddai y byddai'n anodd ei shifftio.

Meddyliodd Magw am y tro cyntaf iddyn nhw ffwcio wrth gymryd drag arall ar ei sigarét. Yr holl chwerthin nerfus a gofyn ''di hyn yn iawn' wrth iddyn nhw ddarganfod ei gilydd am y tro cyntaf, y ddau yn desbret i blesio ond yn rhy lawn o embaras i ofyn beth oedd y naill yn licio, nid fod gan yr un ohonyn nhw fawr o syniad beth oeddan nhw'n licio ar y pryd. Doedd gan yr un ohonyn nhw fawr o brofiad cynt, yn sicr ddim profiad o secs da ac roedd eu tro cyntaf yn foddhaol ac yn bleserus, dim yn wych ond yn sicr yn well na throeon cynt Magw hefo hogiau doedd hi ddim yn cofio eu henwau bellach. Yn ei freichiau y bore wedyn, teimlodd ryw fodlonrwydd doedd hi rioed wedi ei brofi o'r blaen. Doedd hi erioed wedi teimlo'n neis pan oedd hi'n deffro mewn gwely anghyfarwydd efo hogyn o'r blaen. Fel arfer roedd hi'n hunanymwybodol, yn ysu i fynd adref am gawod, i olchi pob hoel o'r noson i ffwrdd. Byddai'n casáu ei hun a'i chorff ac yn teimlo embaras mawr ac yn meddwl ei bod hi'n rhy letchwith yn ystod secs ac yn methu creu agosatrwydd efo neb. Ond ar y pryd, roedd hi wedi deall: roedd secs neis efo rhywun yn trympio secs gwyllt neu stori wirion i ddweud wrth ei ffrindiau.

Y noson gyntaf, dyngedfennol wnaethon nhw gyfarfod

doedd pethau ddim wedi mynd yn grêt iddyn nhw, fysa'n gwneud iddyn nhw chwerthin a dweud pethau fel 'sut o'n i fod i wbod bo chdi'n licio fi!' ac 'o'n i'n meddwl 'sa galw chdi'n Welsh Nash yn dy blesho di,' fisoedd yn ddiweddarach.

Roedd Magw a Thelma wedi dragio eu criw o ffrindiau i wylio rhyw gêm rygbi, fel petaen nhw'n ceisio profi eu Cymreictod ar y pryd. Wedi i'r gêm orffen, aeth y criw i'r Betsey Trottwood i lawr y lôn yn Farringdon, un o'r 'chydig dafarndai cyfagos oedd yn agored tan yr oriau mân, cerddoriaeth yn dal i chwarae'n uchel a fawr o neb yn malio beth oedd yn digwydd ar y dancefloor. Dyma'r math o dafarn oedd yn brandio ei hun yn 'shabby-chic' a 'cosy' ond y gwirionedd oedd ei bod hi heb gael côt o baent ffres ers blynyddoedd, y dodrefn pin tywyll bellach yn ludiog a'r llawr pren yn ddu, nid fod ots am hynny gan y cannoedd o bobl oedd yn heidio yno. Gwelodd y ddwy Dyfed am y tro cyntaf efo rollie yn ei geg, yng nghornel bellaf y lle smocio. Roedd ei sgwyddau mawr, llydan yn llenwi ei grys Cymru a hoel gwisgo ar ei jeans glas a'i drainers Adidas – yn y ffordd mae 'na hoel gwisgo ar ddillad pob myfyriwr sy'n gwario'u pres i gyd ar sesho. Roedd o'n chwe troedfedd o gadernid a chanddo fop o wallt brown. Stydiodd Magw ei wyneb bywiog am 'chydig wrth iddi aros i Thelma rowlio'i smôc, y ffordd roedd o'n tynnu coes yn feddw efo'i ffrindiau ac yn cymryd dim sylw o'r hyn oedd yn digwydd tu hwnt iddyn nhw.

'Pwy 'di heina?' holodd Magw gan geisio cadw ei llais yn undonog wrth iddi rowlio. 'Ma 'na ddau foi'n gwisgo crys Cymru.'

'Fuck knows ond ma'r boi 'na'n hot,' atebodd Thelma wrth orffen rowlio a llyfu Rizla ei smôc gyda gwên. 'Awn ni i ffendio allan?' gofynnodd gyda winc wrth iddi drotian draw yn ei phlatfforms du, ei chluniau crwn yn symud mor esmwyth o un ochr i'r llall yn ei sgert pleather. Roedd Magw'n meddwl weithiau mai ei ffrind hi oedd y ferch fwyaf secsi i gerdded y ddaear, yn goesau hirion ac yn sgwyddau gosgeiddig, ei chorff yn nadreddu drwy'r byd, yn gwneud i bawb arall ymddangos yn drwsgwl. Dyma oedd y farn gyffredin am Thelma tra oedd hi'n tyfu fyny hefyd a hynny wedi bod yn fendith ac yn felltith iddi.

'Anyone got a lighter?' gofynnodd Thelma yn ei Saesneg gorau wrth y grŵp o hogiau diarth. Llusgodd Magw'n swil y tu ôl iddi gyda'i rollie yn ei llaw, ei meddwdod ddim cweit wedi ei gwneud hi mor ddewr â'i ffrind eto. Roedd hi wrth ei bodd pan oedd Thelma fel'ma: yn ddiofn, rhyw fymryn yn ddychrynllyd. Gwelodd rai o'r hogiau'n codi eu haeliau ac yn cyffwrdd eu penelinau, yn amlwg yn cyfleu rhyw arwydd i'w gilydd wrth i Thelma lanio yn eu mysg.

Dyfed oedd y cyntaf i droi atyn nhw a chynnig ei leitar.

'Cymraeg ti?' gofynnodd Thelma wrth gymryd y leitar. 'Diolch,' dywedodd wrth danio gyda gwên ddrygionus.

'Ia,' atebodd yntau. 'Be o'dd y giveaway?' heriodd.

Chwarddodd ambell un, smaliodd Thelma chwerthin wrth eu llygadu.

'Thelma dwi, a dyma'n ffrind i Magw.'

Gwenodd Magw.

Gofynnodd Dyfed y cwestiwn pwysicaf yn gyntaf, o lle roeddan nhw'n dod, gwneud y stumiau addas pan ddywedon nhw Pen Llŷn cyn dweud mai o ochra Fangor oedd yntau'n dod. Roedd hi'n rhyfeddu Magw weithiau cyn lleied oedd hi'n nabod tu hwnt i'w milltir sgwâr. Yr hogiau hyn yn dod o le oedd llai na thri deg milltir i ffwrdd oddi wrthi am ddeunaw mlynedd ac yng nghanol Llundain oeddan nhw'n cyfarfod. Byddai pethau fel hyn yn gwneud iddi deimlo mor rhyfedd, fel petai'r byd mor fach ac yn meddu ar ffordd o wthio pobl at ei gilydd. Parhaon nhw i fân siarad, y sgwrs yn symud ymlaen i lle roeddan nhw'n stydio, Dyfed a'i fêt hefyd yn King's College.

'Law dwi'n stydio,' meddai Thelma.

'A dwi'n stydio Saesneg,' meddai Magw er fod 'na neb wedi gofyn iddi hi.

'Y Gyfraith dwi'n neud! A mêt fi Rob yn fanna,' atebodd Dyfed wrth bwyntio at ei ffrind. 'Ei Rob, ma hein yn King's hefyd!' Stumiodd at ei ffrind oedd yn siarad efo rhyw ferch arall i ddod atyn nhw.

Daeth Rob tuag atynt a gwenu'n llydan, ei ddimples yn meddalu ei wyneb a dangos ei oed o dan y stybl. 'Hei, Rob dwi.' Roedd yntau'n dal ac yn ysgwyddog ond roedd o i'w weld yn fwy cyhyrog na Dyfed o dan ei grys Cymru. Gallai'r ddwy ddweud ei fod yn chwarae rygbi, a rhyw olwg hogyn drwg arno. Roedd ganddo wallt brown goleuach na'i ffrind a'i lygaid yn wyrdd sgleiniog, fel y gwymon oedd yn golchi fyny ar draethau adref.

'Helô,' atebodd y ddwy gyda gwên.

Roedd 'na rywbeth mor amlwg o Gymraeg amdanyn nhw oedd tu hwnt i'r hyn roeddan nhw'n wisgo. Rhywbeth yn eu hosgo, neu'r ffordd roedd eu hwynebau wedi ffurfio mae'n rhaid. Roedd Magw'n sicr os y byddai'n gorfod ceisio dyfalu pwy oedd yn Gymraeg mewn line-up o fechgyn yn y dafarn, y byddai wedi eu nabod.

'Ma Thelma fama yn neud Law hefyd,' meddai Dyfed wrth godi un o'i aeliau ar Rob.

'Lle 'dach chi'n byw?' gofynnodd Thelma a dechreuon nhw i gyd siarad am y stafelloedd bach yn eu neuaddau preswyl, eu flatmates rhyfadd, y clubnights gorau yn Llundain, llygaid Rob yn dal rhai Thelma bob 'chydig o eiliadau.

'Thelma ddim yn enw ti'n glwad ryw lawar chwaith, nadi?' gofynnodd Rob ar wahân i'r sgwrs wrth wenu ar Thelma.

'Cwestiwn 'ta statement o'dd hynna?' gofynnodd hithau yn ei hôl yn haerllug.

Chwarddodd Rob yn dalog, y sŵn yn heintus ac yn gwneud i Thelma ei hun chwerthin hefyd. 'Touché, lawyer in the making, yn dwyt?' chwarddodd ef. Roedd gan y ddau y math o chwerthiniad oedd yn gwneud i bobl eraill fod eisiau chwerthin efo nhw.

'O'dd Mam yn ffan mawr o *Thelma and Louise*.'

'Y ffilm 'na 'fo'r merched yn dreifio dros y cliff 'di honna, ynde?'

Chwarddodd Thelma, 'Ia, that's the one. Cymyd dy fod ti rioed 'di gwylio hi?'

'Naddo, rioed mae arna i ofn.'

'Be, go iawn?' gofynnodd Thelma o ddifri, ei dwylo allan o'i blaen yn goractio ei sioc.

'Erioed cofia,' atebodd Rob wrth edrych i fyw ei llygaid, y gofod rhyngddyn yn chwyddo gyda phosibiliad.

'Wel ma gen i'r DVD felly gei di fenthyg o,' cynigiodd Thelma.

'Neu 'swn i'n medru dod draw i watsiad o efo chdi. Gei di helpu mi dallt hi,' dywedodd wrth gymryd cam yn agosach ati. Roedd o fymryn yn dalach na hi yn ei sodlau a gallai'r un cam 'na wedi cael ei gysidro'n rhyfygus gan rai, ond roedd o wedi tanio rhywbeth yn Thelma a gwneud i'w stumog neidio. Edrychodd i fyny arno drwy ei masgara tew.

'Fedra'i feddwl fydd rywun fel chdi angan ryw fath o eglurhad ar ffilm ffeminisitaidd fel'na,' gwenodd Thelma.

'Rhywun fel fi? Be ma hynny'n olygu?' gofynnodd Rob gan oractio ei dramgwydd-dod.

'Wel, *dyn*, ynde?'

Chwarddodd y ddau heb dynnu eu llygaid oddi ar y llall. Camodd Rob yn agosach eto tuag ati.

'Edrach mlaen,' meddai Rob heb dynnu ei lygaid i ffwrdd.

'Hapus i helpu,' atebodd. Caeodd hithau'r bwlch rhyngddyn nhw ac estyn ei breichiau o amgylch ei wddf a dechreuon nhw gusanu yn y fan a'r lle, y gusan yn drydanol ac yn gyrru tonnau drwy'u gwythiennau, yr un gusan erioed wedi teimlo fel'na yn eu bywydau.

Sylwodd Magw ar y ddau'n cusanu yn erbyn y wal a dweud wrth Dyfed. 'Wow, ma hynna'n sydyn, hyd yn oed i Thelma,' gan biffian chwerthin. Roedd hi wedi arfer gweld Thelma'n cusanu ond roedd 'na rywbeth 'chydig bach yn lletchwith am rannu'r olygfa hefo hogyn oedd hi eisiau ei gusanu ei hun.

'Ia, ma hynna'n sydyn i Rob 'fyd i fod yn onast,' chwarddodd Dyfed. 'Ond dwi 'di arfar efo fo'n 'y ngadal i i siarad efo mêts yr 'ogan mae o'n fachu!'

Cochodd Magw. Gwnaeth y sylw iddi deimlo fel petai hi eisiau chwdu.

Roedd 'na ddistawrwydd wrth i Magw erfyn arni ei hun i ddweud rhywbeth, ond roedd ei meddwl hi'n dal i droi am beth oedd Dyfed newydd ei ddweud: 'Ond dwi 'di arfar efo fo'n 'y ngadal i i siarad efo mêts yr 'ogan mae o'n fachu!' Beth oedd o'n olygu, tybad?

'So, be ti feddwl o Llundan so far, 'ta?' gofynnodd Dyfed yn y diwedd.

'Dwi'n licio fo, ma bach yn overwhelming weithia i gymharu 'fo adra. Gymaint i neud, llefydd i fynd,' atebodd Magw. 'Mwy o gyfleoedd.'

'Ha ha, 'sa chdi medru neud 'wbath gwahanol bob noson os 'sa chdi isho, bysat? Dwi'n licio hynna, ddo! Dyna sy neud fama mor ecseiting! Dwi meddwl es i a Rob allan bob noson am tua tair wsos yn Freshers,' chwarddodd Dyfed, yr holl beth yn swnio mor ffals rhywsut.

Gorfododd Magw ei hun i chwerthin ar y stori.

'Rhyfadd bo ni heb ddod ar eich traws chi'n gynt, ynde?' holodd Magw, yr unig beth oedd yn fodlon dod allan o'i cheg. Pam nad oedd hi'n medru bod yn berson llawn hwyl fel Thelma?

'Mae o'n rhyfadd, ond dyna 'di'r peth, 'de? Ma Llundan mor fawr, ma hi'n syndod bo ni'n cyfarfod o gwbwl.'

'Ma gan y Cymry ffor o sniffio'i gilydd allan. Neshi gyfarfod teulu o Ynys Môn yn Groeg unwaith. O'dd 'y nhad yn methu credu'r peth a gorfod i ni siarad efo nhw am weddill y noson,' meddai Magw.

Hyffiodd Dyfed. 'Dyna 'di'r peth, ynde? Ma'r ffaith bo ni'n siarad Cymraeg yn clymu ni'n syth i rywun. Siarad yr un iaith a gweithio allan pwy 'dach chi'n nabod. Ma'n ddiflas a ma'n gorfodi chdi fod yn ffrindia efo pobl 'sa chdi ddim fel arfer.'

'Awtsh,' meddai Magw, yn teimlo'n ddifynedd ac yn fach.

'Sori, dim chdi yn amlwg! Ond ma'n annoying y ffor ma 'wbath mor syml â iaith yn medru penderfynu os ti am fod yn ffrindia neu'n gariad i rywun, yn lle meddwl os 'dach chi *acshli* efo rwbath yn gyffredin. Ti'm yn cytuno?'

''Di iaith ddim yn syml a dwi'n meddwl bo be ti newydd ddeud yn lleihau cenedl gyfan. Be am hanas a diwylliant? Ma'n neud i chdi ddallt rywun yn syth, fatha *rili* dallt rywun. Mwy na 'sa chdi'n dallt rywun sy'n dod o Leeds neu Manchester neu Germany yn sicir. Dim clymu ni at bobl mae o, cysylltu ella. Mewn ffor dda.'

'Ond ma'n golygu bo ni jest yn neud efo'n union yr un math o bobl â ni. A ddim yn ehangu'n gorwelion, dydi?'

'Dydio'm yn one thing or another. Sori, ond tydi bod yn ffrindia 'fo pobl Gymraeg yn Llundan ddim yn golygu mod i methu bod yn ffrindia 'fo pobl ddi-Gymraeg hefyd.'

Gwenodd Dyfed cyn dweud yn bryfoclyd: 'Ti'n Welsh Nash, dwi'n cymyd?'

Rowliodd Magw ei llygaid. 'Wel, gwell Cymro, Cymro oddi cartref,' gwenodd. Edrychodd tuag at Thelma a Rob a'u gweld yn chwerthin ac yn cerdded tuag atyn nhw.

'Bob dim yn iawn yn fama? Rywun isho drinc?' gofynnodd Rob gyda gwên, y tensiwn yn lleihau yn syth, rhyw allu prin ganddo i wneud i bawb o'i gwmpas deimlo'n dda, hyd yn oed bryd hynny. Daeth rhai o'u ffrindiau atyn nhw hefyd.

'Well don't you look like the cat that got the cream,' dywedodd Jon, gan greu rhyw hysteria ymysg y criw. Roedd Thelma yn amlwg wedi gwirioni fwy na'r arfer.

Parhaodd y mân siarad a chyn iddyn nhw sylwi roedd y lle smocio wedi llenwi hyd yr ymylon, y straglars wedi penderfynu mai dyma'r lle gorau i orffen eu noson nhwtha hefyd. Treulion nhw weddill y noson yn siarad tu allan ac yn dawnsio mewn cylch efo'i gilydd tu fewn, am yn ail, y ddau griw yn uno. Ac felly fuodd hi am flynyddoedd i ddod. Roedd 'na eironi yn y ffaith bod Thelma a Magw wedi gadael Gogledd Cymru i fynd allan i fariau cŵl a chrand, ond wedi diweddu fyny'n treulio eu hamser mewn tafarndai oedd ddim yn rhy annhebyg i'r rhai roeddan nhw wastad wedi eu mynychu, yn siarad efo bechgyn Cymraeg.

/

Ffeindiodd Magw ei hun yn crwydro o Queen's Park i fyny i firi Kilburn High Road lle roedd masnachwyr yn trio gwerthu ffrwythau a merched yn straffaglu adref hefo plant a bagiau siopa trwm. Cerddodd drwy'r dorf i lawr am strydoedd lliwgar Notting Hill, drwy grandrwydd Kensington, heibio'r Royal Albert Hall, am Chelsea ac i lawr am Victoria. Roedd ei choesau ar *autopilot*, yn jest mynd, mynd, mynd. Daliodd y Tube o Victoria i lawr i Brixton. Gwyddai ei choesau'n iawn lle roeddan nhw'n mynd â hi.

Agorodd Thelma'r drws i'w fflat a gwneud stumiau ar ei ffrind gorau. 'Ffocin hel, be ti'n neud 'ma?' Doedd pobl ddim yn aml yn jest troi fyny ar hap i *unrhyw le* yn Llundain, pawb yn bwcio'u hamseroedd, eu ffrindiau a'u byrddau.

'Ha, ha, neis dy weld ditha 'fyd,' meddai Magw wrth gamu drwy'r drws a rhoi dwy botel o Sauvignon Blanc iddi – rhai drud roedd hi wedi'u cael o'r siop win yn y sgwâr wrth yr orsaf.

'It's five o clock somewhere?' chwarddodd Thelma wrth gau'r drws ar ei hôl. 'Dod i ymddiheuro am anwybyddu fi am y mis dwytha, wyt ti?'

'Duw, ma hi'n brynhawn dydd Sadwrn, be arall ydan ni am wneud?' holodd Magw wrth gerdded drwadd i'r gegin.

Roedd cegin Thelma'n fendigedig, yn edrych fel tasai wedi dod allan o gylchgrawn *Architectural Digest*, yn fodern ond yn glyd, wedi'i haddurno efo llyfrau coginio, llestri cymysg o wahanol wledydd a lluniau plant rhai o'i ffrindiau a gwahoddiadau priodas wedi'u glynu ar yr oergell efo magnets. Roedd 'na fwnsiad mawr o hydrangeas pinc a gwyn ar y bwrdd a phowlen orlawn o ffrwythau lliwgar, golau'n tasgu drwy'r ffenest ac yn gwneud i Magw deimlo fel petai hi ar photoshoot.

Chwarddodd Thelma pan glywodd hi'r swm roedd ei thad wedi gadael iddi, ar y ffigwr ei hun ond hefyd ar y ffaith bod y pres mewn Trust ac nid yn ei ewyllys: fyddai ei deulu arall byth yn gwybod. Ond roedd y swm enfawr o bres, ynghyd â'i chyflog a'r hyn roedd hi wedi'i gynilo dros y blynyddoedd yn golygu y byddai'n medru prynu fflat yn syth. Nid fflat fychan allan yn Zone 6, ond fflat sylweddol ar y lôn rhwng Brixton a Herne Hill, yn agos i le Jon a Simon. Daeth y pres drwadd yn sydyn, teulu ei thad yn methu contestio am nad oeddynt yn gwybod am y Trust. Daeth y fflat berffaith ar y farchnad fel oedd hi'n barod i brynu – dwy stafell en suite, kitchen-diner open plan, swyddfa fychan a gardd. Fedrai hi ddim credu bod pethau wedi digwydd mor sydyn, fedrai hi ddim credu ei lwc.

Wnaeth Jon a Simon a Magw a Dyfed ei helpu hi i symud, pawb yn adeiladu dodrefn neu'n gwagio bocsys. I ddathlu, prynodd Thelma boteli siampên i'w hyfed o wydrau plastig a pizzas surdoes, a fuodd pawb yn yfed a bwyta yn yr ardd ar y dodrefn newydd oedd Dyfed a Simon wedi straffaglu i'w gosod at ei gilydd.

Ar ôl colli ei mam roedd bywyd efo Liz, ei nain, yn teimlo'n gyfoethocach, ei nain yn sicrhau fod Thelma'n gwneud bob dim oedd y plant eraill yn wneud, yn gwisgo'n dda ac yn bwyta'n dda ac yn cyrraedd y brig ym mhopeth oedd hi'n wneud – dim nad oedd ei mam yn gwneud y pethau hyn, ond roedd hi mor ifanc a Liz yn teimlo yn fwy o oedolyn erioed. Oedd, roedd 'na ffraeo a dadlau a gweiddi, ond roedd 'na agosatrwydd hefyd. Roedd hi'n ddynes smart, weithgar oedd yn deall y ffordd iawn i wneud popeth ac mi wnaeth hi'n siŵr fod Thelma'n gwybod hefyd. Dim tan nes i Thelma fod yn oedolyn oedd hi wedi cysidro cymaint o golled oedd wedi bod yn ei bywyd, wedi colli gŵr a merch o flaen eu hamser.

Eisteddodd Magw ar stôl uchel wrth yr ynys ac ochneidiodd. Tolltodd Thelma ddau wydriad mawr o win i wydrau siâp tiwlip ac eistedd ac wynebu ei ffrind.

Eglurodd Magw be oedd wedi digwydd rhyngddi hi a Dyfed. Roedd hi'n falch bod rhywun arall yn gwybod ei chyfrinach ar ôl wythnosau o deimlo ei bod hi'n ei chario i bob man fel hambwrdd trwm yn orlawn o ddiodydd poeth oedd yn bygwth tollti ar ei hyd.

'God, how Bohemian of him. Fedrith o'm jest ca'l yffêr discreet fel bob dyn priod arall?' gofynnodd Thelma'n sarcastig.

Dechreuodd Magw chwerthin, y teimlad yn rhyddhad, fel rhywun yn gadael y gwynt allan o falŵn oedd yn agos i fyrstio.

'Ga i smocio'n fflat?'

'Na'chei. Rhaid i chdi neud yn yr ardd. Ma goriad y sliding door yn fama.' Estynnodd Thelma'r goriadau o bowlen ar y silff wrth ochr y dws. Rhoddodd ashtray iddi hefyd. 'Ti'n smocio'n ôl 'lly?'

'Ob-vi-ous-ly,' meddai Magw gyda phwyslais ar bob sill. Ystynnodd ei chôt a cerddodd Magw tua'r ardd, eistedd ar y gadair a thanio smôc. 'So ia, dwi methu hyd yn oed sbio arno fo heb sôn am siarad. Dwi'm yn gwbod be fyswn i'n ddeud.' Cymerodd ddrag hir ac anadlu'r mwg siarp allan.

'Wel, do'n i genuinely ddim yn disgwl hyn,' dywedodd Thelma wrth gerdded ati. 'Tyd â drag o honna i fi.'

Cerddodd Thelma allan ati gyda'u gwydrau gwin ac eistedd ar gadair wrth ei hochr.

'Be dwi am neud, Thel?'

Anadlodd Thelma i mewn yn ddwfn wrth feddwl am ateb i'w ffrind. Daeth i'r canlyniad fod 'na ddim byd y gallai ddweud i wneud iddi deimlo'n well. 'Wel, be tisho neud?'

'Dwi'm yn gwbod... ella 'sa siarad efo fo'n gam cynta.' Roedd llygaid Magw'n sgleinio wrth iddi siarad efo Thelma. ''Dan ni heb siarad ers iddo fo ddeud.'

'Pan ti'n deud "dim siarad", be'n union ti'n feddwl?'

'Jest deud dim wrth 'yn gilydd. 'Dan ni'm 'di cyfnewid mwy na ryw bump sgwrs. A mi o'dd heina'n swta.'

'Sut uffar ti'n byw efo rhywun a ddim siarad efo nhw?' gofynnodd Thelma mewn anghrediniaeth.

'Codi'n fuan, mynd i gym, gweithio'n hwyr. Llofft sbâr. Drincs 'fo gwaith. Whatsapp. A'th Dyf adra am 'chydig. Y ddau 'nan ni'n gwisgo headphones, gwatsiad teli, ddim byta swpar. Haws na chdi'n feddwl. Jest rili awkward os o'dd y ddau 'nan ni'n y fflat.'

'Fedra'i ddychmygu.'

'Afiach o awkward i ddeud gwir. Dwi jest 'di teimlo'n sâl ers mis, fatha mod i methu llyncu'n iawn ond poen yn 'y mol i hefyd.'

Edrychodd Thelma o amgylch yr ardd. Dyma'r rhan o'r tŷ newydd roedd hi wedi ei hanwybyddu ers iddi symud yno, y cloddiau wedi gordyfu a chwyn yn tyfu drwy'r cracs yn y slabiau. Doedd hi ddim yn adnabod ei chymdogion yn dda ond roedd ganddyn nhw ffenest oedd yn edrych dros yr ardd, rhyw ddeinameg pŵer od yn y ffaith mai hi oedd pia'r ardd ond nhw oedd yn edrych i lawr arni. Dim bwys ganddi beth bynnag, roedd y fflat yn berffaith iddi hi a doedd dim bwys am ei phreifatrwydd yn ei gardd ei hun. Roedd yr awyr yn las, yr aer yn sych a chrimp ac er ei bod hi'n fis Tachwedd roedd y ddwy yn hapus braf i eistedd tu allan.

'Pam uffar 'nest di'm deud wrtha fi'n gynt?' gofynnodd Thelma. Doedd hi ddim yn flin, roedd ei llais yn llawn tristwch. ''Swn i 'di medru helpu. 'Sa chi 'di ca'l aros yn fama.'

'Do'n i'm hyd yn oed yn medru meddwl am ddeud wrth neb. Sut ti'n mynd ati i rannu 'wbath fel'ma? *O haia sut wti, o a bai the wê ma mhartnar i o ddeuddag mlynadd isho open marriage,*' atebodd, gan geisio ysgafnhau'r sefyllfa, ei thôn yn dweud mwy na'i geiriau: yn ceisio tawelu cywilydd a phoen gyda hiwmor. 'A 'sa deud wrtha chdi jest 'di neud o deimlo'n fwy... byw.'

Dyma oedd Thelma i Magw: canolbwynt, lefelwr, y person oedd yn gwneud ei bywyd hi'n real. Dechreuodd Magw ei holi am y cwpwl y bu Thelma yn yr hyn oedd Thelma' n gyfeirio ato fel 'guest star' yn eu perthynas am gyfnod yn ystod ei hugeiniau. Chwarddodd Thelma wrth gofio ei hamser efo'r cwpwl o Sweden. 'Ond o'n i'n gwybod bod hynny yn rhywbeth dros dro, ffling oedd o. A mi oedd o a'i bartner yn agored ers dechra'r berthynas.'

'Pam?'

'O'ddan nhw'n Bohemians,' chwarddodd Thelma.

'Gweld, tydi Dyf a fi ddim yn Bohemians,' atebodd Magw yn gweld hiwmor yn y peth, y cyfle i chwerthin ar ei phen ei hun a'r sefyllfa yn teimlo'n braf.

'Na, o'ddan nhw'n caru ei gilydd ond yn gwybod bod yr un person 'na ddim am fedru cyflawni pob un sexual desire o'dd ganddyn nhw am weddill eu bywydau. Ond ti'n gwbod, o'ddan nhw'n very progressive Swedish couple, open-minded, byw yn ffycing Hackney.'

Ochneidiodd Magw cyn siarad. 'O'n i wastad yn meddwl bo fi'n progressive ag yn open-minded–'

'O god, nid dyna o'n i'n feddwl. Ti *yn* progressive ag yn open-minded–'

'Ond wedyn pan nath o ddeud hyn, o'n i 'di dychryn gymaint o'n i'n brifo drostaf, bob blaen nerf yn teimlo'n hollol exposed. A mi o'dd meddwl am fynd efo pobl eraill... amdano *fo* yn mynd efo pobl eraill yn neud fi'n sâl. Sut dwi'n medru meddwl cymaint o'n hun a meddwl mod i'n agored ac yn fodern os dwi jest yn cau hyn lawr a ddim yn ystyried y peth o gwbwl?'

'Mags, 'di hyn ddim fel dewis y teils glas neu'r llawr pren, Wagamamas neu Dishoom ar Deliveroo, mae o'n 'wbath sydd am newid ych bywyda chi. Ma gen ti berffaith hawl i fod yn shocked wrth glwad dy ŵr yn deud 'wbath fel'na...' ceisiodd Thelma ei chysuro.

'Mae o'n teimlo fel bo bywyda ni 'di newid yn barod,' cyhoeddodd Magw.

''Swn i medru'i grogi fo.'

Yfodd y ddwy fwy o'r gwin, y cwbwl yn llifo fel dŵr. 'Tisho 'wbath i fyta?' gofynnodd Thelma wrth gerdded fewn i'r gegin ac agor drws yr oergell. 'Ma gen i weddillion cheese board neu ma gen i stwff salad ne ma 'na dôst,' gwaeddodd tua'r ardd lle roedd Magw'n eistedd, yn edrych mor welw.

'Dwi methu byta.'

'Ti'n edrach mor gaunt a llwyd,' dywedodd wrth gau'r oergell a wynebu Magw. 'Bitsh dena.'

Gwelodd Thelma fflach o wên ar wyneb ei ffrind, ond diflannodd yn sydyn. Cerddodd yn ei hôl allan a setlo ar y bwrdd bychan.

'Nath o ddeud bo'r secs yn boring,' sibrydodd ac edrych i lawr, dagrau'n bygwth dianc o'i llygaid. Edrychodd ar Thelma a dechreuodd y dagrau redeg lawr ei hwyneb. 'Secs *boring*,' craciodd ei llais wrth iddi sychu ei hwyneb efo cefn ei llaw. Dechreuodd sibrwd fel tasa ganddi ofn siarad yn rhy uchel.

'Dwi'n gwbod mod i'm y person mwya sexy ag adventurous, ond sut neshi'm gweld ne hyd yn oed ama bod o'n anhapus? Ydw i mor self-involved â hynna?'

Cymerodd swig mawr o'i gwin, tanio smôc arall a throi i edrych ar yr ardd i grio. Estynnodd Thelma ei llaw a chyffwrdd braich Magw.

'Fy mai i 'di hyn i gyd. Yr holl betha 'na o'n i jest methu gadal fynd – y nagio di-ben-draw. Yr holl betha 'na o'n i'n neud. A 'di wthio fo at hyn.'

Meddyliodd Magw am yr holl bethau bach 'na roedd hi'n gasáu amdano; y ffordd roedd o'n gadael y teabags rownd y sinc, yn lle eu rhoi yn y bin, y ffordd roedd o'n mynd ar ei nerfau ar ôl pum peint, doedd o byth eisiau gwneud pethau diwylliedig, doedd o ddim yn gwneud ymdrech i'w chyfarfod ar ôl gwaith, doedd o byth yn gwagio'r biniau, byth yn gofyn oedd hi'n iawn pan oedd o'n gwybod ei bod hi'n anhapus, roedd o'n styfnig, gwell ganddo fynd ar wyliau i wylio gêmau pêl-droed neu rygbi nac ar city breaks hefo hi. Ac roedd hi wedi defnyddio'r agosatrwydd a'r pethau bach hyn fel arfau yn ei erbyn dros y blynyddoedd. Eu hel yn ddistaw bach, er mwyn cael eu defnyddio yn ei erbyn pan oedd hi angen.

'Mags, dwi'm yn licio gweld chdi fel'ma. Mae o'n swnio fwy fel problem fo na chdi. Paid â meiddio beio dy hun am hyn.'

Doedd Magw ddim wir yn gwrando ar ei ffrind. Sychodd ei dagrau a chyhoeddi: 'Fydd raid mi jest gneud, bydd? Fydd raid imi jest ffwcio pobl erill, bydd?'

'Does dim rhaid i chdi o gwbwl! Dim hyn 'nest di seinio fyny ar 'i gyfar pan nes 'di briodi fo.'

'Ia, wel, dydi pobl ddim yn seinio fyny ar gyfer cansar ne ddamwain car, nadyn, ond ti'n aros, dwyt, a ti'n gweithio–'

'Wow, Magw ma hyn yn hollol wahanol. Dim blydi dewis ydi cansar ne ddamwain.'

'Ti meddwl bo fi'm yn gwbod hynna?'

Roedd hyn wedi troi yn andros o sur heb iddyn nhw sylwi, y ddwy yn ddistaw wrth iddyn nhw geisio meddwl sut oeddan nhw am achub y sgwrs.

'Obviously. Ond 'di hyn ddim yn... *normal* mewn priodas monogamous, be bynnag ydi normal 'lly, ond does dim *rhaid* iti neud o gwbwl,' ceisiodd Thelma gadw ei llais yn wastad.

'Wel o'n i'n meddwl 'sa chdi fwy open-minded na hyn, Thel,' brathodd Magw wrth dollti mwy o'r botel win i'w gwydr. ''Swn i 'di siarad efo riwin arall os mai hyn 'swn i isho glwad.'

Gwyddai Magw'n iawn y byddai hynny'n brifo Thelma, yr ysfa i'w bychanu wedi dod drosti'n andros o sydyn.

Anadlodd Thelma i mewn cyn siarad, 'Dwi yn open-minded a ma fyny i chdi be uffar sy'n digwydd yn dy briodas di, ond ti'n amlwg ddim isho hyn, Mags. Ti'm isho gweld pobl erill 'chos ti *isho* bod mewn perthynas monogamous. Ag os ti a Dyfed yn meddwl yn wahanol am 'wbath mor sylfaenol â hyn, wel sori dwi jest ddim yn dallt sut ma'r berthynas am weithio yn yr hirdymor.'

'Wel 'dio'm fatha bo gen ti brofiad o fod mewn perthynas hirdymor 'fo rhywun beth bynnag, nadi, heb sôn am un monogamous,' brathodd Magw yn ôl.

Roedd 'na olwg gynddeiriog ar wyneb Thelma am ychydig eiliadau, cyn iddo feddalu i rywbeth oedd yn edrych yn fwy tosturiol, ei gwên dynn ddim yn dangos ei dannedd a'i llygaid yn edrych i bob cyfeiriad cyn iddyn nhw sbio ar ei ffrind. Roedd Magw'n dweud y gwir; doedd Thelma erioed wedi bod mewn perthynas hirdymor, yr hiraf o bosib oedd ei pherthynas on-off efo Rob yn ystod ei hugeiniau. Dyma ffaith doedd hi ddim wir yn meddwl amdani o ddydd i ddydd ond roedd 'na adegau fel hyn lle fyddai sylwadau yn gwneud iddi deimlo fel petai hi'n gwneud rhywbeth o'i le neu ei bod yn israddol. Fel petai hi'n deall llai am fywyd rhywsut.

Edrychodd i fewn i'r gegin a sylwodd Thelma ar ddeilen un o'r hydrangeas wedi marw, ar y llwch oedd yn hel ar dop y lamp wydr, ar y chip ar un o'r teils. 'Ia, wel pwy dwi i ddeud dim, 'de.'

'Sori, dwi jest yn...'

'Mai'n iawn,' atebodd Thelma, er nad oedd.

'Thels, ffoc, dwi'n sori,' dywedodd Magw wrth anadlu allan. 'Dwi jest–'

'Dwi'n gwbod.'

Gallai'r ddwy ddweud eu bod eisiau dweud mwy, y ddwy yn atal eu hunain rhag gwneud. Roedd Thelma'n medru bod yn gas, ond doedd hi erioed wedi bod yn gas efo Magw ar bwrpas. Yn lle hynny, parhaon nhw i yfed gwin am weddill y prynhawn. Siaradon nhw am eu gwaith ac am y newyddion a'r ddynas oedd wedi cael ei lladd gan ei gŵr yn Essex ac am ba liw oedd Thelma eisiau peintio'r llofft sbâr. Ac yna wrth gwrs, cylchdrôdd y sgwrs yn ei hôl at Dyfed a Magw.

Y noson honno, gorweddodd y ddwy yng ngwely Thelma, y golau i ffwrdd. Mi oeddan nhw'n gallu clywed llwynogod tu allan yn grwgnach yn yr ardd, trenau yn y cefndir.

'Ti'n gwbod be sy 'ngha'l i?'

'Be?'

'Bod hyn yn gwneud i mi deimlo tua pymtheg oed eto. Fatha mod i'n bymtheg oed ac yn cael fy rejectio gan Huw Sbecs. A ma hynna'n neud fi deimlo mor... stiwpud.'

'Ti ddim yn stiwpud, Mags,' ceisiodd Thelma ei chysuro.

''Di perthynas ddim i gyd am secs, nadi?' dywedodd Magw i'r fagddu.

''Di hyna'm i ddeud bod o'm yn bwysig ddo, nadi?'

Ystyriodd Magw hyn am ychydig. 'Ond ydio y peth pwysica?'

'Dwi'm yn meddwl fyswn i'n medru ca'l perthynas efo rywun os na fysan ni'n ca'l secs–'

'Ond 'dan ni yn ca'l secs!'

'Dim dyna o'n i am ddeud. Os na 'sa ni'n ca'l secs *da*. Neu secs yn aml hyd yn oed. Mae o'n wahanol i bawb. Ella bo chdi a Dyf jest heb fod yn rhoi'r un pwyslais ar y peth. A ma hynny'n iawn hefyd. Dwi'n meddwl am secs fel ffor o gyfathrebu efo rhywun. Fatha bo chdi'n deud petha heb ddeud petha. A dwi'n meddwl amdano fo fel rwbath rili hwyl i neud efo rhywun arall.'

''Dan ni efo'n gilydd ers mor hir, pam bo hyn erioed 'di dod fyny o'r blaen.'

'Ella na jest rŵan mae o'n medru deud rwbath?'

'Dwi'n casáu Dyfed am neud hyn. Dwi'n gasáu fo.'

'Cariad 'di hynna, 'de? Ti'n casáu o 'chos ti'n garu fo. A tisho hyn weithio allan yn pen draw, dwyt?'

'Ydw i?'

'Wel, ti isho gwahanu?'

Ystyriodd Magw'r cwestiwn, dim yn gwybod sut i ateb. Roedd ysgaru ar ôl dwy flynedd o briodas yn teimlo mor estron iddi. Nid dyna'r esiampl oedd ei rhieni wedi ei dangos iddi. Nid dyna oedd hi erioed wedi feddwl fyddai'n digwydd iddi.

'Pam mod i jest methu bod yn berson sexual fatha chdi?' gofynnodd Magw ymhen ychydig.

Chwarddodd Thelma. 'Pam mod i'm yn medru bod mewn perthynas normal fatha chdi?'

'Sori am ddeud hynna gynna. Dwi'm yn gwbod pam neshi ddeud o.'

'Mae hi'n iawn.'

Ac yna trodd Thelma ar ei hochr i roi ei braich o amgylch Magw. 'Fydd bob dim yn iawn, sti. Caru chdi.'

'Caru chdi, nos da.'

/

Y peth cyntaf ddwedodd Dyfed pan wnaeth Magw gerdded yn ôl drwy ddrws y fflat fore Sul oedd 'Diolch byth' a'r ail beth oedd 'Wyt ti'n mynd i 'ngadal i?'

Roedd o'n eistedd ar y soffa â'i ben yn ei ffôn, y teledu ymlaen. Rhoddodd Magw ei llaw ar ei ysgwydd gyda gwasgiad fychan. Roedd y cyffyrddiad yn un anarferol o fwyn, er mai eiliadau'n unig wnaeth o bara. Chwarddodd iddi'i hun; roedd 'na rywbeth eironig am y sefyllfa. Hi'n ei gysuro fo.

'Ti'n iawn?'

'Tisho panad?' gofynnodd Magw gan anwybyddu'r cwestiwn a cherdded tua'r gegin. Doedd hi'm 'di osgoi yr hangofyr ar ôl yr holl win oedd hi a Thelma wedi ei yfed y noson cynt, ei brên yn teimlo'n rhy hylifog i gael y sgwrs anorfod oedd o'i blaen. Mor hawdd oedd y gwin wedi llifo ar y pryd, yn gwneud i boenau Magw ddiflannu a'r teimlad bellach wedi ei ddisodli gan hunan-gasineb a chywilydd.

Tolltodd wydriad o ddŵr iddi ei hun ac yfed.

'Plis,' atebodd yntau.

Roedd Magw'n falch o gael rhywbeth i'w wneud, y weithred o lenwi'r tecell, estyn dwy gwpan o'r cwpwrdd a rhoi bag te ym mhob mỳg yn ei chadw hi'n bresennol.

''Nest di'm ateb fi,' dywedodd Dyfed wrth edrych arni o'i gadair. 'Ti'n mynd i 'ngadal i?' Llwyddodd i gadw ei lais yn weddol ysgafn o gysidro trymder yr hyn roedd yn ei ofyn.

Oedodd Magw wrth i'r tecell orffen berwi a thollti'r dŵr berwedig, gan deimlo'r fath gysur yn y sicrwydd fod y te yn mynd i adael ei flas. Gwasgodd y bagiau te a'u rhoi yn y bin bwyd. Ychwanegodd lefrith. Cerddodd at Dyfed ac eistedd ar y soffa fechan gyferbyn ag o.

'Dwi ddim am dy adal di, dwi jest–' dywedodd wrth basio'r baned iddo.

'Diolch,' meddai Dyfed wrth gymryd ei baned. 'Ti jest be?'

'Dwi jest mor conffiwsd am gymaint o betha.'

'Dwi'n conffiwsd 'fyd os 'di hynna'n helpu fymryn.'

'Yn rhyfeddol, mae o yn helpu,' chwarddodd Magw'n lletchwith. 'Ma'r mis dwytha 'ma 'di bod yn rili shit a dwi'm isho neud hynna ddim mwy.'

Cytunodd Dyfed. 'Ma wedi bod yn shit. Ma *raid* i ni siarad.'

'Bydd... wel?'

'Wel, be?'

Chwarddodd Magw ac edrych arno. 'Chdi sy 'di deud bo chdi'm yn hapus. Be yn union ti isho ni neud, 'ta?'

Cysidrodd Dyfed beth oedd o am ddweud nesaf cyn cychwyn. 'Dwi isho i hyn helpu ni i ffendio'n ffordd nôl at ein gilydd... dwi jest yn teimlo bod yr ochr yna o'r berthynas wedi mynd bach yn stêl.'

Doedd Magw ddim yn teimlo'n barod am y math yma o sgwrs; fysa hi fyth mwy na thebyg. Oedd Dyfed yn teimlo'r un fath? Sut oedd o'n medru siarad mor rhwydd am y pethau hyn?

'Y... secs?' llyncodd Magw.

Meddyliodd am yr holl weithiau roeddan nhw wedi cael secs dros y blynyddoedd – a'r holl amseroedd doeddan nhw ddim, am ei bod hi wedi blino neu ei bod yn adeg y mis neu'n hwyr neu ddim yn teimlo fel gwneud. Doedd Magw erioed wedi rhoi pwyslais ar yr ochr hyn o'r berthynas gan ei fod, o hyd, yn rhywbeth nad oedd hi'n ei ddeall yn iawn.

'Ia.'

Doedd y ddau ddim yn medru dal llygaid y llall am fwy nag eiliad ar y tro, eu golwg yn ffocysu ar bethau eraill yn y fflat, fel petaen nhw'n sylwi ar bethau newydd doeddan nhw erioed wedi sylwi arnynt o'r blaen. Y piws yn y darlun uwch y bwrdd yn agosach i las rŵan, y marciau ar hyd y wal bellaf fel petaen nhw'n graciau dyfn yn y fflat, y llun ohoni hi a Dyfed ar noson eu priodas ddim yn sgleinio fel oedd o ers talwm.

'So, be sy'n digwydd nesa?' gofynnodd Magw. 'Ti'n mynd allan heno, hwcio fyny efo ryw flondan biwtiffyl a dod yn ôl bora fory?' Daeth allan yn fwy sbeitlyd nag oedd hi wedi feddwl.

Hyffiodd Dyfed. 'Nage, yn amlwg. O'n i'n meddwl bo ni am siarad am hyn yn gall ond dos 'na'm point os ti am fod fel'ma.'

'Sori,' meddai Magw. 'Sori, o'dd hynna'n ddiangen.'

'Fysan ni'n goro sefydlu rheola cadarn. Boundaries.'

Pam ei fod o'n swnio fel therapist? Roedd geiriau fel 'boundaries' yn swnio'n annaturiol yn dod o'i geg.

'Fel be?'

'So, er enghraifft, fyswn i methu jest mynd allan a bachu rywun, heb ddeud wrtha chdi a tshecio bo chdi'n iawn efo hynna.'

'Be sy'n digwydd os dwi'n gwrthod?'

'Wel, fyswn i ddim yn neud o. Ond fysan ni'n dau yn medru mynd ar ddêt yr un noson, so fysa chdi ddim yn ista'n fama yn aros amdana i.'

Mi wnaeth Magw sŵn gwatwarus. 'Balch o glwad. Ond "be sy'n digwydd os dwi'n gwrthod gwneud hyn full stop" oedd fy nghwestiwn i? Non-monogamy?'

'Dwi'm yn hollol siŵr–'

'Falch o glwad bo chdi 'di rhoi lot o feddwl i hyn, Dyf–' cychwynnodd Magw.

'Dwi isho i hyn fod yn rhywbeth 'da ni'n neud efo'n gilydd. Mae o angen bod yn rhywbeth 'da ni'n benderfynu efo'n gilydd,' atebodd Dyfed yn rhwystredig.

'Neu be?'

Y bore hwnnw, roedd wedi gaddo iddi'i hun y byddai'n bod yn rhesymol efo Dyfed ac yn trafod yn hytrach nag ymddwyn fel oedd hi. Dechreuodd grio, yr holl ddicter a'r siom yn maniffestio yn ei dagrau. Digiodd gyda'i hun am grio o'i flaen.

'Sori,' meddai. 'Dwi'm yn trio bod fel'ma. Dwi jest yn trio ca'l 'y mhen rownd bob dim.'

Aeth Dyfed i eistedd wrth ei hochr a rhoi un fraich amdani a'r fraich arall i bwyso ar ei chlun. 'Paid ag ymddiheuro. Dwi'n sori 'fyd.'

'Dwi jest mor flin.'

'Sori.'

'Stopia ymddiheuro, plis, ma jest yn neud i mi deimlo'n waeth. 'Chos y person dwi fwya blin efo ydi fi fy hun. Sut dwi 'di bod mor ddall?'

Gadawodd y ddau i'r cwestiwn lechu yn yr aer am 'chydig wrth ystyried – eu hunain, eu perthynas, eu dyfodol. Oedd gwneud ei gŵr yn hapus am ei gwneud hithau'n hapus?

Oedd y ffaith syml o wneud hyn, hefo'i gilydd am eu helpu?

''Neshi glwad chdi y noson 'na, yn gofyn os o'dda chdi'n meddwl bo ni 'di setlo. O'n i'n meddwl dy fod di'n meddwl yr un peth,' meddai Dyfed wrth dorri'r distawrwydd gyntaf.

Anadlodd Magw allan yn uchel ac yn ddyfn, fel petai'n ceisio cael gwared ar rywbeth o'i chorff.

''Swn i rioed 'di ca'l y balls i ddeud dim fel arall, dwi'm yn meddwl.'

'Falch mod i wedi medru neud hynna i chdi felly,' dywedodd Magw'n nawddoglyd.

'O'n i'n meddwl bo chdi 'di sylwi,' plediodd Dyfed.

''Di sylwi be yn union?' erfynnodd arno drwy ei dagrau. Roedd hi wedi troi rŵan fel ei bod hi'n ei wynebu, eu pengliniau ar y soffa, filimetrau oddi wrth ei gilydd, eu llygaid yn gorfod edrych ar y llall.

'Paid â gneud i mi ddeud o eto, plis.'

'Be o'n i fod wedi sylwi arno Dyfed? Deud.'

Roedd 'na ddistawrwydd. Ysgydwodd Magw ei freichiau a gweiddi, 'Deud!'

'Come on! Dydan ni byth yn ca'l secs ddim mwy! Byth yn rhamantus! Pryd o'dd y tro dwytha i ni neud rwbath *neis* efo'n gilydd?' Cododd a dechrau troedio rownd y stafell, ei safiad yn gwneud iddo dyrru dros Magw. ''Dan ni'n fwy fatha ffrindia 'di mynd.'

'Dydi o'm jest yn fai arna fi!'

'Neshi'm deud hynna! Ond mi wyt ti wastad wedi blino neu ddim efo mynadd–'

Nodiodd Magw ei phen mewn anghrediniaeth.

'A dwi'm yn deud na jest chdi sy, dw i hefyd, ond–'

'Rhan fwya'r amser, fi? Dyna o'dda chdi am ddeud?'

'Mags, dim dyna...' dywedodd yn ostyngedig.

'Be, felly? Deud.'

'Mi o'n i am ddeud... does gen ti ddim diddordeb mewn newid unrhyw beth. Fatha bo chdi ddim yn sylwi neu jest yn fodlon sgubo bob dim dan carpad.'

'Blydi hel, Dyf!'

Distawrwydd ddilynodd. Roeddan nhw heb gyffwrdd yn eu paneidiau.

'Sori,' sibrydodd Dyfed. Penliniodd wrth ei hochr a cheisio cymryd ei llaw yn ei law yntau. Symudodd hi fel nad oedd o'n medru ei chyrraedd.

'Plis paid â 'nghau fi allan, eto.'

'Dwi'm yn gwbod be i ddeud.'

Caeodd Magw ei llygaid, y teimlad sâl cyfarwydd yn dod drosti fwy a mwy wrth i'r sgwrs barhau.

'Gawn ni drio? Non-monogamy? Gawn ni fod yn agored? 'Dan ni 'di bod efo'n gilydd am ddeuddag mlynadd rŵan. Ma hi'n nyts pan ti'n meddwl am y peth fod pobl yn sticio efo un partner am weddill eu bywydau.'

'Ydi hi?'

Ni atebodd Dyfed. Edrychodd Magw i lawr unwaith eto a chwarae â'i dwylo. Roedd hi wastad wedi bod yn rhywun tu hwnt o ffyddlon, doedd y syniad o fod efo un partner am weddill ei bywyd ddim yn hurt iddi hi. Yn ei hanfod roedd hi'n meddwl am ei pherthnasau i gyd yn yr hirdymor; roedd y bobl agosaf ati wedi bod yn ei bywyd ers amser hir a doedd ganddi fawr o reswm i newid hynny. Lle oedd Dyfed wedi cael y ffasiwn syniadau? A sut oedd o wedi cyrraedd y penderfyniad mai agor eu perthynas i i bobl eraill oedd y peth gorau iddyn nhw?

'Sut mae hyn yn gweithio?'

'Fysa raid i ni gytuno ar y rheola, fysa rhaid i ni gytuno ar bob dim. Fysan ni'n gwneud hyn ar y cyd, bob cam efo'n gilydd. Mae 'na 'ogan yn gwaith, nes i siarad efo hi–'

'Ti 'di neud be? Dyfed!' torrodd Magw ar ei draws, ei gwyneb yn ei dwylo.

'Gwranda... ma hi wedi agor ei pherthynas hi allan a maen nhw mor hapus rŵan. O'dd hi'n deud bo hi a'i phartner wastad yn cyfarfod pobl yr un noson fel bod 'run ohonyn nhw adra yn aros am llall. A fysan nhw byth yn gwneud unrhyw beth efo rhywun oeddan nhw'n nabod yn barod. Limit ar faint o weithiau 'sa nhw'n gweld rhywun, wythnosau neu niferoedd yr hook-ups. Mae o i gyd i fod am y secs a'r ochr yna, stwff corfforol, dim am ffurfio perthynas... ddyfn efo neb. Ag ailddarganfod y rhan yna o chdi dy hun a dy berthynas. A–'

'Waw, ti 'di siarad dipyn am hyn efo hi felly? Swnio 'tha bo gen ti hyn yn all planned out.'

'Paid â bod fel'na. Dwi jest yn trio egluro hyn i gyd i chdi.'

Mwy o ddistawrwydd ddilynodd. Doedd Magw ddim yn adnabod y dyn o'i blaen a'r ffordd roedd o'n siarad am secs a'u cyrff a darganfod ei hun fel tasa fo'n hipi mewn parti Full Moon yng Ngwlad Thai.

'Fysat ti'n fodlon cysidro non-monogamy?

'Dwi'm yn gwbod!' gwaeddodd Magw. Roeddan nhw'n agos iawn i fynd dros y llinell o drafodaeth i ffrae a hi fyddai'n cael y bai gan mai hi oedd wedi gweiddi gyntaf.

'Plis? Ella 'sa chdi'n–'

'Plis paid â deud joio dy hun,' brathodd Magw.

Gallai Magw deimlo rhwystredigaeth Dyfed, gallai ddweud bod ei amynedd yn lleihau.

'Dwi'm yn gwbod be arall i ddeud. Dwi'n trio egluro, ti'n bod yn ddadleuol. Ball's in your court 'ŵan.'

'Be ti feddwl?'

'Gei di ddewis be tisho neud, os 'dan ni'n neud hyn neu os 'dan ni'n gwahanu. 'Chos fedra i'm byw fel 'dan ni 'di bod lot hirach.'

'Gwahanu? Be am roi go arni heb ddod â rhywun arall fewn i'r peth ella?' erfynnodd arno, yn cael ei themtio i foesymgrymu o'i flaen ac erfyn arno i beidio â'i gadael hi – y pŵer oedd hi'n deimlo wrth gerdded i fewn ychydig yn gynharach wedi diflannu.

Doedd Magw ddim wir eisiau rhoi cynnig ar berthynas non-monogamous, ond doedd hi ddim eisiau ysgariad yn fwy. Doedd hi ddim eisiau datod eu bywydau, gorfod llenwi'r gwagle fyddai hynny'n ei adael. Meddyliodd am orfod dweud wrth bobl; ei rhieni, ei ffrindiau. Ac wrth gwrs ei bod hi'n caru Dyfed ddigon i fod eisiau rhoi yr hyn oedd o eisiau iddo.

Cytunodd i feddwl am y peth. Ceisiodd ddeall. Roedd hi wastad wedi meddwl bod bod yn briod yn stad bendant – roeddat ti un ai wedi priodi neu ddim ac roedd beth oedd Dyfed eisiau iddi wneud yn teimlo'n annaturiol iddi hi. Oedd hi'n llai priod i Dyfed os oeddan nhw'n gwneud hyn? Dim yn llygaid y gyfraith o bosib ond yn sicr yn ei llygaid hi. Doedd hi erioed wedi credu mewn Duw, heb briodi mewn capel neu eglwys ond roedd hi'n sicr y byddai O yn meddwl bod rhywbeth o'i le.

Doedd Magw ddim yn medru gwneud pen na chynffon o'r sefyllfa, o'r ffaith ei bod hi wedi cytuno ar ryw bwynt yn y sgwrs i gael perthynas non-monogamous efo'i gŵr. Chwaraeodd yr wythnosau a'r misoedd a'r blynyddoedd dwytha drosodd a throsodd yn ei phen ac roedd hi'n dod yn ôl i'r un lle bob tro, yr un peth oedd ar fai: y cwestiwn tyngedfennol wnaeth hi ofyn yn uchel i'r tywyllwch: oeddan nhw wedi setlo?

Mis yn ddiweddarach, diwedd Rhagfyr (Pen Llŷn)

Chwistrellodd Magw lwyth o bersawr dros ei chôt a thaflu chewing gum i'w cheg cyn mynd i'r tŷ rhag ofn i'w rhieni arogli sigaréts arni. Roedd clwed Dyfed yn hyffian bob tro oedd hi'n ystyn y paced yn ddigon, doedd hi ddim eisiau beirniadaeth ei rhieni ar ben hynny. Cerddodd y ddau i fewn i gartref Magw, aroglau ham yn coginio yn llenwi'r lle ac aroma canhwyllau Nadolig Aldi yn llosgi yn rhywle hefyd, rhieni Magw yn un côr yn eu croesawu adref, pawb yn cofleidio yn y pasej. Byngalo gwyn, wedi ei leoli ar gyrion y dref oedd cartref Magw ers iddi gael ei geni a doedd hi ddim yn gweld ei rhieni'n gadael fyth, yr agosatrwydd i'r dref yn rhy gyfleus o lawer. Dim yn anferth o gwbwl ond yn ddigon i dri. Byddai Magw wastad yn hiraethu am y ffaith na chafodd hi frawd neu chwaer, ond roedd y syniad o gael pedwar oedolyn a phartneriaid yn y byngalo bychan rŵan yn chwerthinllyd iddi.

'Dewch drwadd, yn gegin ydan ni.'

Roedd Magw wastad wedi meddwl am ei rhieni fel pobl gwbl arferol, dim byd yn arbennig amdanyn nhw, a nhwythau erioed wedi meddwl eu bod yn arbennig chwaith. Doeddan nhw erioed wedi bod y bobl fwyaf difyr yn y stafell ac erioed wedi gadael i Magw feddwl ei bod hi â'r gallu i fod y person mwyaf difyr yn y stafell. Pobl eu mhilltir sgwâr oedd heb deithio na gweld rhyw lawer ond yn gwbl fodlon gyda'u bywyd, yn gwbl fodlon yn eu priodas, er nad oeddynt y bobl fwyaf addfwyn gyda'i gilydd, byth yn gwneud arddangosiadau cyhoeddus o'u cariad. Doedd Magw ddim yn medru dychmygu ei thad yn gofyn i'w mam am berthynas agored gan fod 'na rhywbeth cadarn am eu perthynas. Cadarn a solat fel hen ddresel oedd byth am symud na gwegian.

Heibio'r goleuadau gwyrdd-coch-melyn yn fflachio ar y goeden yng nghongl y stafell fyw i gyrraedd y gegin yng nghefn y tŷ. Byddai Mam Magw, Sylwen, yn archebu coeden o'r ganolfan arddio bob blwyddyn ac yn ei haddurno gyda hen addurniadau roedd hi wedi eu casglu dros y degawdau, yr hen gasgliad o faubles bellach yn gwneud i Magw grinjan yn hytrach na gwneud iddi deimlo'n sentimental. Mi wnaeth Magw orfodi ei mam i gael gwared ar y tinsel pan oedd hi yn ei harddegau, gan ei fod yn arwydd bod gen ti ddim chwaeth – a ddim yn andros o ffasiynol. Doedd Liz erioed wedi rhoi tinsel ar ei choeden, ond roedd hi'n llawer mwy chwaethus na theulu Magw, steil yn perthyn i'w haddurniadau hi. Os oedd y cysyniad o ddosbarth yn raddfa yna roedd Liz yn uwch na phawb a'i rhieni heb symud rhyw lawer.

Roedd Magw a Dyfed wedi teithio i Ogledd Cymru, y lôn oedd fel arfer yn hir ac yn droellog yn gwibio heibio yr adeg yma o'r flwyddyn; Nadolig a diwedd y flwyddyn o fewn gafael. Yng nghartref Magw oeddan nhw'n treulio'r diwrnod mawr y flwyddyn hon a byddai Thelma a Liz yn dod draw noswyl Nadolig i yfed sherry a chwarae gêmau, rhyw draddodiad oedd wedi datblygu dros y blynyddoedd i leddfu mymryn ar y diflastod, gwaed ffres o gwmpas 7 o'r gloch yn rhoi ail-fywyd i'r diwrnod.

'Gymeri di botel?' gofynnodd Gwyndaf, tad Magw, gan bwyntio at botel Budweiser oedd ar ei hanner.

'Duw, pam lai? Diolch,' atebodd Dyfed a cherdded i'r oergell i helpu ei hun.

'Tisho un, Mags?' holodd Sylwen.

'Dwi'n iawn am rŵan, diolch.'

Gwyliodd ei thad yn cymryd ei le wrth y bwrdd.

'Sut oedd y siwrna nôl i fyny ddoe?' holodd Gwyndaf, ei lais yn ddynol ond yn feddal ar yr un pryd. Roedd o wastad yn ymddiddori yn y traffig. 'Ddaru chi hitio traffig o gwbwl?'

'Yr usual wrth adael Llundain ac o amgylch Birmingham, ond dim yn rhy ddrwg i ddweud gwir.'

Gwenodd Magw a'i mam ar ei gilydd wrth i'w thad a Dyf gael yr un sgwrs ag arfer.

'Pawb wedi dod adra'n barod, mae'n siŵr,' jeibiodd Gwyndaf.

'Wel o'dd raid ni fynd i weld teulu Dyf hefyd, yn doedd?' hyffiodd Magw. 'O'dd *pawb* draw yna neithiwr.'

'Artaith llwyr, fel 'dach chi'n glwad,' brathodd Dyfed yn ddiysbryd cyn mynd i eistedd wrth ochr Gwyndaf, ei gefn at Magw a'i mam.

Rowliodd Magw ei llygaid arno a pharhau i sefyll wrth y cownter. Yr eironi oedd fod Magw wrth ei bodd efo teulu Dyfed; roedd ganddo ddau frawd ac un chwaer, ac roeddan nhw'n bopeth oedd Magw eisiau mewn teulu: yn swnllyd, yn chwarae jôcs ar ei gilydd ac yn fawr – roedd tŷ rhieni Dyfed wastad yn llawn bwrlwm ac roedd hi'n mwynhau eistedd yno yn gwylio'r holl firi. Nid fod Magw'n teimlo unrhyw siom am ei magwraeth ond roedd heriau a ffiniau yn dod yn sgil bod yn unig blentyn i rieni fymryn yn hŷn – diolch byth fod Thelma wastad yn dod â bywyd i'r tŷ ac yn gwthio'r ffiniau hynny. Ond roedd fel petai popeth wedi llwydo ym meddwl Magw rŵan, y sŵn a'r chwerthin yn mynd ar ei nerfau a rhieni Dyfed yn ymddangos yn rhy awdurdodol. Byddai gan gwaith gwell ganddi pe bai wedi medru dianc rhag Nadolig i gyd – bod adref, gweld ei rhieni, gweld rhieni Dyfed, bod efo Dyfed, gweld eu ffrindiau, y ffug-hapusrwydd gorfodol oedd yn ei threchu, *ffaith* yr ŵyl ei hun.

Doedd pethau ddim wedi bod yn rhy dda rhwng Magw a Dyfed dros yr wythnosau diwethaf, Magw'n dal i geisio ymdopi efo'r syniad o agor y berthynas ac yn teimlo ei hun yn byw yn ei phen y rhan fwyaf o'r amser, fel petai mewn sefyllfa ffiwg barhaol. Byddai'n cyrraedd adref o'r gwaith wedi anghofio am ennyd, yn cychwyn sgwrsio fel petai dim o'i le ac yna byddai'r realiti yn ei hitio wrth baratoi swper, a'r ofn a'r panig yn suddo'n ddyfnach. Roedd amser yn gwibio heibio yn rhy sydyn a doeddan nhw ddim wedi llwyddo i gael sgwrs gall am y sefyllfa o gwbwl. Hynny nes i Magw ddiweddu mewn picil rai nosweithiau ynghynt, yn ei pharti Nadolig, oedd wedi achosi i Dyfed ffrwydro a gorfodi'r ddau i gael sgwrs o'r diwedd, yr awyrgylch yn rhewllyd o hyd.

Yn ei pharti gwaith, ffeindiodd Magw ei hun yn agosáu at Matt tua diwedd y noson, fel roedd hi wedi wneud ambell waith dros yr wythnosau diwethaf, yn fflyrtio'n ddigydwybod. Roedd yr holl beth yn flêr yn ei meddwl ond roedd ganddi gof o fynd yn ei blaen i far arall, efo fo a chriw bychan, o ddawnsio hefo Matt ac yna roedd Magw wedi gofyn iddo ei chusanu. Gallai gofio teimlo ei freichiau'n rhedeg dros ei chorff a'i dwylo hithau'n gafael am ei gôt fel petai'n gafael ar rafft mewn storm; yn dynn, yr unig beth oedd yn bwysig ar y pryd. Parhau i gusanu am funudau hir, ei chorff yn ymateb i gael ei chusanu gan ddyn gwahanol. Gallai Magw gofio hynny i gyd.

'Do you want to fuck me?' gofynnodd iddo rhwng y cusanu, ei dwylo'n crwydro lawr ei drywsus.

'Are... you... still... married?' gofynnodd yntau. 'Woah, easy there, we're literally outside a pub.'

'Yes,' atebodd hithau wrth dynnu ei dwylo o'i drywsus yn araf. 'Why?'

'Everyone thinks you're getting divorced which is why you've been so weird these last months.'

'Oh fuck,' atebodd Magw ac yna gwthiodd Matt i ffwrdd oddi wrthi. 'Fuck,' dywedodd eto, gan deimlo cynnwys ei stumog yn dechrau teithio yn ôl i fyny'i gwddf. 'I should leave.' Baglodd i fewn i'r dafarn a gafael yn ei bag oedd yn eistedd yn un o'r corneli lle roedd y criw wedi ymgynnull.

Cerddodd Magw allan o'r dafarn, Matt yn ei dilyn, yn ddiarwybod iddi hi. Estynnodd ei ffôn o'i bag i archebu Uber ond fedrai hi ddim gweld y sgrin yn iawn.

'Here, let me help. Is this your address, yeah? Kensal Rise? Be here in 4 minutes,' meddai Matt wrth roi'r ffôn yn ôl iddi.

Roedd atgofion Magw o weddill y noson yn smotiau o dduwch: deffro yn y sedd gefn tu allan i'r fflat, baglu allan o'r Uber, methu agor drws y fflat, Dyfed yn dod i'w helpu, gweiddi rhywfaint yn y stafell wely wrth iddi dynnu amdani, deffro'r bore wedyn gan wybod bod 'na rywbeth wedi digwydd ond ddim yn siŵr iawn pam ei bod yn synhwyro awyrgylch lletchwith.

Roedd Dyfed yn eistedd ar y soffa yn yfed coffi ac yn fflicio drwy ei ffôn pan ddeffrôdd hi a cherdded i'r stafell fyw.

'Dwi'n teimlo'n horendys,' meddai Magw a mynd i'r gegin.

'Hm, o'n i'n ama fysa chdi. Ma 'na goffi yn y cafetiere os tisho.'

'Diolch,' atebodd Magw wrth dollti cwpanaid iddi hi ei hun, y blas chwerw'n teithio drwy ei gwythiennau, y cur pen yn morthwylio yn erbyn ei phenglog ac yn bygwth ei chwalu.

'So–' cychwynnodd Dyfed.

Daeth Magw i eistedd ar y gadair yn y stafell fyw a chwyno am ei hangofyr. 'O god, so be?' holodd Magw. 'O'n i'n embarasing neithiwr, sori.'

'Pwy 'di Matt?'

Suddodd calon Magw, gan gofio'r gusan ac yntau'n holi os oedd hi'n dal yn briod. 'O god.'

'Pwy dio?'

'Oh god dwi meddwl mod i am chwdu–' cychwynnodd Magw a rhedeg i'r stafell folchi.

Daeth Dyfed drwadd ati ymhen ychydig ac adrodd yr hyn roedd hi wedi ddweud wrtho pan ddaeth hi adref: ei bod yn fflyrtio hefo Matt ers wythnosau, eu bod wedi snogio yn y parti gwaith, ei fod wedi holi a oedd hi a Dyfed yn cael ysgariad. Hyn oedd Dyfed wedi gorfodi iddi wneud a dylai o fod yn hapus ei bod hi'n fwy agored i'r hyn oedd o eisiau. Ei fai o oedd bob dim ac roedd hi'n casáu beth oedd o wedi'i wneud iddi.

'Sori,' meddai Magw ar y diwedd. Roedd hi'n ymwybodol na fyddai erioed wedi dweud unrhyw beth pe na fyddai wedi meddwi. 'Dwi'm yn siŵr iawn... be ddoth drosta fi. Sori.'

'Dwi'm yn gwbod os dylwn i fod yn hapus neu'n flin i ddeud gwir.'

Doedd Magw ddim yn medru meddwl am ateb.

'Ond nid fel hyn ydan ni am lwyddo i fod yn agored. Ma rhaid i ni'n dau fod yn ymwybodol bod y pethau 'ma'n digwydd. Fatha, dwi'n hapus i chdi snogio rhywun ond o fewn ein cytundeb. Dwi'm yn hapus bo ni heb siarad am peth o flaen llaw. A dwi 'di bod mor amyneddgar efo chdi – *mor amyneddgar.*'

'Sori,' meddai Magw'n ddistaw, yn teimlo fel plentyn yn cael ei siarsio.

'Mis Ionawr mi ydan ni'n gwneud hyn. Sgen ti'm dewis. Ag yn amlwg ti'n fwy agored i'r syniad na ti'n feddwl,' poerodd Dyfed yn flin.

'Sori,' ailadroddodd Magw. 'Dwi rili sori.'

Ac yna trodd ei phen am y pan a chwydu'r noson allan. Piti na fedrai hi chwydu'r teimlad echrydus oedd yn ei stumog allan hefyd. Roedd o wedi ymgartrefu ynddi'n llwyr.

/

Cerddodd Magw â'i stwff drwy'r byngalo i'w hen stafell wely, ei mam bellach wedi ei thrawsnewid yn stafell sbâr a'i haddurno hefo lliwiau pastel a gwahanol flodau, nid eu bod nhw'n cael llawer o ymwelwyr i'r tŷ. Eisteddodd ar y gwely, aroglau persawrus yn llenwi ei ffroenau. Dyma'r stafell oedd hi a Thelma wedi cael cannoedd o sleepovers dros y blynyddoedd, cyfrinachau lu wedi cael eu datgelu rhwng y bedair wal a Magw'n teimlo fel petai'r bedair wal yn cynnal yr holl gyfeillgarwch.

'Ti'n edrach yn bell i ffwr,' styrbiodd ei mam ei myfyrdodau wrth sefyll ger y drws.

Dynes grwn a charedig oedd Sylwen, oedd wedi treulio ei bywyd cyfan ar ddeiet ond wastad yn brysur yn coginio neu'n pobi rhywbeth ar gyfer ei gŵr. Roedd hi'n weinyddes yn y feddygfa leol, bellach wedi ymddeol. Roedd hi'n berson oedd yn gwisgo Fit Flops. Roedd hi'n prynu ei dillad o Next. Roedd hi'n credu mewn angylion ac fod 'na dda ym mhob un person. Byddai Magw'n edrych arni weithiau ac yn teimlo fel gallai ei chalon dorri drosti.

Chwarddodd Magw'n ysgafn. 'Meddwl am Thelma o'n i. Yr holl sleepovers gafon ni'n fama. 'Dach chi'n cofio?'

Daeth ei mam i eistedd wrth ei hochr.

'Wrth gwrs mod i'n cofio! O'dd hi yma bob penwythnos bron iawn!' chwarddodd. 'Ddylan ni 'di prynu gwely iddi, neu double bed i chdi flynyddoedd yn gynt na nathon ni, y ddwy ohonach chi'n gwasgu fewn i'r gwely bach 'na.'

Chwarddodd Magw.

'Ti'n cofio hi'n dod i fewn i stafell dy dad a finna pan oeddach chi 'di bod allan yn Gaernarfon? Trio dringo i fewn aton ni!'

'A'r tro 'na wnaeth hi chwdu ar y rug Groovy Chic—'

'Wel i fod yn deg iddi mi oeddat ti'n chwdu yn bathroom ar y pryd felly doedd ganddi fawr o ddewis, yn nag oedd?' heriodd ei mam.

''Dan ni wedi bod yn lwcus ohonach chi dros y blynyddoedd, yn do?'

'Lwcus ydach *chi*, ynde? Eich bod chi'n ffrindia mor dda o hyd. Sbeshal.'

'Dwi'n gwbod, ma hi'n rhan o'n esgyrn i bellach.'

'A chditha'n rhan o'i hesgyrn hitha.'

Cymerodd Magw anadl hir, uchel allan.

'Ti 'di colli pwysau,' meddai ei mam yn ceisio cadw ei llais yn wastad ond yn amlwg eisiau troi'r sgwrs i gyfeiriad gwahanol.

'Dwi jest 'di bod yn mynd i'r gym, chi.'

Tybed oedd ei rhieni'n medru dweud bod 'na rywbeth o'i

le. Roedd rhieni Magw wastad wedi poeni amdani, rhieni Thelma heb boeni digon. Roedd rhieni Magw, yn ôl y sôn, wedi bod yn trio am blant am amser hir cyn ac ar ôl ei chael. Roedd Magw wastad yn teimlo bod Thelma'n estyniad o'r teulu, yn galluogi ei rhieni i deimlo bod ganddyn nhw fwy o blant. Credai Magw ei fod yn gysur iddyn nhw fod ganddi ffrind oedd yn debycach i chwaer. Ac mewn llawer o ffyrdd, roedd Thelma hefyd wedi gwneud lles i'w teulu nhw – wedi gwneud pethau'n llai unig a lletchwith.

'Ti'n iawn, cariad? Ti'n–'

'Dwi'n iawn, 'chi. Dwi jest 'di blino.'

''Dach chi am fynd i'r Llew heno, mae'n siŵr?' gofynnodd Sylwen gan liwio'r sgwrs i gyfeiriad gwahanol.

'Yndan,' chwarddodd Magw. 'Ma 'na griw am fod yna. Rob a Chrissy. Thelma. Criw o'r ysgol. Cadi a Lora a heina mae'n siŵr.'

'Neis eich bod chi'n dal i neud efo'ch gilydd bob Dolig, ynde?'

'Ia.'

'Ti'n siŵr bo chdi'n iawn?' holodd Sylwen eto wth gymryd llaw Magw yn ei dwylo. 'Gei di ddeud wrtha fi. Gweld chdi'm yn yfad ac ati–'

'Mam, dw i'm yn disgwl. Dwi jest 'di blino a dwi... dwi a Dyfed,' cychwynnodd a gweld ei mam yn ceisio cuddio'r siom ar ei hwyneb. 'Dan ni'n dau 'di blino ar ôl y daith a 'dach chi'n gwbod fel ma hi yn nhŷ Dyf – cymaint yn digwydd rhwng y plant i gyd. Dwi'n falch i fod adra rŵan.' Gwasgodd law ei mam yn ôl, agosatrwydd emosiynol erioed wedi bod yn hawdd iddyn nhw. I ddweud gwir roedd Magw yn debyg iawn i'w mam; yn ddigon gwybodus i synhwyro beth oedd pobl yn feddwl ond ddim yn ddigon dewr i fynegi ei hun yn uchel, y rhan fwyaf o'r myfyrio yn digwydd tu fewn.

'Wel, reit 'sa well i ni fynd nôl i orffen paratoi swper. Ham a parsley sauce heno.'

Chwarddodd Magw, 'Hoff beth Dyf. Fydd o wrth ei fodd.'

Cododd Sylwen a gwasgu llaw Magw, digon i'w gwneud hi fod eisiau crio. Yna cododd Magw ar ei thraed a dilyn ei mam drwadd i'r gegin er mai'r unig beth oedd hi eisiau wneud oedd dringo fewn i'r gwely. Roedd Dyfed a'i thad ar ganol sgwrs am brisiau tai yn Llundain wrth i Magw a'i mam ddychwelyd i'r gegin. Doedd gan Magw ddim mynadd ymuno yn y sgwrs felly ymbrysurodd yn helpu ei mam efo swper. Dechreuodd droi'r llefrith i fewn i roux ei mam. Roeddan nhw wedi cael cegin newydd rhyw bum mlynedd yn ôl ac roedd Magw'n dal i deimlo'r newydd-deb wrth dorri parsli ar y cownter marbl wrth i'r saws dwchu. Nid mewn cegin fel hon oedd hi wedi tyfu fyny.

'Pryd ddoth Thelma fyny?'

'Wnaeth hi ddod at Liz neithiwr. Trên gafodd hi.'

'Fydd hi'm yma'n hir mae'n siŵr?' chwarddodd Sylwen. 'In and out fuodd hi wastad ar ôl i chi fynd i ffwr i coleg. Dwi'm yn siŵr ydi hi erioed wedi llwyddo i aros yma yn bellach na tua'r 28ain, yn naddo?'

Ffugchwarddodd Dyfed.

'Mae hi a Jon–'

'Jon, fo 'di'r barrister, ia?' holodd Sylwen.

'Ia, 'na fo. We ma nhw mynd ffwr i Barbados flwyddyn yma, fflio ar y 27th.'

'O braf, ynde? Barbados, exotic ynde, Gwyndaf?'

'Tu hwnt,' atebodd. 'Fus i rioed yn y Caribbean.'

'Wel, ma 'na rwbath reit braf am fynd i'r haul ganol gaeaf, does?' dywedodd Magw.

Mmm-iodd rieni Magw'n unsain.

'Lwcus bo hi'n medru fforddio mynd ar tua deg gwylia y flwyddyn, dydi?' hyffiodd Dyfed. 'Ma gan rai ohonan ni ddeposit i safio ar 'i gyfar,' ychwanegodd o dan ei wynt ond dal yn ddigon uchel i Magw glywed.

'Paid â bod mor chwerw wir,' atebodd hi yn ôl. 'A tydi hi'm yn mynd ar ddeg gwylia y flwyddyn. Ma hi'n gweithio'n galed,' poerodd Magw.

Edrychodd Dyfed ar Magw am y tro cyntaf ers tro. Gallai hi ddweud gyda'r ffordd roedd ei ên wedi'i gosod yn dynn ac yn pwlsadu, y ffordd roedd ei fynegfys yn plicio'r croen o amgylch ei fawd, y ffordd roedd o'n edrych yn wag tu ôl i'w lygaid ei fod o'n ddifynedd efo'r sefyllfa neu Magw neu'r Nadolig neu'r cwbwl lot. 'Dwi'n dweud gwir, dydw, tydi pawb ddim mor lwcus â hi, nadi?'

Chwarddodd Magw yn goeglyd. 'Wyt ti o ddifri?'

Hyffiodd Dyfed a chwerthin yn sbeitlyd. 'Jest deud, gafodd hi lot fawr o bres gan ei thad, yn do?'

'A chafodd hi'm bywyd efo fo o gwbwl. A'i mam hi 'di marw pan o'dd hi'n chwe oed. Nid lwcus 'di hynna. Snapia allan o hyn,' gwaeddodd Magw.

'Allan o be?'

'Y mood 'ma. Mae o'n embarasing. Nid Thelma 'di'r un ti'n flin efo hi go iawn, nage?'

Hyffiodd Dyfed fel plentyn, ei lefelau stres yn gorfforol ac yn codi gyda phob ciledrychiad gan Magw. Doedd Magw'n teimlo fawr gwell, ei dicter hithau hefo'r cwbwl yn teimlo'n rhy fawr ac yn rhy drwm i'w reoli. A'r teimlad bod ei bywyd allan o reolaeth yn waeth na phopeth. Doedd hi erioed yn ei bywyd wedi siarad nac ymddwyn fel hyn efo Dyfed o flaen ei rhieni.

'Fydd swper yn barod mewn pum munud,' rhybuddiodd

Sylwen. 'Dewch rŵan, peidiwch â ffraeo fel'ma. Ma hi'n Ddolig.'

Edrychodd Magw ar Dyfed, ei llygaid yn bell. Ceisiodd gymryd ei hun allan o'i chorff er mwyn parhau â'r noson, y Nadolig a'r hyn oedd o'i blaen.

'Sori, Mam... Tyrd â potel i mi, 'ta,' dywedodd wrth Dyfed gyda gwên oedd yn amlwg yn ffals, ei llygaid fel petaen nhw wedi marw yn eu socedi.

/

Cerddodd Thelma i fewn i'r Llew Du, yr un wynebau cyfarwydd yno bob blwyddyn. Tafarn fychan, byrddau derw isel a goleuadau wedi eu dimio, tinsel rownd y bar ac ar y goedan, llawr du, gludiog, cyrtans yn cael eu cau ar ôl hanner nos ar ôl i'r leisians ddod i ben: dyma'r math o dŷ rhydd oedd o, nid dewis cyntaf Thelma ond yr unig ddewis oedd 'na. Trodd pobl i sbio arni, fel roeddan nhw wastad yn ei wneud pan oedd hi'n cerdded i fewn i lefydd, yn enwedig pan oedd hi adref, y dynion eisiau hi a'r merched eisiau bod yn hi. Dyna roedd hi'n obeithio beth bynnag. Er fod glamour yn anodd i'w ddisgrifio, roedd pawb yn gwybod bod gan Thelma *beth bynnag oedd o* mewn pwcedi. Doedd hi ddim yn siŵr a oedd hi wedi cael ei geni hefo fo, neu oedd o'n rhywbeth roedd hi wedi ei fagu, fel bol cwrw yn tyfu'n araf dros y blynyddoedd, mewn amseroedd da a nosweithiau allan. Heno, roedd hi'n gwisgo trywsus hir du oedd yn amlinellu ei hips crwn, crop top tyn oedd yn dangos ei wast a'i brestiau sionc a chôt ry ysgafn i fis Rhagfyr, ei gwallt wedi ei glymu'n ôl oddi ar ei hwyneb. Roedd hi wedi treulio awr gyfan yn rhoi ei cholur, yn gwneud ei gwallt fel bod dim un blewyn o'i le, gan edrych ym mhob drych oedd yn nhŷ ei nain cyn cau'r drws tu ôl iddi. Ac roedd hi wrth ei bodd yn gweld pobl yn troi i edrych arni wrth iddi gerdded heibio, ond yn casáu ei hun am falio.

Roedd Thelma wedi cyrraedd y gogledd y prynhawn cynt a chael swper efo Liz. Dyma'u traddodiad ar y noson roedd Thelma'n cyrraedd adref am y Nadolig; y ddwy'n paratoi pryd a'i fwyta efo'i gilydd, yn tanio cannwyll i mam Thelma gyda llwncdestun ac yna'n gwylio *The Family Stone*, eu hoff ffilm Nadolig. Roedd Liz a Thelma'n agos, wedi cael eu gorfodi ynghyd dros y blynyddoedd, y naill yn rhannu ymdeimlad o gyfrifoldeb dros y llall ac roedd Thelma'n licio meddwl bod ei chwmni, o bosib, wedi cadw Liz rhag torri yn llwyr ar ôl colli ei merch mor sydyn ar ôl iddi golli ei gŵr, taid Thelma. Roedd galar Liz yn rhywbeth llawer mwy diriaethol nag un Thelma; tra oedd hi'n tyfu fyny, y peth oedd yn achosi'r mwyaf o densiwn rhwng y ddwy oedd y ffordd ddiystyriol y byddai Thelma'n siarad am ei mam, fel petai hi ddim wedi bodoli, Liz wastad yn gwylltio. Gwyddai Thelma mai dyna oedd y ddefod o danio cannwyll pob Nadolig – nid rhywbeth i Liz ond rhywbeth i atgoffa Thelma bod ei mam wedi bodoli, bod Thelma yn ferch i rywun go iawn.

Doedd ganddi fawr o gof o'i mam. Byddai'n dychwelyd yn ei hôl i'r un atgofion; rhai oedd yn teimlo fel fflachiadau sydyn, yn gasgliad o eiliadau bregus fyddai'n diflannu mor sydyn ag oeddan nhw'n ymddangos. Yr hyn roedd hi'n ei gofio fwyaf amdani oedd y llyfrau. Mi fyddai wastad yn darllen i Thelma: y clasuron i gyd, Sophocles, Homer, Ovid; y clasuron modern: Nabokov, Chekhov, Dostoevsky; y modernists: T S Eliot, D H Lawrence, James Joyce. A fyddai dim byd yn rhoi mwy o falchder i Thelma nag eistedd gyda'i mam a hithau'n darllen yn uchel i Thelma, er nad oedd hi'n deall rhyw lawer o gwbwl ar y pryd ond roedd hi'n hoffi sŵn a theimlad yr enwau hyn wrth iddi eu hynganu.

Gwelodd Rob yn sefyll wrth y bar, yn sgwâr ac yn ysgwyddau i gyd. Doedd hi ddim wedi meddwl y byddai'n dod i Ben Llŷn y Nadolig yma. Wrth i Thelma benderfynu oedd hi am ddweud helô neu fynd yn syth at y bwrdd a smalio nad oedd hi wedi ei weld trodd yntau, fel mae pobl yn aml yn troi i sbio o'u cwmpas pan maen nhw'n aros ger y bar, a'i gweld hi. Anesmwythodd ei wyneb. Cyffyrddodd Rob ei wallt wrth iddi gerdded tuag ato. Gallai Thelma ddweud ei fod yn anghyfforddus yn y ffordd roedd o'n edrych i lawr ac wedyn i fyny.

Y tro diwethaf iddi weld Rob, roedd o'n brysio o'i fflat hi y bore Sul hwnnw, fisoedd ynghynt.

'Hei,' gwenodd arno.

'Hei, ers talwm,' dywedodd Rob.

'Do'n i'm yn disgwl dy weld di heno,' meddai Thelma. 'Ma Pen Llŷn yn bell o Fangor.'

Gwenodd arni. 'Ma gan teulu Chrissy holiday home yn Llanbedrog so dan ni'n aros yn fanna am y noson. Dwi'm yn 'y ngweld i'n cael cyfle arall i weld Dyf a Magw dros Dolig.'

Nodiodd Thelma. Wrth gwrs fod gan deulu Chrissy ail dŷ.

'A chdi yn amlwg. A sori mod i heb... do'n i'm yn siŵr os fysa chdi isho clwad gen i.'

'Oh god, paid â poeni, siŵr,' atebodd Thelma gan edrych i fyw ei lygaid, ei llais hi'n fach. Roedd hi'n meddwl amdano mor aml, bron ei bod hi'n gwybod yr union nifer o ddyddiau ers iddyn nhw siarad ddiwethaf. 'A llongyfarchiada masif i chi, newyddion rili neis.'

Gafaelodd Rob ynddi a'i chofleidio'n dynn. Croesodd ei meddwl i gwffio'n ôl a pheidio â rhoi fewn iddo mor hawdd, ond doedd gan Thelma mo'r egni, ei chorff mor falch o gael bod yn ei freichiau. Gwyddai Rob fod Chrissy, Dyfed, Magw a gweddill y dafarn yn medru eu gweld ond parhaodd i afael ynddi a'i thynnu i fewn yn agosach, ei ên yn pwyso ar ei hysgwydd am eu bod yr un taldra a hithau yn ei sodlau, ei lygaid ef wedi cau. Doedd hi ddim yn goflaid rhwng ffrindiau, roedd yn rhy agos ac yn para fymryn yn rhy hir, y math o beth oedd yn cael ei rannu gyda mamau a phartneriaid fel rheol. Y math o gofleidiad oedd am greu helynt i Rob unwaith iddo gyrraedd adref y noson honno.

'Sori,' dywedodd ef wrth dynnu'n ôl, fel petai newydd gofio lle oedd o a phwy oedd yn eu gwylio. Gwelodd Thelma hunanymwybyddiaeth yn dychwelyd i'w wyneb, awgrym o banig hyd yn oed. 'Sori,' meddai unwaith eto.

'Mai'n iawn–'

Cyn iddyn nhw gael cyfle i dreiddio'n ddyfnach a holi mwy, ymddangosodd Chrissy a rhoi ei braich o amgylch ei ganol, fel ci yn marcio'i thir. Cyfarchodd Thelma gyda gwên oedd yn dweud 'gwatsia dy hun' cyn dweud helô a gofyn a oedd y ddau ohonyn nhw'n iawn.

'Yndan, sori,' atebodd Rob. 'Dwi heb weld Thels, Thelma, ers iddi golli'i thad. O'n i jest yn... cydymdeimlo.'

'O god siŵr iawn, dwi mor sori i glywed. Doeddach chi'm yn agos, nag oeddach?'

Edrychodd Rob a Thelma ar Chrissy'n synn.

'Jest... wel do'dd o ddim yn dod o ochra yma, nagoedd–'

'Chrissy–' dwrdiodd Rob. 'Sori, Thels.'

Chwarddodd Thelma'n uchel. 'Doedd o ddim yn dod o'r ochrau yma ac i ddweud gwir mi oedd o'n fymryn o dwat.

Ond nath o adal llwyth o bres i fi felly ma'r rownd yma arna fi. Dwi heb ga'l tshans i'ch llongyfarch chi eto.'

Torrodd hynny ar y tensiwn fymryn. Doedd Thelma ddim eisiau *peidio* licio Chrissy, ond roedd hi o leiaf yn mynd i wneud iddi weithio i fod yn deilwng o beth bynnag oedd eu perthynas am fod. Dechreuodd Chrissy chwerthin yn lletchwith, ei braich yn gafael rownd Rob yn dynn. Wnaeth o rioed groesi meddwl Thelma y byddai Chrissy yn gwneud yn union yr un peth iddi hi. Camodd Thelma tua'r bar a gosod ei bag ar y cownter. Trodd i edrych ar Chrissy.

Gallai weld pam fod Rob wedi mynd amdani: ei hwyneb tlws, gwallt brown hir, wedi ei gyrlio, ffrog ddu, bŵts, yn hawdd ei chyfnewid â'r rhan fwyaf o'r merched yn y dafarn 'ma. Teimlai Thelma fod ganddi'r hawl i fod yn feirniadol o'r dillad roedd hi'n wisgo a'r ffordd roedd hi'n cario'i hun; pob rhagdyb a barn negyddol fel petai'n gorfodi Thelma i sefyll yn dalach a chario'i hysgwyddau yn bellach yn ôl.

'Gymera i botal o Brosecco felly!' dywedodd yn gynhyrfus, gwlith yn hel ar dop ei gwefusau.

'Come on, fedrwn ni neud yn well na hynny,' crechwenodd Thelma, gan droi at y bar llawn. Ymestynnodd ei braich drwy ambell berson i ddal llygaid y llanc ifanc oedd yn gweithio. 'Potel o siampên os gweli di'n dda. Pump gwydr.' Trodd at y ddau ohonyn nhw, 'Dwi heb gael dathlu efo chi eto, naddo?' fel rhyw fath o peace offering sbeitlyd.

Edrychodd y llanc ifanc arni cyn dweud bod rhaid iddo fynd i jecio os oedd ganddyn nhw siampên, oedd wedi achosi mwy o chwerthin lletchwith yn eu mysg, ac yna cais i weld y fodrwy, llongyfarch y ddau eto ac edrych ar ei gilydd ac edrych i ffwrdd yn sydyn a mwy o chwerthin ac yna cawson nhw'r botel. Talodd Thelma gyda'i cherdyn a cherddon nhw ill tri tua'r bwrdd, at Dyfed a Magw, y botel siampên yn siglo o un ochr i'r llall mewn pwced arian rydlyd. Tybed ers faint oedd y botel hon yn yr oergell? Cododd Magw ei haeliau ar Thelma. Eisteddodd wrth ei hochr, a rhoi gwasgiad sydyn i'w llaw cyn agor y botel gyda *pop!* a *woo!* a dechrau tollti i bawb, yna clincio gwydrau a llongyfarchiadau ei ffrindiau yn unsain.

'Quite the ménage à trois. Siampên o Llew? Ti'n sbeitlyd, dwyt?' sibrydodd Magw i glust Thelma. 'A dewr.'

Sylwodd Thelma fod Rob yn methu edrych arni. Doedd Dyfed ddim chwaith. A dweud y gwir doedd 'na neb yn edrych ar ei gilydd, pawb felly yn edrych o gwmpas y dafarn, bron fel petai'n well ganddynt fod ar fyrddau eraill efo pobl eraill.

Roedd Cadi Tŷ'n Lôn, Lora a Gwenan, hen ffrindiau ysgol i Magw a Thelma, yn eistedd gyda'u gwŷr ar fwrdd cyfagos. Cododd Thelma ei llaw a gwneud stumiau y byddai'n mynd atyn nhw'n hwyrach ymlaen.

'Ti 'di bod draw eto?' holodd Thelma.

'Na, sgenna i'm mynadd mynd atyn nhw, i gyd 'di prodi ag yn hapus efo tai masif a chwech o ffycing blant a goro deud bod 'y mywyd i'n shit,' atebodd Magw, yn feddw.

'Wow, ocê. Ti'n iawn, 'di bob dim yn iawn?' gofynnodd yn ddistawach, wrth droi at ei ffrind.

'Yndw, yndw. Dwi'n iawn, sti! Meddwl ella ddylwn i slofi lawr,' meddai Magw wrth osod ei gwydr ar y bwrdd.

Edrychodd Thelma arni mewn penbleth.

'Nawn ni siarad yn iawn wedyn,' parhaodd Magw. 'So, Chrissy, sut mai'n mynd efo chdi?'

Trodd y sgwrs yn naturiol at drefniadau priodas; dim eto, bron iawn, y bwyd, mor anodd, dydi, a pha mor neis fysa priodi dramor heb ffys, ond y neiniau, roeddan nhw eisiau'r neiniau yno. Ac wrth gwrs roedd Mam a Dad yn cyfrannu, felly fysan nhw'n methu gwneud hynny iddyn nhw. Cytunodd Magw a Thelma. Roedd Rob a Dyfed wedi prysuro i drafod rhywbeth, unrhyw beth arall. A doedd Rob dal ddim yn edrych arni.

'Pwy 'di dy forynion di?' holodd Thelma, i barhau â'r ffugddiddordeb.

'Dwy ffrind ysgol a chwaer fach Rob,' dywedodd Chrissy wrth bwyso'n ysgafn ar fraich Rob.

Roedd gas gan Thelma'r ffordd roedd hi'n ymddwyn, mor feddiangar ohono, pob cyffyrddiad yn mynd dan ei chroen.

'Neis,' smaliodd Thelma. 'Fydd o'n grêt, dwi'n siŵr.'

'Pwy oedd dy forynion di, Magw?' gofynnodd Chrissy.

'Thels,' meddai Magw, a rhoi gwthiad ysgafn i'w hysgwydd.

Gwingodd Thelma a chymryd swig arall o'i siampên.

'Mewn ffrog goch hir.'

'O lyfli, yn lle nathoch chi?' gofynnodd Chrissy yn gwbwl anymwybodol, neu'n smalio bod yn anymwybodol.

'Nathon ni briodi yn Llundan, acshli, yn y cyfnod rhyfadd 'na ar ôl Covid. Registry Office a pryd o fwyd efo 'chydig o bobl. A wedyn o'ddan ni 'di heirio bar yn Queen's Park am barti. Dim stres o gwbwl i fod yn deg. O'dd hi'n wych.'

'Mi oedd hi'n wych,' dywedodd Thelma o'r galon, gwên yn lledu ar hyd ei hwyneb, 'chos mi *oedd* priodas Dyfed a Magw'n wych. Roedd eu diwrnod priodas yn un o'r dyddiau hapusaf ym mywyd Thelma gan fod yr holl bobl roeddan nhw'n garu yno, yr holl bobl roedd hi'n garu hefyd. Roedd hyd yn oed Liz wedi cael gwadd. Y math yma o ddiwrnod oedd hi'n medru dal arno pan oedd y gwynt yn dod i'w chwythu oddi ar ei thraed.

'Swnio'n lyfli, gwahanol, 'de. 'Swn i'n licio prodas ddinesig fel'na ond dwi'n meddwl 'sa Nain yn ca'l ffit farwol goro mynd i Lundan!' chwarddodd.

'God, 'sa ti meddwl na dy nain o'dd yn priodi!' dywedodd Thelma'n sarcastig, gan dollti gweddill y botel i wydrau pawb. 'Fel'na mae priodasa, 'de. Dy deulu di sy'n rheoli yn y bôn.'

Chwarddodd Chrissy'n lletchwith. 'Wel, 'sa fo'm yn gneud llawer o sens beth bynnag, na fysa, a ninna'n byw yng ngogledd Cymru. Beryg fyswn i'n ca'l ffit mynd yno hefyd.'

Ystyriodd Thelma fod ganddi 'chydig o asgwrn cefn wedi'r cyfan a chafodd bwl o dristwch yn meddwl am Rob a Chrissy yn byw hefo'i gilydd.

'Pryd ydach chi'n meddwl prodi?' gofynnodd.

'Wel, tydan ni'm yn ffansi dyweddïad hir, a ma 'na cancellation yn rhyw venue ochra Gaer ar gyfer mis Gorffennaf, so 'dan ni wedi mynd amdani!'

Triodd Thelma a Magw eu gorau i beidio â thagu ar eu siampên. Esgusododd Thelma ei hun a cherdded drwy brysurdeb y dafarn at fwrdd Cadi Tŷ'n Lôn, Lora a Gwenan, y sgwrs am eu plant am fod yn fwy diddorol iddi na chlywed mwy am briodas Chrissy a Rob. Cododd law at ambell berson. Aeth i'r bar ac archebu gin a thonig. Pasiodd y noson mewn blyr o ffalsio a hel atgofion a hel straeon rownd eu bwrdd a byrddau eraill yn y dafarn, ac efo ffrindiau eraill doeddan nhw ddim ond yn weld adeg yma bob blwyddyn. Roedd Nadolig wastad yn angor yn y calendr cymdeithasol – y sicrwydd o weld pawb yn gysur ac yn boen.

Aeth Thelma allan i'r lle smocio tu allan i'r dafarn yn ffalsio hefo criw o hogiau oedd yn yr ysgol efo hi; y rhan fwyaf bellach yn briod, yn rheolwyr busnes ac yn ffermwyr ac yn gyfreithwyr eu hunain. Daeth Rob allan toc ar ei hôl a sefyll dros ffordd â hi.

'Dal yn Llundain?' gofynnodd Gwilym, dyn moel, bychan oedd yn berchen ar fusnes adeiladu mawr yn yr ardal.

'Yndw, sti.'

'Pryd ti am symud adra? Ti'm 'di chwara digon wir?' chwarddodd Bleddyn, accountant yn y cwmni lleol.

Agorodd Thelma ei cheg i ateb, ond roedd y dynion yn dal wrthi.

'Ella bo 'na ddyn yn 'i dal hi lawr 'na.'

Gwawdiodd y ddau a gwneud sŵn 'w' ac 'o' wrth ei gilydd.

'Sgen ti ddyn lawr 'na Thelma?' gofynnodd Bleddyn, ei dafod yn hongian allan o'i geg.

Rowliodd Thelma ei llygaid arnyn nhw a chymryd drag o'i smôc, y ffordd roedd y dynion yn siarad efo hi yn ei chythruddo.

'Dynion ti feddwl, ia, Bleddyn?' cychwynnodd un o'r lleill. 'Fuodd Thelma rioed yn rhywun i setlo lawr.'

'Yn enwedig efo riwin o fama. Ma'i'n meddwl bo hi'n rhy dda i neb rownd ffor'ma, dydi?'

'Cofia bod Rob wedi ca'l y plesar yna so di'm rhy dda i bawb, nadi!' Ynganodd y gair pleser mor nawddoglyd fel bod Thelma *ond* yn medru meddwl mai cymryd y piss oedd o.

Chwarddodd Rob yn ysgafn a codi ei fraich i rwbio ei wddf.

'Ia, ond cofia na o Fangor mae o'n dod!'

'Ffwcia chi,' meddai Thelma yn cosbi ei hun yn fewnol am ymwneud â phetheuach trefi bach fel fan'ma. Roedd hi fel pysgodyn bregus, wastad yn cael ei dal yn eu rhwyd. 'God, ydach chi'n clywed eich hunan? Tyfwch i fyny newch chi.'

Gwnaeth y dynion sŵn 'w' ar y cyd, unrhyw ymateb yn eu plesio.

'Na, ti'n hogan iawn, sti, Thelma! Jocian ydan ni, 'de!' meddai Bleddyn wrth gerdded yn ôl i fewn i'r dafarn gyda Gwilym gan ei gadael hi a Rob yn sefyll yno.

'Pam ti'n actio fel'na o flaen yr hogia?' gofynnodd Rob pan aeth y gweddill yn eu holau. Roedd o'n swnio wedi ei gorddi.

'Be ti feddwl?' gofynnodd hithau'n herfeiddiol.

'Yn hunangyfiawn. Meddwl bo chdi'n well na nhw.'

'Ydw i?' gofynnodd Thelma'n sarcastig.

'Wyt.'

'Wel mi ydw i, dydw?' dywedodd Thelma gyda gwên fflyrtlyd, ei llygaid a'i hosgo yn dweud mwy na allai unrhyw eiriau fyth. 'Dwi *yn* well na nhw, dydw?'

'Ti meddwl?' gwawdiodd Rob yn ddifynedd.

'Yndw, ti ddim?'

A'r peth oedd, doedd Thelma ddim wir yn credu ei bod hi'n well na'r bobl yn y lle roedd hi wedi cael ei magu, ond roedd hi'n teimlo'n wahanol iddyn nhw, fel petai wedi ei rhaglennu'n wahanol. Doedd hi erioed wedi ffitio i fewn ac roedd pawb wedi gwneud yn siŵr ei bod hi'n gwybod hynny hefyd. Doedd yr hogiau hyn erioed wedi hoffi Thelma, ond fysan nhw wastad yn hapus i'w ffwcio hi ac roedd hi wedi gwrthod newid neu ymbil arnyn nhw i'w licio hi. Byddai'n edrych yn ôl ar ddwsinau o amseroedd fel hyn ar hyd ei bywyd ac yn meddwl: dyma'r math o berson ydw i felly. Person oeraidd, snob haerllug sydd ddim yn haeddu cael ei charu na hyd yn oed ei hoffi. A'r peth gwaethaf oedd ei bod wedi ei chondemnio i fod y person yma weddill ei hoes.

Y gwir oedd ei bod hi'n teimlo'n uwchraddol i'r bobl roedd hi'n nabod o adref, am ei bod hi'n byw yn Llundain – roedd hi wedi gadael, roedd hi wedi gwneud rhywbeth efo'i bywyd. Ond doedd y bywyd roedd hi'n ei fyw ddim yn bwysicach, ddim yn fwy arwyddocaol o gwbwl. I ddweud y gwir, roedd o'n wag, yr holl bethau yn gwbwl arwynebol, dim byd o sylwedd emosiynol yn ei bywyd. Mor siomedig oedd yr holl beth iddi hi: bywyd, ei bywyd hi. Mor siomedig nad oedd hi erioed wedi llwyddo i ddal gafael ar yr hyn oedd yn dod mor hawdd i bawb arall: cariad, partner bywyd. A'r peth mwyaf siomedig oedd nad oedd hi'n medru gwneud i bethau weithio hefo Rob ar lefel ramantus ac roedd hi hefyd wedi ei chondemnio i gofio pob manylyn o'u hanes, yn medru pwyntio at bob un camgymeriad a dweud ia, dyna pryd aeth pethau o'i le.

Edrychodd Rob arni'n gynddeiriog. Piffiodd.

'Sori ond 'nest di'm clwad y ffor nathon nhw siarad efo fi rŵan?

'A'r stunt 'na efo'r siampên gynna. Dwi'm yn gwbod pam bo chdi'n gneud petha fel'na, neud i ni i gyd deimlo fel bo ni'n... dwi'm yn gwbod... uncultured ne rwbath.'

'A Chrissy wrth y bar gynna yn deud mod i'm yn agos efo nhad. God be o'n i fod i ddeud?'

'Cadwa Chrissy allan o hyn plis.'

'Be sy'n bod arna chdi?' gofynnodd Thelma yn ceisio ennyn rhyw fath o deimlad wrth Rob, ond doedd o ddim yn gwrando yn amlwg.

Chwarddodd Rob heb smalio ei fod o'n ffug chwerthiniad. 'A'r stwff 'na efo'r hogia 'wan.'

'Be?'

Roedd Thelma wedi arfer ei chael hi'n waeth, dros y blynyddoedd. Y cwestiynau yn fwy uniongyrchol, y cyhuddiadau gan fersiwns fengach o'r dynion yna, gan hogiau eraill, ond doedd Rob erioed wedi bod yn complicit.

'Wel tisho nhw gyd ffansïo chdi 'fyd... tisho nhw gyd licio

chdi. Pam? Ti'n ca'l pleser o'n gwatwar ni i gyd ne 'wbath?'

Edrychodd Thelma tua'r llawr. 'Dim *chdi*, yn amlwg.'

'Wel dwi'm yn gwbod pam fysa chdi'n gwahaniaethu. Dwi'n union 'run fath â nhw.'

'Nagwt,' meddai gan godi ei phen i giledrych arno. Roedd o'n smocio'n ddifynedd, ei draed yn troedio'r sigaréts ar y llawr. 'Ma nhw'n 'y ngwatwar i ers *erioed*. Nhw 'di'r rhei sy'n neud i *fi* deimlo'n wahanol os rwbath.'

Edrychodd Thelma arno, i fyw ei lygaid. Ddywedodd Rob yr un gair ond gadael i'w smôc losgi yn ei law.

'O ffoc off, Rob. Dwi'n ddisgwl o ganddyn nhw, ond dim chdi.'

'Pam? Dwi'n union fatha nhw,' ailadroddodd Rob wrth roi ei ddwylo yn ei bocedi ac edrych arni.

Gallai Thelma deimlo y newid yn neinameg eu perthynas, fel petai'n digwydd o'i blaen a'i bod hi'n gwylio'r cyfan. Doedd o ddim yn rhoi fewn iddi rhagor, y ffordd roedd o'n edrych arni wedi newid yn ystod y noson. I ddweud y gwir, tra oeddan nhw'n sefyll yno, roedd Rob yn ymddangos fel petai'n ei chasáu.

Cafodd hynny sylw Thelma a chododd ei llygaid i edrych arno, y tensiwn yn y man smocio mor drwm, fel petai'n pwyso i lawr arnyn nhw, yn sugno'r aer o'u sgyfaint.

'Dwi'n meddwl bod y sgwrs 'ma drosodd.'

'Sicir.'

Esgusododd Thelma ei hun a mynd i'r lle chwech. Edrychodd arni ei hun yn y drych, roedd hi'n crynu gyda dicter. Pa hawl oedd gan Rob i siarad efo hi fel'na? Fo oedd yr un oedd yn hunangyfiawn ers bod efo Chrissy. Fel roedd hi'n barod i fynd yn ôl allan i'w wynebu fo, daeth Chrissy allan o'r ciwbicyl.

'O god, dim chdi, rywun heblaw chdi,' dywedodd Thelma o dan ei gwynt.

'Dwi'm yn meddwl bo chdi'n licio fi,' slyriodd Chrissy.

Ochneidiodd Thelma'n ddifynedd wrth iddi olchi'i dwylo a chymryd anadl ddofn. Trodd tuag at Chrissy a phwyso ei hun ar y sinc, yr holl beth yn teimlo 'chydig bach yn rhy *Mean Girls* i ddynas 32 mlwydd oed.

'Pam 'sa chdi'n meddwl hynny?' gofynnodd Thelma'n fflat a choeglyd.

'Dwi'n gwbod bod 'na rywbeth wedi bod mynd mlaen 'fo chdi a Rob o'r blaen.'

Sut oedd bosib i Thelma egluro beth oedd *rhywbeth* ac *o'r blaen* i Chrissy?

Anadlodd allan eto. 'Mi oedd. Ond does 'na ddim rŵan. A does 'na ddim ers iddo... gychwyn petha efo chdi. A fydd 'na ddim eto, 'chos mae o'n dy brodi di.'

Roedd llygaid Chrissy'n disgleirio gyda meddwdod, ei thôn fygythiol yn fwy comig gyda phob slyr. Tybed a fyddai'n cofio'r sgwrs yma bore fory?

'God o'n i jest mor nyrfys gynna yn cyfarfod chdi, ti'n edrach yn ffantastig, pwy fysa ddim yn intimidated? A neshi ddeud y thing stupid 'na am dy dad di a dwi jest yn cicio'n hun braidd 'chos nid dyna o'n i isho i first impression chdi fod ohona fi. 'Chos dwi'n gwbod faint ma Rob yn feddwl ohona chdi... o criw chi i gyd.'

Edrychodd Thelma arni.

Chwarddodd Chrissy. 'Ti jest mor... god dwi'm yn gwbod. Hyderus. Fatha bo gen i jans yn erbyn chdi,' meddai, y frawddeg olaf yn swnio'n fwy fel cwestiwn.

Pitïodd Thelma yn ei chlywed ac erfyniodd arni ei hun ddweud rhywbeth cyn i Chrissy fynd yn ei blaen ond roedd

Chrissy'n siarad yn barod, Thelma ddim wir yn ei chlywed ac yn teimlo'n euog.

'...Ond rywsut ma Rob 'di gofyn i mi briodi fo a dwi'm yn hollol siŵr pam 'blaw bo ni'n caru'n gilydd. Jest mewn cariad llwyr. A sgenna i ddim byd i boeni amdano fo efo chdi, nagoes?'

Meddalodd Thelma ac am ryw reswm nad oedd hi'n medru weithio allan yn ei phen, estynnodd ei llaw tuag at law Chrissy a'i gwasgu. 'Sgen ti ddim byd i boeni amdano,' atebodd yn teimlo'n llawer mwy sobor ac yn teimlo'n gas am wneud y ddynes ddiniwed yma yn ffocws ei hatgasedd dros y misoedd diwethaf. Roedd hi wedi pori dros ei thudalennau cyfryngau cymdeithasol, wedi beirniadu pob gwisg, pob bwyty, pob diod, pob ongl gan y camera. Doedd hi ddim wedi cysidro fod Chrissy hefyd jest yn ddynes oedd yn y byd oedd yn ceisio gwneud ei gorau.

'O god,' meddai Chrissy gan ddod â'i dwylo i fyny at ei cheg. 'Dwi am chwdu.' Carlamodd i fewn i'r ciwbicyl agosaf a chwdu i fewn i'r pan. Yn erbyn ei greddf, aeth Thelma ar ei hôl a gafael yn ei gwallt fel nad oedd yn ei gwyneb a dechreuodd rwbio ei chefn a dweud y byddai popeth yn iawn. Oedd, roedd popeth am fod yn iawn.

/

24 Rhagfyr 10:38
Rob: Sori am neithiwr, eshi'n rhy bell – o'n i'n ffwcd! Methu handlo bybls yn amlwg!

25 Rhagfyr 10:17
Rob: Nadolig Llawen, Thels! Joia'r dwrnod

31 Rhagfyr 13:21
Rob: Plania heno?

1 Ionawr 00:04
Rob: Bltyddyn NwwtddD DdA
1 Ionawr 11:03
Rob: Ha, Blwyddyn Newydd Dda o'dd hwnna i fod yn amlwg! Gobeithio gesdi noson dda!
1 Ionawr 11:04
Rob: Pryd ti nôl am Llundan?

3 Ionawr 09:45
Rob: Hei, ti'n iawn?
3 Ionawr 09:46
Rob: Ti di mynd yn ôl eto? Meddwl sa dda ni ga'l sgwrs cyn i chdi fynd?
3 Ionawr 21:19
Rob: Gwranda dwi'n gwbod neshi fynd rhy bell noson blaen, o'n i'n ffwcd a ma bob dim yn bach o blyr i fod yn onasd! O'dd yr hogia di bod yn weindio fi fyny drw dydd ac o'dd na gymaint o stress di bod efo'r brodas a ballu efo Chrissy so eshi bach overboard efo be neshi ddeud.

Chwefror 2024
(Llundain)

Roedd y dyddiau'n dechrau ymestyn a rhywbeth am yr addewid o fywyd newydd wedi gwthio Magw ar yr aps dêtio. Hynny a Dyfed yn dweud wrthi bod rhaid iddyn nhw gychwyn yn rhywle neu wahanu. Doedd Magw ddim yn medru deall sut roedd o mor barod i wahanu, y parodrwydd i roi fyny ar eu perthynas yn ddychrynllyd iddi hi. Ond beth oedd hi'n fethu deall fwy na hynny oedd cyn lleied roedd o'n ei hadnabod – ers pryd oedd Magw yn rhywun fyddai mewn open relationship? Ond roedd 'na bron i bedwar mis wedi mynd heibio ers i Dyfed grybwyll y syniad ac roedd ei amynedd yn amlwg yn syrffedu. Dim ond unwaith oeddan nhw wedi ffwcio ers y Nadolig, y weithred yn gyflym ac yn glinigol ac yn fawr o bleser i'r un. Roedden nhw'n dri yn eistedd rownd y bwrdd mawr yn rhoi eu proffilau gyda'i gilydd, Thelma wrth ochr Magw. Roedd Magw wedi mynnu ei bod hi'n dod draw i helpu ysgafnhau 'chydig ar beth oedd hi'n wybod fyddai'n sefyllfa letchwith rhyngddi hi a Dyfed.

Roedd Magw hefyd wedi dysgu ei gwers ac yn gwybod rŵan i beidio â mynd efo cydweithwyr. Artaith ddyddiol oedd ei gwaith, yr holl bryderu y byddai'n cael galwad gan ei rheolwr am ei hymddygiad yn y parti Nadolig. Beth petai Matt yn ei chyhuddo o ymddygiad anweddus? Roedd hi wastad yn ochri â'r merched os oedd unrhyw faterion anghyfartaledd neu gamymddygiad rhywiol yn dod i'w sylw yn gwaith. Ar ôl y #MeToo Movement yn 2017 roedd Magw'n derbyn llawer mwy o achosion o aflonyddu rhywiol yn y gweithle, merched wedi eu grymuso i reportio'r gamdriniaeth. Byddai'n mynd adref bob nos yn flin dros yr hyn roedd merched wedi gorfod byw drwyddo dros y blynyddoedd ac yn erfyn ar Dyfed i addo iddi nad oedd o wedi gwneud unrhyw beth annifyr yn y gorffennol. Roedd 'na lawer o ferched – o bob oedran – wedi reportio un dyn spesiffig am ei ymddygiad 'handsy' mewn partïon Nadolig a Magw rŵan, o bosib, yn yr un sefyllfa ag o. Byddai'n ddauwynebog a rhagrithiol ohoni i beidio mynd â phethau'n bellach os oedd Matt eisiau. Gwyddai y dylai hefyd gysidro arafu ei hyfed ond doedd hi ddim yn barod i roi'r gorau i alcohol. Roedd y ffordd roedd yn distewi ei meddwl yn gorbwyso'r gorbryder y diwrnod wedyn.

Ond roedd 'na rywbeth wedi shifftio yn argyhoeddiad Dyfed am drio perthynas agored wedi iddyn nhw ddychwelyd i Lundain ar ôl y Nadolig, rhyw frys newydd. Roeddan nhw wedi trafod yn ddi-ben-draw dros y misoedd a rŵan oedd yr amser i *weithredu*.

Roedd yr aps dêtio yn gysyniad hollol ddiarth i Magw. Doedd hi erioed wedi ystyried pa fath o ddyn oedd hi'n ei ffansïo o'r blaen ac roedd yr holl ddewis ar yr ap roedd hi a Dyfed wedi cytuno i'w ddefnyddio yn llethol. Yn waeth na'r dewis, o bosib, oedd y ffaith nad oedd hi chwaith erioed wedi gorfod ystyried pa fath o berson oedd *hi* mewn manylder mor fforensig o'r blaen. Pwy oedd hi? Beth oedd hi'n licio? Oedd ganddi ddiddordebau tu hwnt i'w pherthynas a'i ffrindiau? A pha bersona oedd hi am i ddynion eraill ei loffa o'i phroffil? Ac yn fwy diddorol byth, efallai, oedd cwestiynu pwy oedd Dyfed? Beth oedd ei bersona fo?

Roedd hi a Thelma eisioes wedi pigo lluniau ohoni dros y blynyddoedd diwethaf, 'dwy flynedd max' meddai Thelma – ar ei gwyliau, mewn bwytai, efo ffrindiau; yn gwenu yn edrych i ffwrdd o'r camera, ei gwallt i fyny ac i lawr, yn gwisgo sbectols haul yn rhai, fel petai unrhyw siwtor yn cael darlun 360 ohoni. Roedd gas gan Magw'r profiad o ailymweld â lluniau ohoni – yn sylwi ar bob un peth amdani ei hun doedd hi ddim yn ei hoffi. Roedd hi wedi treulio oriau yn dewis y prompts, yn meddwl am atebion oedd am wneud iddi ymddangos yn normal.

'You've got to be in it to win it,' oedd Thelma wedi ddweud wrth y ddau ohonyn nhw. 'Gewch chi roi ENM yn eich bio fel petai pobl yn gwbod–'

'ENM?' gofynnodd Magw'n naïf.

'Ethical non-monogamy,' atebodd Dyfed.

'A dallt,' meddai Magw'n fflat. 'ENM. Swnio 'tha kink o ryw fath, dydi?'

Chwarddodd y tri yn lletchwith, Thelma'n estyn am y botel win a'i thollti i'w gwydrau.

''Sa chi medru deud bo chi'n poly os 'sa hynna'n siwtio chi'n well...' awgrymodd Thelma.

'Ma ENM yn iawn,' meddai Magw'n rhy sydyn. Roedd polyamory yn swnio'n llawer rhy ddychrynllyd. 'Jest secs 'di hyn,' dywedodd yn ostyngedig.

Cyhoeddodd y ddau eu proffiliau ar yr un pryd, fel petai'n seremoni a Thelma'n arwain. Dechreuodd y tri sweipio, gyda gwahanol raddau o lwyddiant. Roedd Dyfed wrth ei fodd yn sweipio a chychwyn sgyrsiau efo merched, yr holl beth yn dod mor hawdd iddo ef a hynny'n gwneud i Magw deimlo'n anesmwyth. Dysgodd Magw'n syth nad oedd hi'n dda iawn yn gwneud y small talk oedd ei angen i siarad efo'r dynion hyn;

roedd hi'n gorfeddwl. A beth oedd diben hyn os nad oeddan nhw'n chwilio am berthynas hirdymor gydag un person? Doedd pawb ddim yn chwilio am yr *un* person 'na, hyd yn oed ar yr apiau?

'Llundain ydan ni, cofia,' oedd Thelma wedi ddweud wrth adael y fflat. 'Ma 'na bob math o bobl yma.'

Gallai Thelma ddweud nad oedd Magw eisiau iddi fynd. Doedd hi ddim yn gwbl sicr mai dyma oedd Magw eisiau ond roedd hi'n gwybod nad oedd hi eisiau ysgariad. Y tro cyntaf iddi weld Dyfed ar ôl i Magw ddweud wrthi am syniad Dyfed doedd hi ddim yn gwybod yn iawn sut i'w drin, y ffaith ei bod hi'n gwybod yn un peth ond y ffaith bod yntau'n gwybod ei bod hi'n gwybod a'r ddau'n methu dweud unrhyw beth yn waeth. Dim ond pan oedd Magw eisiau help efo'i phroffil y cafodd Thelma wadd i'w cyfrinach. Doedd Dyfed ddim wedi dweud unrhyw beth wrthi a doedd hithau ddim wedi dweud dim byd wrtho ef am y sefyllfa, fel petai dim angen, roedd wedi trin Thelma yr un fath ag oedd o'n ei thrin hi unrhyw adeg oedd hi'n mynd i'w fflat. Ac er nad oedd hi eisiau eu gadael, roedd Thelma'n gwybod bod hyn yn rhywbeth roeddan nhw angen ei wneud ar eu pennau eu hunain. Felly mi aeth a'u gadael yno, yn sweipio.

Roedd 'na rywbeth mor od i Magw am y ffaith ei bod hi'n meddwl mynd efo dynion eraill a'i gŵr hi'n eistedd reit o'i blaen. Oedd Dyfed yn ymwybodol pa mor anodd oedd hyn iddi? Dros y misoedd diwethaf roeddan nhw wedi ffraeo a chrio mwy nag oeddan nhw erioed wedi gwneud yn eu perthynas, Magw'n cilio i fewn i'w hun a'r syniad o ysgaru yn dod yn fwy a mwy o realiti gyda phob diwrnod oedd yn mynd heibio. Ac wrth gwrs roeddan nhw wedi pori dros sefydlu rheolau. Dim sleepovers, neb i ddod i'r fflat. Mynd ar ddêts yr un noson, cyrffews a chytuno pryd neu os oeddan nhw am ffwcio pobl o flaen llaw. Cusanu yn iawn ar y dêts, yn cael ei annog i ddeud y gwir. Rhannu pob dim efo'i gilydd. Bod yn agored. Cymryd pethau'n araf os oedd angen. Ystyriodd Magw nad oedd Dyfed wedi rhoi llawer o feddwl i'w gofal hi yng nghanol y 'rheolau' hyn – beth os oedd rhywun yn gorfodi cusan arni neu'n mynd â phethau'n bellach nag oedd hi'n dymuno, yn erbyn ei hewyllys? Roedd y sîn ddêtio yn llawer mwy peryglus i fenywod, rhyw fygythiad y gallai noson gymryd troad tywyll wastad yno. Dro ar ôl tro roedd hi wedi darllen erthyglau am ferched oedd wedi bod ar ddêt ac wedi diweddu'n cael eu treisio neu eu lladd. Ac roedd Dyfed i'w weld yn gwbl ddall i'r realiti yma. Hi oedd yr un oedd yn gorfod cymryd baich y risg hon.

'Mae'r rheolau i fod fatha stabalisers, rwbath i gadw ni'n saff, yn enwedig ar y cychwyn,' meddai wrthi.

'Be os na fydd neb yn ffansïo fi?' gofynnodd Magw.

'Mags, fydd 'na lwyth o bobl yn dy ffansïo di,' dywedodd Dyfed.

Ac yn erbyn ei greddf, anniddigrwydd oedd wastad yn trechu. '*Ti* ddim yn amlwg.'

Yna byddai gweiddi, rhwystredigaeth a ffrae oedd wastad yn gorffen efo Magw'n erfyn ar Dyfed nad oedd hi eisiau ei siomi. Ac mewn gwirionedd, doedd hi wir *ddim* eisiau ond gallai ddweud ei bod hi yn ei siomi, drosodd a throsodd.

Roedd hi'n haws nag oeddan nhw wedi ddisgwyl i ffeindio pobl oedd yn hapus efo'r set-up. Roedd pobl Llundain mor agored. James yn un o'r cyntaf i Magw licio a chychwyn siarad efo fo, dyn 35 oed o Brighton: hoffi pizzas, pêl-droed (season ticket holder Brighton & Hove Albion FC), rhedeg hanner marathons a chinio dydd Sul. Gyda phob amheuaeth byddai'n clywed llais Dyfed yn ei phen yn ynganu'r gair 'difôrs' a hynny wedyn yn ei gorfodi i barhau. Bu Magw'n siarad â James am 48 awr nes iddo stopio ei hateb, ei blas cyntaf hi o'r ffenomen 'ghostio' yn ei drysu a gwneud iddi gwestiynu popeth oedd hi wedi ddweud wrtho. Daeth matsh gyda dyn arall toc wedyn: Ben, 38, byw yn Putnry Bridge, cefnogwr Chelsea FC brwd, mwynhau pizzas, rhedeg a chinio dydd Sul. Cychwynnodd y broses lafurus unwaith eto.

Llai nag wythnos wedyn

Mewn ffordd od, roedd sefyllfa Dyfed a Magw wedi gwneud i Thelma edrych ar ei sefyllfa ei hun a dechreuodd hithau sweipio yn llawer mwy bwriadol. Roedd hi wedi cael digon ar gwyno am fod yn sengl, ond ddim yn gwneud dim am y peth, felly ymrwymodd i newid pethau. Talodd £39.99 am fersiwn premiwm yr ap. Sweipiodd. Trefnodd i fynd ar ddêt. Digwydd bod roedd gan Magw a Dyfed ddêts yn barod, Thelma yn methu credu mor sydyn oedd pethau'n symud i'r tri ohonyn nhw.

23:36
Thelma: Sud ath hi?!
Magw: Horrendous
Magw: Oddo'n rili rili rili drwg. Oni mor nyrfys neshi golli diod ar hyd y bwr. A nath o'm sdopio siarad am i hun.
Magw: Dwi'm yn meddwl nath o ofyn cwestiwn i mi ar ôl yr ugain munud cynta.
Thelma: Casáu pan ma dynion yn gneud hynna.
Magw: Dwi'm yn gwbod os fedra'i neud o eto.
Thelma: Ti'n lluchio'r grempog gynta eniwe dwyt.
Thelma: Back on the horse, fel ma nhw ddeud!!!
Magw: Sud athi efo chdi?
Thelma: Fiiiiiiine. Dim byd sbeshal. Oddo reit boring. Siarad am ei hun lot fyd.
Magw: Ti am gael ail ddêt?
Thelma: Dwi'm yn meddwl fydd angen i ddeud gwir...

Magw: OMG BE

Magw: ??

Thelma: Mae o newydd adal lle fi rŵan...

Thelma: 😉

Magw: O'n i'n meddwl trio ffrendio wbath siriys odda chdi tro'ma!

Thelma: Trystia fi, dodd hwn byth yn mynd i fod yn rhywbeth siriys.

Thelma: Gwell fel hyn! Reit, nos da xx

Magw: Nos da xx

Tair wythnos yn ddiweddarach, diwedd Mawrth

Pan wnaeth Magw fatsio gyda Lars ar yr ap rhyw bythefnos ynghynt, roedd ei sgwrs wedi llwyddo i'w chyffroi mewn ffordd mor annisgwyl, yn enwedig ar ôl dêt gyntaf mor aflwyddiannus. Roedd y sgwrs yn hawdd, paragraffau yn cael eu cyfnewid ac yntau o'r diwedd yn gofyn a oedd hi awydd mynd am ddrinc. Cyffrôdd Dyfed wrth glywed y newyddion, yntau'n rhydd o'r diwedd i fynd ar ddêt efo merch â gwallt hir blond o'r enw Zoe roedd o'n siarad gyda hi ers sbel. Roedd hi'n 26 ac yn byw yn Clapham a doedd Magw ddim yn hollol siŵr beth oedd Dyfed a hon am siarad amdano, y syniad o ddyn 32 ar ddêt efo merch ifanc yn chwerthinllyd iddi. Doedd Magw ddim yn deall obsesiwn dynion efo ieuenctid merched; doedd merched ddim yn cael yr un hawl â dynion gan gymdeithas i heneiddio a theimlo fel petaen nhw'n gwella gydag oedran. Efallai fysa ffwcio dynes mor ifanc yn gwneud iddo deimlo fel dyn unwaith eto.

Roedd Magw mor hunanymwybodol, prin yn medru ynganu a dweud enw Lars allan yn uchel, prin yn medru edrych ar ei luniau, tra fod Dyfed yn siarad am y ddynes anghyfarwydd hon yn ddiddiwedd. Tybed oedd o wedi siarad amdani hi gyda'r fath gyffro? Yn ôl Dyf, roedd hi'n swyddog marchnata mewn stwidio greadigol wedi ei lleoli yn Old

Street, ei diddordebau – chwerthinllyd ym marn Magw – yn cynnwys brunch, sgio, cocktails a crime documentaries. Doedd Dyf erioed wedi sgio na gwylio crime documentary a doedd Magw ddim yn rhy siŵr a oedd o'n ffan o brunch na cocktails. Roedd Zoe'n dlws, yr hyn fyddai Magw wedi ei alw'n 'stunning': tenau, gwallt blond hufennog, llygaid mawr glas, croen clir.

Daeth y noson, nos Fercher; dim noson bwysig yn yr wythnos ond dim nos Lun chwaith. Doedd Magw ddim wedi medru meddwl am unrhyw beth arall ers iddi hi a'r dyn anghyfarwydd gytuno ar ddyddiad i gyfarfod; y posibiliadau yng nghwmni Lars yn llenwi pob rhan o'i meddwl, y siom fyddai hi'n deimlo os fyddai'r noson yn ofnadwy fel y ddêt gyntaf gyda Ben. Buodd Magw a Dyfed yn paratoi efo'i gilydd; rhywbeth defodol am y weithred o ymbincio ar gyfer dyn arall yn ei gwmni oedd yn gwneud i'r digwyddiad deimlo'n sanctaidd. Newidiodd Magw o jeans i sgert i ffrog, penderfynu bod popeth oedd hi'n berchen arno'n afiach cyn setlo ar ffrog ddu blaen hir â gwddw sgwâr oedd ddim yn dangos gormod o'i brestiau, yn dynn am ei chorff ond ddim mor dynn ei bod hi'n edrych fel petai'n trio'n rhy galed. Newidiodd ei hesgidiau dair gwaith cyn setlo ar ei bŵts ffyddlon du gyda mymryn o sawdl.

'Ti'n edrach yn dda,' meddai Dyfed.

'Diolch. Titha 'fyd,' atebodd wrth ffysian efo'i gwallt.

Roedd hi'n casáu cymaint o bwyslais oedd yn cael ei roi ar y ffordd roedd pobl yn edrych. Ac roedd yr aps yn rhoi'r pwyslais i gyd ar edrychiad, pob delwedd wedi ei churadu i geisio denu person arall.

'Joia,' meddai Dyf yn ei chofleidio wrth adael y fflat. 'Caru chdi.'

'Caru chdi 'fyd,' atebodd Magw. Gadawodd hithau mewn Uber 'chydig funudau wedyn, i osgoi'r boen o deithio ar y Tube. Carlamai calon Magw yn gynt ac yn gynt wrth iddi agosáu at ei dêt, ei meddwl yn troi pob sefyllfa'n drychineb. Edrychodd ar ei ffôn i geisio tawelu ei hun. Roedd Thelma wedi tecstio i ddymuno pob lwc ac i ddweud wrthi am beidio gorfeddwl, a Lars wedi ei thecstio i ddweud ei fod wrth fwrdd yng nghefn y bar.

Anadlodd cyn cerdded i'r bwrlwm.

'Hi,' dywedodd Magw, yn ei weld am y tro cyntaf ac yn teimlo fel ffŵl am godi llaw wrth agosáu. Roedd rhaid iddi atgoffa ei hun i wenu. Gwenodd yntau arni hithau.

'Hi,' meddai Lars wrth godi ar ei draed a rhoi sws i bob boch wrth ei chofleidio. Roedd o fymryn yn gartŵnaidd: yn dal ac yn gyhyrog a'i wallt yn felyn mewn quiff, ei ddannedd yn sgleinio. Hanner awr wedi saith ac yntau'n amlwg wedi dod yn syth o'r swyddfa ond bellach wedi tynnu ei siaced a'i dei a rowlio breichiau ei grys i fyny, Magw'n poeni rŵan bod y ffrog roedd hi wedi newid iddi yn rhy grand.

'Great to see you. You look lovely,' meddai Lars.

'Thank you, you, too,' cochodd Magw, yn teimlo mor hunanymwybodol, ei llais yn ddieithr iddi. Roedd hi wedi gorfod tynnu ei chôt am ei bod hi'n chwysu gymaint. Gallai glywed ei chalon yn adleisio yn ei chlustiau, fel curiad bas, ac roedd ei dwylo'n gynnes ac yn damp. Ystumiodd Lars tua'r gadair gyferbyn wrth iddo eistedd unwaith eto. 'Sorry I'm a bit late, traffic.'

'You Ubered here?' Roedd ei lais dyfn a'i chwerthiniad, y crychau a'r stumiau ar ei wyneb i gyd yn newydd yn ei byd hi a hynny yn bleserus iddi. Roedd Magw eisiau rhewi amser am 'chydig eiliadau i astudio ei wyneb fel darn o gelf mewn amgueddfa. Yn y cyd-destun anghywir, roedd Magw'n meddwl y byddai Lars yn cael ei ddisgrifio fel mymryn yn fygythiol, ond roedd 'na rywbeth digon meddal am ei wyneb oedd yn gwneud iddo ymddangos yn glên. Doedd hi ddim yn teimlo'n gyfforddus o reidrwydd, ond roedd 'na rywbeth amdano'n ei rhyddhau rhag ei hofnau. Eisteddodd. Edrychodd o'i chwmpas a gobeithio bod neb yn eu gwylio, y syniad bod rhywun arall, boed hwnnw'n ddieithryn neu rywun oedd hi'n nabod, yn ei gweld yn troi ei stumog. Roedd hi mor wirion o bryderus ac yn teimlo fel petai hi'n actio bod yn berson, pob gweithred yn teimlo fel petai wedi ei gorliwio ac yn ffals. Gallai glywed llais Thelma yn ei phen yn dweud bod dêtio yn embarasing i bawb ac i fod yn agored ac yn chdi dy hun, yn hytrach na rhywun oeddat ti'n feddwl oedd y person arall eisiau i chdi fod.

Chwarddodd hithau. 'I couldn't face the Tube and a date all in one evening, I'm afraid.'

'I respect it! So I was a bit early, and I took the liberty of ordering a bottle for us, that's OK, I hope?' holodd Lars. 'I remember we spoke briefly about French red wine so I assumed you drank it. We can order something else though, if you prefer?'

'Oh, no, I love red wine, that's great, thank you,' gwenodd Magw wrth iddo dollti'r gwin i'w gwydr hi. Doedd hi ddim yn siŵr a oedd Dyfed erioed wedi cymryd y *liberty* o ordro potel iddyn nhw. Hi oedd yr un oedd wastad yn meddwl am beth oedd o eisiau, cwrw fel rheol. Roedd 'na esmwythder a hyder distaw yn y ffordd roedd Lars yn cario'i hun ac yn gwthio'r sgwrs a'r noson yn eu blaen. Dyna'r ffordd yr oedd o wedi cynnal ei hun wrth iddyn nhw gyfnewid negeseuon ar yr ap hefyd: gydag esmwythder a hyder distaw oedd wedi lleddfu dipyn ar boenau Magw.

Siaradon nhw mewn manylder am eu gwaith (roedd o'n gweithio ym myd cyllid), eu bywydau yn Yr Iseldiroedd a Gogledd Cymru, y llefydd gorau i fwyta teisen babka yn Llundain, ei chwaer yntau, y ffaith bod gan Magw ddim brodyr na chwiorydd. Synnodd Magw at ba mor hawdd oedd agor i fyny iddo, haenau o'i hunanymwybyddiaeth a'i gorbryder yn disgyn i ffwrdd, fel neidr yn gwared ei chroen. Byddai'n nodi'r holl bethau yn ei phen roedd hi am ddweud wrth Thelma y bore wedyn – am ei ddillad, y ffordd roedd o'n defnyddio ei ddwylo i adrodd stori, ei lygaid yn edrych i fyw ei rhai hithau a'i diarfogi'n llwyr. Y ffordd roedd o'n siarad efo'r staff, ac yn gwrando'n astud ar stori'r weinyddes am win coch oedd yn blasu fel cardfwrdd, rhywbeth nad oeddan nhw'n ei ddeall yn iawn ond fyddai'n sicr o fod yn inside joke mewn 'chydig wythnosau os fysan nhw'n gweld ei gilydd eto, rhyw jôc fysan nhw'n wneud wrth flasu gwin coch bob tro.

'Tell me about your situation then.'

'My situation?' smaliodd Magw wrth edrych i fewn i'w gwydr gwin, y lliw coch yn edrych fel y medrai flasu fel haearn.

Chwarddodd Lars. 'Don't be coy. I mean the situation with your marriage, your husband. You had ENM on your profile.'

'Well, we're non-monogamous. We're trying ethical non-monogamy.'

'Is it a recent decision?'

'Yes, quite recent. We're still... finding our feet.'

'Interesting.'

'And you are... divorced?' mentrodd Magw, y gair yn swnio'n dew yn ei cheg.

'Yes, indeed. Not recent and not still finding my feet,' winciodd arni. Neidiodd ei chalon.

'I'm glad,' meddai Magw gyda thro arall yn ei bol ac edrych tua'r bwrdd, ei bochau'n llosgi. 'Are you also... non-monogamous?'

'No, but I guess I'm quite happy to be in more of a casual situation at the moment. And I couldn't miss the opportunity to match with a beautiful woman like yourself.'

Roedd sylwadau fel hyn yn dod mor hawdd iddo, ddim yn swnio'n cheesy o gwbwl ac yn gwneud i du mewn Magw neidio. Roedd hi'n amser maith ers i Magw deimlo fel ei bod hi'n ddeniadol i bobl eraill. Pam nad oedd o'n ymddwyn fel petai o ddim ar ddêt, fel roedd o fod i wneud? Edrychodd Magw o gwmpas y bar ar nifer o gyplau eraill ar ddêts – rhai'n eistedd yn stiff bob ochr i'r bwrdd i'w gilydd, eraill yn eistedd wrth y bar, pengliniau'n cyffwrdd.

Pasiodd y noson mewn poteli gwin, y sgwrs yn ddiddiwedd. Doedd Magw erioed wedi cyfarfod â dyn fel Lars, mor sicr, mor chwilfrydig, un oedd yn gwneud iddi deimlo'n gartrefol ond yn anghyffordddus ar yr un pryd. Neu efallai ei bod hi wedi cwrdd â dyn fel ef, ond doedd hi erioed yn ei bywyd wedi teimlo'n ganolbwynt sylw dyn fel hyn, fel petai o ddim yn sylwi ar unrhyw beth o'i gwmpas. Daeth y weinyddes â'r daleb gan ddweud eu bod ar fin cau. Talodd yntau, Magw ddim yn siŵr iawn os oedd hynny'n andros o ffeministaidd ohoni ac os fysa gan Lars ddisgwyliadau.

Dêts Thelma a'i ffrindiau eraill oedd ei hunig gyfeiriadau dêtio yn y byd go iawn; y rhan fwyaf yn ddiflas, ambell un pob nawr ac yn y man yn gymhedrol. Un o gwynion mwyaf Thelma am ddynion hetrorywiol a dêtio oedd ei bod hi wastad yn gorfod cynnal y noson a gofyn iddi'i hun a oedd y ddêt yn dda neu oedd hi wedi bod yn dda ar y dêt? *The Female Burden* yn rhywbeth oedd yn treiddio i'r byd dêtio hefyd. Fel hynny'n union oedd dêt gyntaf Magw hefyd. Ond nid fel hyn oedd y noson hon yn teimlo – tybed pam? Sut oedd hi wedi medru llwyddo i lanio rhywun oedd mor andros o *dda*? Ac er nad oedd hi'n credu mewn ffawd, roedd y sêr yn y drefn iawn er mwyn iddi hi a Lars hoffi ei gilydd ar yr ap a chwrdd ar y noson hon mewn bar yng nghanol Llundain. Er na fu Magw'n gyffrous am non-monogamy ers i Dyfed godi'r peth, roedd Lars wedi tanio rhywbeth annisgwyl ynddi – hyder. Ac hyd yn oed os na fysa hi'n ei weld o fyth eto roedd Magw wedi canfod ei bod hi'n *medru* mynd ar ddêts llwyddiannus a bod gorbryder a gorfeddwl ddim yn ei hatal hi rhag ymchwilio yr ochr hon ohoni'i hun.

Tecstiodd Magw Dyfed i ddweud ei bod ar ei ffordd adref. Roedd yntau hefyd.

Cerddodd Lars a Magw allan o'r bar i stryd Soho, yn dal i fod yn fwrlwm am 11 o'r gloch nos.

'Will you be getting an Uber back home?' heriodd Lars wrth iddi roi ei chôt amdani, wedi llwyddo i reoli tymheredd ei chorff hyd rŵan. 'Or can I walk you to the Tube?'

Chwarddodd Magw, 'I suppose I can take the Tube home,' meddai, yr ysfa i ymestyn pob eiliad o'r noson bellach wedi cydio'n dynnach na'r nerfusrwydd gynt. Cerddon nhw tuag at Oxford Circus, rhywbeth hudolus am gerdded efo dyn oedd bron yn ddiarth drwy'r holl firi a'r prysurdeb, gan wybod ei fod yno i'w hamddiffyn petai unrhyw beth yn digwydd iddi. Roedd 'na rywbeth trydanol am fod mor agos i ddyn arall, eu dwylo'n mân gyffwrdd wrth iddyn nhw gerdded yn gyrru ysgytwadau drwy ei chorff. Cyrhaeddon nhw orsaf Oxford Street, mynd lawr y grisiau hefo'i gilydd a ffarwelio wrth gerdded am y Tube – Magw'n mynd i'r gorllewin, Lars i'r dwyrain. Safon nhw o dan y goleuadau llachar yng nghanol y stesion ac edrych ar ei gilydd am y tro cyntaf. Cilwenodd Magw cyn edrych i'r llawr. Camodd yntau yn agosach ati a rhoi un law am ei chanol, cyn codi ei law arall yn araf at ei hwyneb. Defnyddiodd y llaw honno i'w thynnu hi'n agosach ato ac yna plygodd i lawr a rhoi cusan ar ei gwefusau. Cusanon nhw am amser hir, y byd a'r orsaf brysur yn llonyddu o'u cwmpas, eu gwefusau'n archwilio'i gilydd, yn cynnau rhywbeth ym mol Magw. Cyrhaeddodd y trên gorllewinol gyntaf a thorri ar eu traws. 'This is me,' gwenodd Magw a thynnu ei llaw oddi ar wast Lars. 'Thank you for a lovely evening.'

'Thank *you* for a lovely evening,' atebodd yntau.

Chwarddodd y ddau a chofleidio wrth ffarwelio'n ffôl.

Rhedodd Magw at gerbyd y Tube yn gynhyrfus, ei bochau'n llosgi, yn methu atal ei gwên.

Ochr arall i Lundain, roedd Dyfed yn gorffen ei ddêt efo Zoe. Tybed sut oeddan nhwythau wedi cael yn eu blaenau? Mor rhyfedd oedd y syniad bod Dyfed yn eistedd dros ffordd i ferch arall, yn yfed gwin ac yn trafod ei fywyd a'i berthynas ac yn fflyrtio, o bosib. Doedd hi a Dyf ddim yn fflyrtio rhyw lawer y dyddiau hyn; i ddweud gwir doedd hi ddim yn siŵr oedd Dyf y math o ddyn oedd yn fflyrtio hefo unrhyw un. Neu efallai ei fod o jest ddim yn fflyrtio hefo hi.

Un o'r rheolau craidd roeddan nhw wedi cytuno arni wrth arbrofi hefo non-monogamy oedd bod rhaid i'r ddau fynd ar ddêt ar yr un noson neu fyddai'r trefniant ddim yn gweithio. Doeddan nhw ddim i aros dros nos efo rhywun chwaith, oni bai eu bod nhw wedi cytuno o flaen llaw, a doeddan nhw ddim yn rhagweld y byddai hynny fyth yn digwydd – nid sefydlu perthynas na sefyllfa ddomestig arall oeddan nhw'n wneud. Roedd hyn i fod am y secs, i roi jump-start i'w perthynas a'u sex life nhw. Doeddan nhw ddim wedi trafod pa mor hir fydden nhw'n gwneud hyn chwaith ond roedd yr arbrawf i fod i'w helpu nhw i agosáu.

Cytunon nhw i aros am ei gilydd yn yr orsaf Tube er mwyn iddyn nhw allu cerdded adref law yn llaw, yn trafod eu dêts ac yn cymharu profiadau. Roedd Dyfed yn aros amdani ar dop y grisiau, tu allan i'r orsaf. Gwenodd y ddau wrth weld ei gilydd.

'Mae gen ti win coch ar hyd dy wefusau,' meddai Dyf gyda gwên a phlannu cusan arnyn nhw.

Gyda gwefusau Lars arnyn mor ffres, gyrrodd cyffyrddiad Dyfed ryw sioc sydyn drwyddi. Chwarddodd Magw ac mae'n rhaid fod Dyf wedi camddeall pam ei bod hi'n giglo a gafaelodd ynddi a dechrau ei chusanu gyda thafod a mwy o angerdd. Roedd 'na rywbeth lletchwith amdanyn nhw yn sefyll o flaen yr orsaf yn cusanu, ambell un yn cerdded heibio yn chwibanu, dim byd cyfarwydd iddyn nhw am y sefylla roeddan nhw ynddi.

'Awn ni adra?' gofynnodd hi wrth ddod i fyny am aer.

Gwenodd Dyfed a gafael am ei wast wrth gychwyn y siwrnai i'r fflat. Trafodon nhw mewn manylder; sut oedd y ddau wedi cyfarch eu dêts, yr hyn oeddan nhw wedi siarad amdano, y diodydd roeddan nhw wedi yfed, faint oeddan nhw wedi chwerthin. Yn ôl Dyf, roedd Zoe yn aeddfed am ei hoed. Roedd o wedi talu am y cyfan, y ffaith honno'n gwneud iddi deimlo'n llai euog am adael i Lars dalu am bopeth.

Erbyn iddyn nhw gyrraedd gwaelod y stryd, roeddan nhw ar garlam, yn ysu i gyrraedd adref.

'Dwi isho chdi,' sibrydodd Dyfed i wddf Magw ger drws y fflat, y gwres llaith yn codi croen gŵydd ar ei hyd.

'Dwi isho chditha, gymaint,' meddai Magw wrth iddyn nhw gamu i'r fflat. Roedd 'na adrenalin yn y ffaith ei bod wedi cusanu Lars, dyn hollol ddiarth, lai nag awr ynghynt. Roedd y snog yn annisgwyl ac roedd hi wedi ei hegnïo wrth sylweddoli fod Lars eisiau hi. Ei geg yn anghyfarwydd ac yn gynnes, ei law fawr ar ei boch, llaw arall ar ei chanol. Doedd Magw ddim wedi teimlo bod rhywun yn ei ffansïo hi fel'na erioed o'r blaen. A doedd hi ddim yn deall y seicoleg ond roedd o'n gwneud iddi hithau fod eisiau ei gŵr yn y foment honno. Doedd hi ddim yn gwybod a oedd o'n broblem, ond roedd y cyffro roedd hi'n deimlo ddim am fod rhywun eisiau ei gŵr, ond am fod 'na rywun eisiau hi, rhywun yn ei ffansïo hi, rhywun wedi ei chyffwrdd hi. A'r cyffyrddiad mor anghyfarwydd roedd wedi tanio rhywbeth ynddi nad oedd hi'n gwybod oedd yn bodoli.

Trodd Dyfed ati gan wenu a dechrau ei chusanu drosti, ei ddwylo yn gorchuddio ei chorff. Llwybreiddiodd hithau ei dwylo i lawr tua bwcwl ei drywsus a gafael ynddo. Dechreuodd y ddau udo'n ysgafn gyda phleser, ef yn cusanu ei gwddf, cyn codi ei ffrog a theimlo ei ffordd i lawr ei theits. Rhoddodd ei fysedd ynddi a pharhaon nhw i gusanu, rhyw frys yn meddiannu'r ddau ohonyn nhw. Brysion nhw i dynnu eu dillad fel eu bod yn noeth cyn cyrraedd y stafell wely. Gorweddodd Magw ar y gwely ac o fewn eiliadau roedd o'n ei phenetreiddio.

'Magw, o mai god. Dwi isho chdi gymaint. Deud faint ti isho fi.'

'Dwi isho chdi,' atebodd Magw wrth edrych i'w lygaid, ddim yn siŵr iawn faint oedd hi eisiau *o*, ond yn sicr ei bod hi eisiau rhywbeth.

Parhaodd y ddau i ffwcio fel'na am 'chydig funudau, yn

edrych ar ei gilydd, yr holl beth yn teimlo mor amrwd, wrth gyfathrebu heb eiriau. Ac er fod yr hen gyrff yn gwybod beth i'w wneud, roedd 'na rywbeth mor newydd am y cyffyrddiad yma.

'Dwi isho chdi o cefn.'

'Gei di neud be bynnag ti isho i fi,' meddai Magw'n frysiog rhwng pob anadl, rhyw angen ynddi i beidio gorfod edrych arno.

Trodd Dyfed hi ar ei bol a pharhau i'w ffwcio gan afael am ei chanol, y ddau yn symud efo'i gilydd, y rhythm yn eu huno nhw, yn griddfan gyda phleser nes i Magw ddod yn uchel a Dyfed i ddilyn yn sydyn wedyn.

Roedd blynyddoedd ers i Magw a Dyfed gael secs fel hyn; rhywbeth erotig am y ffordd roeddan nhw'n cyffwrdd ei gilydd, brys ac angen yn cymryd drosodd. Doedd Magw ddim yn siŵr oedd hi erioed wedi teimlo fel hyn erioed yn ei bywyd. Doedd hi erioed wedi teimlo fel petai ganddi lais yn eu perthynas rywiol, wastad yr un goddefol. Hyd yn oed ddeuddeg mlynedd yn ddiweddarach, roedd yr ofn o gael ei gwrthod yn ei hatal rhag cychwyn secs, yr ansicrwydd yn dal yn dangos ei ben. Roedd yr ansicrwydd yn ei threchu y rhan fwyaf o'r amser. Doedd hi erioed wedi cysidro'r effaith oedd hyn wedi ei gael ar Dyfed; ei gorbryder hi yn ddifaterwch iddo ef. Am ba hyd oedd Dyfed yn meddwl bod ganddi ddim diddordeb ynddo nac yn eu bywyd carwriaethol? Tybed os oedd pawb arall yn rhoi gymaint o feddwl i'w bywyd rhywiol, yn ei wneud yn rhan actif o'u perthynas, neu oedd o'n rhywbeth oedd jest yn digwydd o dro i dro? Gwyddai ei fod o'n ffordd o gyfathrebu heb siarad, yn ffordd o gysylltu hefo'i gilydd mewn ffordd ddyfnach, o bosibl, felly pam fod rhaid cyflwyno pobl eraill? Doedd Magw erioed wedi meddwl amdano fel ffordd i adnabod *ei hun* yn well, yn ffordd i i wella ei hunanymwybyddiaeth.

Gorweddon nhw ym mreichiau ei gilydd, yn dweud dim – y siarad heb siarad yn bodloni'r ddau am rŵan.

Saith wythnos yn diweddarach, diwedd Mai

Deffrôdd Thelma i neges gan Rob. Roedd hi'n barod yn teimlo'n ddrysylyd yn deffro mewn gwely anghyfarwydd, anghyfforddus. Doedd hi ddim hyd yn oed wedi cael ei choffi boreuol eto a'r neges fel petai wedi rhoi jump-start i'w dydd. Cododd o'r gwely a cherdded i lawr y grisiau yng nghartref Liz, y tŷ roedd hi wedi tyfu fyny yddo. Gadawodd Begw'r ci allan i'r ardd drwy'r drysau patio wrth i'r teciall ferwi. Paratôdd baned iddi hi'i hun a mynd yn ôl i'r gwely. Ffliciodd drwy ei ffôn am 'chydig, fel ei bod hi'n profi ei hun, ac yna aeth yn ôl i'r neges.

06:49
Rob: Hei. Ti'n dod i'r briodas? Angan gwbod y nymbyrs.

Glaniodd yr amlen sgwâr a melyn ar ei stepan drws ym mis Mawrth, dau fis ynghynt. Roedd hi'n noson lawog, Thelma newydd gyrraedd adref o'r gwaith, ac yn ystyried a oedd hi am fynd i ddosbarth pilates neu ddim. Doedd hi ddim yn cael llawer o bost y dyddiau hyn felly roedd yr amlen lachar yn sefyll allan yng nghanol yr holl junkmail. Roedd hi'n drwm hefyd. Manylion ychwanegol wedi'u stwffio fewn: sut i gyrraedd yr Orangery o'r capel, rhestr o westai cyfagos, map wedi'i ddylunio gan artist ifanc roedden nhw wedi ei ffeindio ar Instagram a cherdd am sut ro'n nhw eisiau pres ac nid anrhegion.

Gyda'r neges, cafodd Thelma ei hatgoffa o'r hyn oedd wedi digwydd rhyngddyn nhw dros y Nadolig. Roedd hi a Jon yn Barbados pan dderbyniodd y neges ddiwethaf, ac ar y pryd doedd yr awydd i'w ateb ddim yn andros o gryf. Roedd hi wedi llwyddo i wthio'r sgwrs a'r negeseuon allan o'i meddwl. Ond wrth eistedd yn ei gwely rŵan fedrai Thelma ddim meddwl am unrhyw beth arall. Ei greulondeb, yr apathi, y ffordd roedd o wedi gwneud iddi deimlo, yr ymdrech bathetig i ymddiheuro wedyn. Edrychodd ar ei thudalen negeseuon, gweld y newid rhwng online a typing, a theimlodd rywbeth cysurus y tu fewn iddi, rhyw agosatrwydd telepathig rhwng y ddau ohonyn am eu bod yn edrych ar yr un peth ar yr un pryd. Derbyniodd neges arall ganddo ymhen ychydig, y ddau dic ar ei neges yn troi'n las yn syth.

07:25
Rob: Fysa hi'n grêt dy gael di yna. Chrissy a fi yn gobeithio medri di ddod.

Roedd Thelma wedi darganfod bod gan Rob gariad newydd mewn aduniad coleg flwyddyn ynghynt. Roedd y rhan fwyaf o'u criw coleg wedi llwyddo i'w gwneud hi i Lundain ac yn eistedd mewn tafarn yn Clapham Common, Rob hyd yn oed wedi gwneud y trip i lawr o Ogledd Cymru ac yn aros yn fflat Dyfed a Magw. Roedd 'na gymysgedd o bobl, tipyn o gyfreithwyr oedd ar eu cwrs, llawer iawn yn gweithio mewn swyddi nad oedd Thelma'n ddeall: marchnata, cyllid, busnes. *No babies, no partners* oedd Jon wedi ei ddweud yn y Whatsapp group, fel rhyw ddictator.

Meddwodd pawb yn sydyn, yn hapus i weld ei gilydd – er eu bod wedi cwyno'n ddi-ben-draw yn eu criwiau bach cyn dod. Roedd 'na rywbeth mor hawdd a hwyliog am weld pobl ar ôl cyfnod hir os oeddat ti'n llwyddiannus, llai hwyliog os oeddat ti ddim yn llwyddiannus.

Roedd Thelma'n eistedd wrth ochr Connor, oedd bellach wedi ysgaru â'i wraig, y cyntaf o'r criw i wneud hynny. Entrepreneur oedd o, oedd wedi creu ap ei hun yn ddiweddar, un yr oedd o'n meddwl – na, roedd o'n sicr – fyddai'n newid y system gofal iechyd. Yr ochr arall iddyn nhw oedd Magw a Jon ac roedd Aimee a Chloe yn eistedd dros y ffordd; Rob a Dyfed yn dal fyny hefo rhai o'r dynion eraill pen arall y bwrdd. Rhywsut, gydag uniad Dyfed a Magw, roedd 'na griw damweiniol wedi ffurfio; rhai'n bartneriaid o hyd, y mwyafrif wedi bachu dros y blynyddoedd. Cipiodd Rob a Thelma ambell edrychiad ar hyd y stafell, cilwenu ar ei gilydd, rhyw olwg boenus ar wyneb Rob, fel petai o ddim yn siŵr lle i roi ei hun.

'Magw was telling us that you're on the Partner track,' meddai Connor.

Gwenodd Thelma, 'Hopefully. I'm on track but it's always hard to tell how long these things *actually* take, you know?'

'That's really impressive. Should have asked you to sort out my divorce, shouldn't I?' chwarddodd Connor, yn amlwg yn meddwl mai ef oedd y person mwyaf doniol i gerdded y ddaear.

'You couldn't afford me,' chwarddodd Thelma gyda winc.

Chwarddodd yntau a rhoi gwasgiad i'w braich. Edrychodd ambell un arnyn nhw.

'And you've now set up your own company?' holodd Thelma.

'Yes, it's an app called Eazy Health, that's "easy" with a "Z" though, and basically acts like a doctor to you, so it should really kind of transform the way we use the healthcare system. I'm looking for a few more investors so we can spread all around the world, but we're pretty much set up and we'll be launching soon.'

'Wow, that's also very impressive,' meddai Thelma'n ffugio ei diddordeb. Edrychodd ar wyneb bachgennaidd Connor, rhywbeth mor ifanc amdano o'i gymharu â gweddill yr hogiau.

'You're looking really great by the way, Thelma. Even sexier than usual,' heriodd wrth gymryd swig o'i ddiod. 'Maybe we should, you know?' ychwanegodd gyda winc.

Doedd ganddi fawr o fynadd efo Connor fel rheol, a dim ond yn siarad ag ef am fod 'na rywbeth truenus amdano. Roedd o'n ddeniadol mewn ffordd oedd hefyd yn hyll, wedi colli ei wallt lliw tywod, ei ben yn sgleinio, llygaid brown a stwbl ysgafn. Roedd o'n gwisgo chinos llwydfelyn a siaced farŵn a sgidiau cwch, y wisg yn troi stumog Thelma ac yn gwneud iddi feddwl am ei thad.

Gwenodd Thelma, cymryd swig o'i diod ac edrych i fyny ar Connor cyn rhoi chwerthiniad. Dylai hi roi slap iddo. Dyma'r ffordd oedd Connor yn siarad efo Thelma cyn iddo briodi a rŵan ei fod o wedi ysgaru, roedd yr habit yn amlwg wedi ailgychwyn. Roedd 'na rywbeth am Thelma oedd yn gwadd dynion o bob math i siarad fel hyn efo hi – heb owns o barch.

'I'm just saying, that's what everyone is saying,' ychwanegodd Connor.

'Is it, now?'

'You were always so hung up or involved with Rob at Uni that we didn't get the chance and then obviously I married

Kate. But now we're both free. And I think we owe it to ourselves to do it. Just two hot, sexual people doing the thing we were put on earth to do: shag.'

Chwarddodd Thelma yn uchel dros y lle, nes i bawb ar y bwrdd droi o gwmpas i edrych beth oedd yn mynd ymlaen.

'You are so ridiculous, Connor. Jesus,' atebodd gyda gwên.

Gwelodd Rob yn edrych arni. Mi wnaeth hynny wneud i Thelma deimlo bod 'na bwrpas i siarad efo Connor, felly parhaon nhw gyda'r fflyrtio digywilydd er fod y pwnc a'r person yn ei diflasu. Daeth Rob i sefyll wrth ei hochr ymhen 'chydig a mi aeth Connor i nôl diod i'r ddau ohonyn nhw, gyda gwasgiad ar fraich Thelma a winc amlwg iddi hi a Rob, fel petai'n cymryd rhan mewn defod rywiol ac eisiau i'r gwrywod i gyd wybod mai Thelma oedd o wedi ei dewis.

'Tisho smôc?' gofynnodd Rob.

Nodiodd Thelma. Cerddodd y ddau allan tua'r cefn, y lle wedi ei oleuo gyda goleuadau bychain a'r gwresogyddion oren. Roedd hi'n brysur yno felly safon nhw o flaen ei gilydd, Rob yn erbyn y wal gyda hen boster pelican Guinness arni, ambell boster yn rhybuddio cwsmeriaid rhag bod yn ddigywilydd efo'r staff yno hefyd.

'Ti'm o ddifri am fynd efo Connor, nagwyt?' holodd Rob, ei lais fymryn yn sur.

'Ella mod i. Be sy'n bod arno fo?' heriodd Thelma, ei llygaid yn sgleinio o dan y goleuadau artiffisial.

Camodd yn agosach ato.

'Connor 'dio. Ma'r boi yn idiot, ti'n gwbod hynny. A'r nonsans efo'r ap 'ma. Ffs,' hyffiodd Rob.

'Come on, tydi o ddim mor ddrwg â hynny!' heriodd Thelma wrth gamu'n agosach eto.

''Dio'm mor dal â hynny chwaith. A mae o'n divorced.'

Chwarddodd Thelma. 'Be 'di'r ots os ydi o'n divorced?'

'Jest deud, ti'n haeddu gwell, dwi'n meddwl.'

'Wel be ddylwn i wneud felly?' gofynnodd Thelma, ei braich yn estyn am ei wddf wrth gymryd un cam arall i gau y bwlch rhyngddynt.

'Sori, shit. Fedra i ddim.'

'Pam?' gofynnodd Thelma, yn sobri i'r awyrgylch newydd o'u cwmpas. Adlamodd yn ôl.

'Shit, sori. Dwi'n gweld rhywun. Mae o'n siriys.'

Gyda'r datganiad, dechreuodd y sglein ddiffodd yn araf o lygaid Thelma.

'Be?'

Edrychodd Rob tua'r llawr yn lletchwith a ffidlan efo'i ddwylo. 'Dwi'n gweld rhywun. Chrissy ydi ei henw hi. Ma hi'n dod o ochra Gaer ond ma hi'n siarad Cymraeg.'

Roedd 'na gymaint roedd Thelma eisiau holi amdani, y ferch fyddai'n sicr yn troi'n obsesiwn iddi o'r foment hon. Doedd hi ddim eisiau cymryd arni bod yr wybodaeth wedi ei chynhyrfu ac yn gwneud iddi fod eisiau rhoi slap iddo. Mae'n rhaid fod yna rywbeth mawr yn bod arni, rhyw dueddiadau masocistaidd wedi eu gwreiddio yn ddyfn ynddi ei bod hi'n dal i gynnig cyfleodd i Rob ei thrin hi fel hyn, eisiau hi ac yn fflyrtio un funud ac yn ei chau i lawr yr eiliad nesaf.

'Wel, grêt. Dwi'n hapus drosta chdi,' meddai Thelma wrth anadlu ar ei smôc yn hir. Edrychodd y ddau o'u cwmpas am ennyd, heb ddweud unrhyw beth wrth ei gilydd. Roedd gan Thelma ymwybyddiaeth aciwt o gorff Rob, y ffordd oedd o'n anadlu ei sigarét i fewn ac allan yn ddigon i roi pendro iddi ac roedd yr ymwybyddiaeth hon wastad yn teimlo fymryn yn erotig iddi. Jest y ffaith bod y ddau yn bodoli, ac yn sefyll ochr yn ochr yn ddigon iddi fod eisiau ei ffwcio yn y fan a'r lle.

Gafaelodd Rob ym mraich Thelma a rhwbio ei fawd ar dop ei garddwrn, edrych arni a gwneud iddi deimlo fel petai yntau'n teimlo yr un ffordd. Tybed a oedd o? Doedd hi erioed wedi teimlo bod angen gofyn, rhywbeth cynhenid yn y ddau oedd jest yn deall.

'Sori,' meddai Rob, ond parhaodd i edrych arni a chyffwrdd ei garddwrn.

'Am be?'

'Am ddeud bo Connor yn idiot, a ddim mor dal â hynny.'

Chwarddodd Thelma. 'Wel mae o fymryn o idiot, dydi? A tydi o ddim mor dal â hynny.'

Chwarddodd Rob a chyn iddo fedru ateb, daeth Dyf ac ambell un arall allan i ymuno â nhw. Gollyngodd Rob ynddi a symudodd y sgwrs yn ei blaen i bethau eraill – atgofion am eu hamser yn coleg, os oeddan nhw'n dal mewn cysylltiad ag ambell un arall, prisiau tai yn Llundain, plant. Aeth gweddill y noson heibio fel y disgwyl – mwy o yfed, siots, mwy o hel atgofion, symud ymlaen i far arall, grŵp llai wedyn yn mynd ymlaen i far arall eto fyth i ddawnsio. A rhywsut neu'i gilydd mi wnaeth Thelma a Rob ffeindio eu hunain yn sleifio yn ôl mewn Uber i hen fflat Thelma yn Brixton.

Gadawodd Rob y fflat y bore hwnnw gyda chusan ysgafn ar ei gwefusau, ei lygaid yn boenus. Ac er fod 'na gymaint oedd hi eisiau ei ddweud wrtho, gadawodd iddo fynd heb air pellach a cheisio mynd yn ôl i gysgu.

Yn hwyrach yn y bore, gyrrodd Thelma neges i Connor yn gofyn a oedd o awydd mynd ar ddêt efo hi. Cytunodd yn syth. Roedd 'na ambell un wedi dweud y byddai Thelma'n gwneud ail wraig dda i rywun rhyw ddydd.

A rŵan, dim ond blwyddyn yn ddiweddarach, roedd hi

rhywsut angen dod o hyd i'r cryfder i decstio Rob yn ôl er mwyn gadael iddo wybod os oedd hi am fynychu ei briodas.

/

Sleifiodd llinell denau o olau aur, llachar rhwng y craciau yn y bleinds a deffro Magw. Roedd y golau'n wahanol i'w stafell wely hi, yn fwy gwyn na melyn. Ac roedd y synau'n wahanol; sŵn ceir a chanu corn yn barod, trenau'n gwibio heibio, ambiwlansys ar alwad. Synau a grëwyd gan ddyn, nid y synau natur roedd hi wedi arfer â nhw yn Kensal Rise.

'Shit!' bloeddiodd wrth edrych ar ei ffôn a gweld yr amser. 'Shit, shit, shit!'

'What's up?' holodd Lars wrth gael ei hyrddio'n effro o'i drwmgwsg. 'Is everything OK?'

'No, everything's not OK! It's quarter to seven, Dyfed will be waking now. Fuck!'

Byddai Dyfed, mae'n debyg, yn deffro i wely gwag a fflat wag, ac yn waeth na hynny, yn deffro i'r ffaith bod Magw heb fod yn y gwely hwnnw yn iawn ers y noson iddi gyfarfod Lars. Oedd, roedd hi yno'n gorfforol ond doedd hi ddim *yno*.

'Just tell him you fell asleep, he'll understand,' dywedodd Lars wrth deimlo amdani yn ei wely.

'Oh Lars, I wish it were that simple.'

'This is the trouble with a Thursday night date, you have a few too many bottles of wine and get carried away...' cychwynnodd Lars.

Cododd Magw o'r gwely ac edrych am ei dillad. 'I doubt Dyf will see it that way. We're going back to North Wales this weekend as well. Oh shit, this is such a fuck-up.'

Hyffiodd iddi ei hun a rhwbio ei llygaid. Roedd rheolau

ei chytundeb hi a Dyfed yn golygu nad oedd hi erioed wedi treulio noson gyfan efo Lars o'r blaen; roedd hi'n dal yn rhy fuan i gael sleepovers, yn ôl Dyfed, felly doedd hi erioed wedi cael y pleser o ddeffro ym mreichiau Lars, erioed wedi yfed coffi ar y balconi yn edrych allan ar y ddinas a chychwyn y dydd efo'i gilydd. Gafaelodd Lars ynddi wrthi iddi geisio codi o'r gwely a'i thynnu tuag at ei gorff. Dechreuodd ei chusanu ar ei gwar, ei chorff hithau'n ymateb yn reddfol, ei bol yn tinglo ar ei gyffyrddiad. Roedd o'n ei synnu hi mor hawdd oedd bod yn agos ac agored efo'r dyn 'ma oedd yn ddieithryn llwyr 'chydig fisoedd yn ôl, yr holl beth yn annisgwyl. Doedd hi'm yn gwybod beth oedd y newid mawr ynddi: hunan-gariad? Efallai. Derbyniaeth o bosib? Trodd Magw i'w wynebu a rhoi cusan ar ei wefusau, oedd yn barod mor gyfarwydd iddi.

Oedd hunan-gariad yn golygu llai o gariad tuag at Dyfed neu unrhyw un arall? Oedd yna ddiwedd i'r cariad oeddat ti'n fedru ei roi i bobl, neu oedd o wir yn rhywbeth diddiwedd? I Magw, teimlai fel petai'r holl hunangasineb mewnol yn maniffestio fel cariad allanol at bobl eraill. A doedd hi ddim yn golygu Dyfed neu Thelma yn unig, ond pawb: ei theulu, ei chydweithwyr, ei ffrindiau eraill – pawb yn cymryd oddi wrthi'n ddall a hithau'n parhau i roi a rhoi yn ddall. A phawb dros y blynyddoedd wedi derbyn ei chariad a'i goddefrwydd, nid fod yna unrhyw falais, ond doeddan nhw ddim chwaith erioed wedi ei gwestiynu. Fyddai o ddim yn fuddiol iddyn nhw wneud hynny.

Ac roedd yr holl gwestiynau hyn yn chwyrlïo drwy ben Magw mor aml y dyddiau hyn ac roedd cwmni Lars yn ei thawelu a'i llonyddu. 'I have to leave, he'll kill me.'

'Do you want me to come with you?' heriodd Lars. 'I can back up your story.'

'Ha, I don't think that'll help at all. I'm going to book an Uber.'

Gwisgodd amdani a gadael i Lars gipio cusan ganddi cyn brysio drwy'r drws i gychwyn ei siwrnai'n ôl at ei gŵr. Arwyddion fod y gwanwyn yma'n gadarn: blodau ceirios yn frown ar y palmentydd, awyr las, rhedwyr buan, cerddwyr cŵn a gwyrddni'n dangos ei ben ym mhobman. Edrychodd Magw ar ei ffôn wrth eistedd yn sêt gefn y cerbyd ac addo iddo'i hun y byddai'n ysgrifennu neges i Dyfed. Roedd o wedi gyrru llith o negeseuon iddi'r noson gynt yn gofyn lle'r oedd hi, beth oedd hi'n wneud, tôn y tecsts yn amlwg yn yn mynd yn fwy difynedd wrth iddo sylweddoli nad oedd hi'n ymateb. Dechreuodd deipio'r geiriau. Roedd 'na ddegau o wahanol negeseuon y byddai'n medru gyrru iddo, ond fysa unrhyw un yn gysur i Dyfed? Efallai y byddai'n lleddfu mymryn ar ei hanysmwythder hi ond mi fyddai'r sefyllfa yn union yr un fath. Cyrhaeddodd Magw eu fflat a chymryd anadl fawr cyn camu fewn drwy'r drws.

'Lle uffar ti 'di bod?' gofynnodd Dyfed o'u stafell wely, ei lais yn ceisio ymddangos yn ddi-nod er y gallai Magw synhwyro ei fod yn flin. Roedd o wedi codi'n barod ac wrthi'n gwisgo. Wrth gwrs ei fod o.

Brysiodd Magw tuag ato. 'Dwi mor sori, dwi mor sori, dwi mor sori.'

'Reit.'

'Sori, odd 'yn ffôn i yn 'y mag i ag ar silent a 'nes i ddisgyn i gysgu, o'ddan ni'n siarad a wedyn–'

'O reit,' atebodd a'i lais yn swnio mor anghyfarwydd iddi.

'Nath o jest digwydd, sori–'

'Ma hi'n iawn.'

Sleifiodd Magw ei breichiau o amgylch ei ganol tra oedd o'n

rhoi ei dei amdano. Dechreuodd ddatod ei felt ag agor ei falog efo'r bwriad o wthio ei llaw yn araf i lawr ei focsers, a rhedeg ei llaw i fyny ac i lawr nes oedd o'n galed. Yna roedd hi'n bwriadu disgyn ar ei gliniau a'i gymryd yn ei cheg. Byddai pob rhan o'i cheg yn orlawn, ei bleser o yn lleihau'r anesmwythder yn ei bol. Yna byddai Dyfed yn dod yn ei cheg a bydden nhw'n chwerthin ac yn cofleidio ac yn gafael yn ei gilydd. Yna byddai Magw'n cael cawod cyn gwaith a byddai'n teimlo ychydig bach yn llai siomedig am gael ei dal yn aros efo Lars a byddai hynny'n ffordd o osgoi, neu o leiaf ohirio'r ddadl roedd hi ar fin ei chael efo'i gŵr.

'Dwi'm yn y mood. Rhaid mi fynd i 'ngwaith.'

''Na'i weld chdi'n Euston heno, ia?' meddai Magw wrth roi ei breichiau am ei sgwyddau ond roedd ei chyffyrddiad yn teimlo'n glinigol, ei gorff fel marbl o dan ei dwylo.

'Wel, os na ti'n gweld Lars, ynde?'

'Dyf–'

'Be?'

'Dyfed, damwain oedd hi. Wir 'ŵan. 'Nes i gau fy llygaid am eiliad–'

'Dyna pam fod gynnon ni reolau. Mae hi'n bwysig ein bod ni'n cadw at y rheolau neu–'

'Dwi'n gwbod–'

'Neu tydi hyn jest ddim am weithio. 'Nest di'm meddwl tecstio ne gadal i mi wybod?'

Teimlai Magw fel plentyn oedd yn cael ei dwrdio am gambihafio. Eisteddodd ar y gwely fel petai'n ildio iddo, yn hapus i Dyfed sefyll yn dŵr uwch ei phen a theimlo'n bwerus.

''Neshi wir ddim trio. Sori, dwi'n rili sori.'

Roedd Dyfed yn dal i sefyll o flaen y drych er ei fod o'n

barod rŵan, ei dei yn berffaith syth yn erbyn ei grys, yn methu edrych ar Magw'n iawn.

'Ti'n meddwl bod pethau... dylsa Lars a chdi stopio gweld eich gilydd? Ma hyn yn mynd mlaen ers dipyn rŵan, dydi?'

Teimlodd Magw ei brest yn tynhau a cheisiodd gadw ei hanadlu'n gyson. Roedd y syniad o beidio â gweld Lars eto yn ei digaloni. Rhedodd ei dwylo drwy ei gwallt.

'Wel be am Zoe?' hyffiodd Magw am yr ail waith y bore hwnnw, fel plentyn oedd ddim yn cael ei ffordd ei hun.

'Nath Zoe a fi orffen neithiwr.'

Ystyriodd Magw fod ei dymer yn ddeublyg felly. Ni ddywedodd y naill na'r llall unrhyw beth. Chwaraeodd efo'i bysedd ac edrych i lawr, ei hysgwyddau'n troi am lawr. Caeodd ei llygaid.

'Ti'n gwybod be sy 'nghael i?' gofynnodd Dyfed. 'O'n i'm yn meddwl dy fod di isho ca'l cysylltiad emosiynol efo rhywun arall, o'dda chdi ddim hyd yn oed isho gneud hyn a rŵan–'

'Be?' gofynnodd Magw, er ei bod wedi ei glywed yn hollol glir. Edrychodd i fyny arno.

'Dim,' meddai yntau'n hyfflyd. Roedd o'n ymddwyn fel plentyn.

'Wyt ti'n siriys? Chdi o'dd isho hyn, chdi wnaeth wthio ni i hyn!' atebodd Magw, ei llais yn codi.

Gallai Magw weld ei fod o'n flin, ei ên yn dynn a'i lygaid yn gwrthod cysylltu'n rhy hir. A dim blin cenfigennus oedd o ond gwirioneddol flin. Roedd hi'n synhwyro fod 'na fwy roedd o eisiau ei ddweud wrthi, roedd 'na fwy roedd hithau eisiau ei ddweud hefyd.

'Dwi'n mynd i 'ngwaith rŵan. Wela'i di'n Euston heno.'

Cerddodd Dyfed allan o'r stafell heb edrych arni ac yna clywodd Magw'r drws yn cau yn glep. Anadlodd am y tro cyntaf ers cyrraedd y fflat y bore hwnnw a sylwi mai nid euogrwydd oedd hi'n ei deimlo ond panig ei bod hi am golli'r dyn doedd hi ddim yn briod iddo.

Diwrnod yn ddiweddarach

Tair gwaith y flwyddyn oedd Thelma yn teithio yn ôl adref, a hynny am ei bod hi'n teimlo dyletswydd i wneud hynny. Dyletswydd a phwysau ac euogrwydd yn maniffestio yn anesmwyth ac yn ei gorfodi i ddod adref i dreulio amser efo'i nain, yr un oedd wedi ei magu. Byddai'n gwneud y siwrnai pob Nadolig (fedrai hi ddim meddwl am Liz ar ei phen ei hun), un o wyliau banc fis Mai a rhyw dro yn ystod yr haf. Y teimlad fyddai'n treiddio drwyddi fwyaf pan oedd hi adref oedd anesmwythder. Rhyw deimlad bod pawb i fewn ar gyfrinach nad oedd hi'n rhan ohoni; pawb wedi eu rhaglennu i deimlo rhyw ffordd, a hithau heb. Roedd hi wedi teimlo hyn erioed, weithiau fyddai hi'n meddwl ei bod hi'n mwynhau'r teimlad.

Roedd hi'n fore Sadwrn anarferol braf ym Mhen Llŷn a Magw a Thelma wedi dod i'w hoff draeth, fel oeddan nhw wastad yn wneud pan oedden nhw adref, beth bynnag fo'r tywydd. Dyma un o'r unig lefydd roedd Thelma wir yn ei garu ym Mhen Llŷn; y tywod o dan ei thraed, y gwynt yn lluwchio drwy ei gwallt a'r ogla hallt yn llenwi ei ffroenau. Gorweddon nhw ar flanced fawr, tywod yn casglu rhwng eu bodiau a'r haul yn pelydru ar eu gwynebau, y ddwy yn eu dillad nofio ond ddim yn ddigon dewr i fynd i'r môr eto.

Roeddan nhw wedi gorfod brwydro heidiau o bobl eraill i gael lle wrth y creigiau ar y pen pellaf, eu hoff le ar y traeth. Holodd Thelma sut oedd pethau'n mynd efo'r non-monogamy ac eglurodd Magw yr hyn oedd wedi digwydd y diwrnod cynt a'r ffaith bod y siwrnai adref yn annioddefol, ond dim byd nad oedd hi wedi arfer ag o dros y misoedd diwethaf.

Ymbalfalodd Magw yn ei bag am fwy o eli haul, ei wasgu o'r botel a'i rwbio ar ei gwyneb a'i breichiau.

''Di hi ddim i fod mor boeth â hyn fis Mai,' hyffiodd. ''Dio'm yn naturiol, sti.'

Chwarddodd Thelma. 'Tydw i'm yn cwyno, 'de. Welish i Bleddyn gynna, o'dd o reit sheepish. Fawr i ddweud ar ôl Dolig.'

'Wel diolch byth,' meddai Magw, ei meddwl yn rhywle arall.

'Dwi rioed 'di perthyn i fama, sti.' Edrychodd Thelma allan tua'r môr a ffidlan efo'i strap bicini. 'Dim fatha chdi.'

'Be ti'n feddwl?' gofynnodd Magw'n ysgafn, wrth rwbio'r eli haul ar ei choesau. Yna rhoddodd ei sbectols haul ymlaen.

'Dwi'm yn gwbod. Fatha bod y lle 'ma wastad 'di rejectio fi,' dywedodd Thelma, ei thôn yn ysgafn, bron yn brin o unrhyw emosiwn.

Ystyriodd Magw, ei llygaid wedi cau o dan ei sbectols a'i gwyneb yn wynebu'r haul, brychni ysgafn yn ymddangos o'r newydd. 'Rhyfadd, 'chos dwi'n meddwl na chdi sydd wastad wedi rejectio fa'ma.'

Edrychodd Thelma arni, Magw'n dal i wynebu'r haul oedd yn gwneud i'w gwallt ddisgleirio, i'w chroen ymddangos yn goch a seimllyd.

'Dwi rioed 'di meddwl bo chdi'n licio bod yma. Bob tro ti yma, ti'n meddwl am adael. Ti'n cwyno am y bobl yn ddiddiwedd–' cychwynnodd Magw.

'Ia ond ma pawb yn actio fel eu bod nhw 'nghasáu fi beth bynnag–' ceisiodd Thelma dorri ar ei thraws.

'Mae o fatha bo chdi'n chwara riw rôl 'chos ti'n actio fatha bo chdi'n well na pawb. A dwi jest yn gwbod bo chdi ddim y person yna, go iawn.'

'Dwi'm yn sylwi mod i'n gneud hynny,' atebodd Thelma'n deffensif gan godi i bwyso ar ei phenelin a rhedeg ei bysedd drwy'r tywod fel plentyn.

Cododd Magw ar ei heistedd a cheisio ysgafnhau ei geiriau. 'O cym on, paid â bod fel'na. Ma rhaid bo chdi'n ymwybodol. Ti erioed 'di rhoi cyfla i fa'ma. A dwi'n meddwl na dyna pam 'nest di'm dod yn ôl efo Rob. O'dda chdi'n meddwl fod o 'di sgwandro ei gyfla mawr yn Llundain, ond y gwir ydi fod o'n neud yn well na fi a Dyf yn fa'ma. Gwell na chditha mewn lot o ffyrdd. O'dda chdi'n rhy falch i ddod efo fo.'

Edrychodd Thelma yn ôl allan tua'r gorwel, y geiriau wedi ei hitio fel ton enfawr. Roedd yr hyn roedd Magw wedi ei ddweud yn gadarnhad pellach o'r ffordd roedd Thelma yn teimlo amdani ei hun yng nghyd-destun y lle y'i magwyd hi; doedd hi erioed wedi ystyried bod Magw yn meddwl yr un ffordd amdani. Ac mi oedd bywyd Rob llawer cyfoethocach na bywyd Thelma, mewn ffordd. Roedd o'n llwyddiannus a'i fywyd yn llawn cariad. Oedd, roedd ei fywyd yn adlewyrchiad o'r hyn oedd Thelma wedi ei wrthod. Gwisgodd ei sbectols haul a chodi ar ei thraed.

'Dwi'n jest deud ella 'na chdi 'di'r un sy'n rejectio fa'ma,' dywedodd Magw'n ddistawach.

'Dwi'n mynd i'r môr,' meddai Thelma'n sydyn a cherdded i ffwrdd.

Daeth pwl o euogrwydd sydyn dros Magw wrth wylio Thelma. Cododd ymhen ychydig a cherdded tua'r môr. Cyrhaeddodd y man lle roedd Thelma'n sefyll, ei thraed yn y môr.

'Ffoc, mae o'n oer,' chwarddodd Magw.

'Aparyntli ti fod i aclimatisio i'r tymheredd yn araf,' meddai Thelma heb edrych arni.

'Dwi'n meddwl bo ti angan mynd i fewn 'chydig bach mwy,' chwarddodd Magw.

Chwarddodd Thelma hefyd ac edrych arni. 'Sut uffar ma pobol yn gneud wild swimming yn gaeaf pan 'di ddim yn ugain gradd tu allan, dwad?'

'Sori os o'n i'n gas gynna,' meddai Magw.

'Ma hi'n iawn,' cychwynnodd Thelma. Hyffiodd. ''Na'i byth ga'l nhw'n ôl, na'naf?'

'Be?' Edrychai Magw allan ar Ynysoedd Sant Tudwal.

'Yr holl flynyddoedd 'nes i wastio yn casáu'r lle 'ma,' dywedodd Thelma â thristwch yn ei llais.

Crawciodd ambell wylan uwchben, sŵn plant yn sblasho ychydig ymhellach i lawr y traeth.

'Gei di gychwyn gneud i fyny am y peth rŵan,' meddai Magw, yn gafael yn llaw Thelma ac yn ei thynnu, gyda'i holl nerth, wrth iddi redeg mewn i'r môr, yn sgrechian.

/

Y mwyaf oedd Magw'n gweld Lars, y mwyaf byw a lliwgar oedd o yn ei meddwl hi, y ffantaseiddio bron mor dda â'r peth ei hun. Roeddan nhw'n tecstio'n ddiddiwedd, byth yn rhedeg allan o bethau i ddweud. Ymddiheurodd ef am ei bod hi mewn sefyllfa fymryn yn lletchwith efo Dyf, gofynnodd am Ben Llŷn, holodd am Thelma. Roedd gan Magw fwy o ddiddordeb mewn anfon negeseuon ato nag oedd gynni hi mewn unrhyw beth arall.

Byddai ei chalon hi'n gwibio a'i bol yn neidio bob tro byddai enw Lars yn ymddangos ar y sgrin a byddai'n gorfod cwffio'r ysfa i ateb yn syth. Doedd hi erioed wedi teimlo fel hyn, hyd yn oed pan ddechreuodd hi fynd allan efo Dyfed. A doedd hi'n sicr erioed wedi cael y teimlad cyn Dyfed; roedd tecstio hogiau bryd hynny yn boen enfawr iddi, yn sicr ddim yn dod yn naturiol fel oedd o i Thelma. Doedd hogiau ddim yn ei licio hi mor hawdd ag oeddan nhw'n licio Thelma chwaith. Efallai na dyna oedd y broblem.

Dros y blynyddoedd roedd Thelma'n disgrifio hanesion ei choncwests rhywiol a byddai Magw'n gwrando'n astud. Roedd secs yn ffordd i Thelma fynegi ei hun, ond doedd o rioed wedi bod yn andros o bwysig i Magw, neu erioed yn rhywbeth roedd hi'n rhoi llawer o bwyslais arno. Doedd hi erioed wedi ei ddefnyddio fel gêm, neu gysylltu rhyw hefo pŵer fel oedd Thelma yn ei wneud.

Cyn iddi hi a Lars ffwcio, doedd Magw ddim wedi bod efo neb arall ers iddi gysgu efo Dyfed pan oedd hi'n ugain oed. Roedd hi wedi cysgu hefo pum dyn cyn hynny, felly Lars fyddai'r seithfed. Rhif pitw o'i gymharu â phedwar-deg-rhywbeth Thelma, er nad oedd nifer y dynion mae merch yn cysgu hefo nhw yn fewnwelediad i ansawdd y secs nac ansawdd y ferch.

Am y ddwy ddêt gyntaf, doedd 'na ddim ymgais i fynd â phethau'n bellach. Ar ôl swper ar y drydedd dêt, y noson byddan nhw'n cysgu hefo'i gilydd am y tro cyntaf, roedd Lars wedi ei gwadd am nightcap yn ei fflat a derbyniodd Magw'r cynnig gan decstio Dyfed i ddweud y byddai hi adref yn hwyrach na'r disgwyl – oedd hynny'n iawn efo fo? Roedd o wrth ei fodd, yntau'n gobeithio cysgu hefo Zoe. 'Pob lwc' oedd o wedi tecstio.

Teimlodd Magw fymryn yn swil ond roedd ei swildod yn

eilradd i'r chwilfrydedd a'r angen i fod efo Lars yn hirach. Gallai synhwyro mymryn o swildod ynddo yntau hefyd, yn y ffordd doedd o ddim yn edrych arni am fwy na 'chydig eiliadau ar y tro, ei ddwylo'n llaith braidd ac roedd hynny'n gysurus gan ei fod mor hyderus ym mhob sefyllfa arall. Fel petai'r ddau ar yr un dudalen yn union. Doedd secs erioed wedi bod yn rhywbeth roedd hi'n gyffrous amdano, ond roedd 'na rywbeth am Lars. Roedd hi eisiau ei blesio ac roedd hi eisiau iddo ef ei phlesio hi.

Y noson honno, safon nhw wrth yr ynys yn ei gegin fawr agored a chusanu'n nwydus. Roedd 'na dynerwch i'w cyffyrddiadau, eu breichiau'n gafael rownd ei gilydd. Heblaw am y wal frics a'r beams haearn, doedd 'na fawr o gymeriad i'r fflat; neu yn hytrach doedd 'na ddim hoel cymeriad Lars. Roedd yn teimlo fel rhywle dros dro, bachelor pad go iawn, er ei fod yn byw yno ers dwy flynedd rŵan. Doedd 'na ddim llawer o addurniadau, heblaw am ambell i lun ar y wal o hen gychod roedd o wedi eu hwylio rownd y byd efo'i ffrindiau pan oedd o'n fengach. Du neu lwyd oedd y rhan fwyaf o'r dodrefn, a'r unig liw yn dod o ambell blanhigyn oedd wedi eu gwasgaru ar hyd y lle a'r silff lyfrau enfawr oedd yn gorchuddio un o'r waliau. Ond roedd 'na ffenest enfawr a balconi oedd yn edrych allan ar y ddinas oedd yn gwneud i Magw deimlo fel ei bod mewn gwesty moethus, yr olygfa yn ei hatgoffa mor ddibwys oedd hi.

'Shall we go to your bedroom?' gofynnodd Magw wrth ddod i fyny am aer.

'We don't have to,' meddai Lars, er y gallai hi ei deimlo'n galed yn ei herbyn. 'It's not why I brought you here,' chwarddodd.

Chwarddodd Magw, 'Maybe it's why I wanted to come here, though.'

Roedd y tro cyntaf yn araf, y ddau'n archwilio ac yn chwilfrydig; tynnwyd eu dillad yn dow dow er mwyn gallu edrych a chyffwrdd â'i gilydd: pob crych, pob pant, pob craith. Aethon nhw i'r gwely a dechrau'n araf, Lars yn llithro mewn iddi'n hawdd, rhythm yn ffurfio ac yna, rhywsut, digwyddodd y cyfan mor sydyn: ef yn sibrwd yn ei chlust faint roedd o'n ei licio hi, hithau'n cusanu ei ysgwydd a gafael ynddo, eisiau iddo ei llenwi fwy a mwy, yn gynt ac yn gynt, byrbwylledd llwyr yn cymryd drosodd. Daeth Magw gyntaf, mewn sioc ei bod wedi llwyddo i gael orgasm o gwbwl. Ac yna daeth Lars, gan dynnu allan a ffrydio dros ei bol.

'Fuck, fuck.'

Gorweddon nhw yna am 'chydig, eu hanadlu'n arafu, yn dweud dim cyn troi i wynebu ei gilydd. Doedd Magw ddim yn gwbod a ddylai hi ddweud mor dda oedd o'n teimlo. Roedd hi'n sicr eisiau ond yn methu, yn swil unwaith eto.

'I'm on the pill, so next time, you don't need to–'

'Ah yes, sorry about that. I wasn't sure. I should have asked before, sorry. I'll get a towel.'

Doedd Magw ddim wedi gorfod meddwl am y pethau hyn ers amser maith ond doedd 'na ddim lletchwithdod wrth drafod materion corfforol. Ddylai hi wedi gofyn iddo wisgo condom, tybed? Doedd o ddim yn ymddangos fel y math o ddyn fysa ag STI ond beth oedd hi'n wybod? Daeth Lars yn ei ôl i'r stafell gyda thywel. Sychodd Magw ei hun.

'I'm glad you said there's going to be a next time,' gwenodd Lars. Roedd 'na rywbeth ofnadwy o ddiniwed am y foment hon, y ddau mor noeth a bregus.

Gorweddon nhw yn ei wely'n siarad am dipyn ac yna cael secs eto, y tro hyn yn fwy gwyllt, yn fwy swnllyd, Lars yn gofyn os oedd hi'n licio hyn ac yn ei chyffwrdd yn fwy anhywaith ac wedi iddyn nhw orffen, mi orweddon nhw ochr yn ochr yn trafod yr holl beth, yn asesu ac yn dweud beth oeddan nhw'n licio. Roedd Lars mor agored a dynol, yr holl gyfnewid yn teimlo'n aeddfed.

Yr hyn oedd wedi synnu Magw fwyaf oedd cyn lleied oedd hi wedi meddwl am Dyfed. Roedd wedi cysidro y byddai'n lletchwith ac yn teimlo'n euog ond roedd y gwrthwyneb yn wir: teimlodd falchder, cyffro, cysurdeb llwyr. Dechreuon nhw gusanu eto, breichiau un yn gafael yn dynn o amgylch y llall. Yn rhyfedd, doedd secs efo Lars ddim yn rhy annhebyg i secs hefo Dyfed. Yn gorfforol roeddan nhw'n wahanol – roedd Dyfed fymryn yn feddalach a Lars yn naturiol yn fwy cyhyrog a chadarn. Roedd o fymryn yn hŷn hefyd, ei flew yn dechrau britho. Roedd yr iaith yn wahanol, yn amlwg. Ond, nag oedd, doedd y weithred ei hun, ei gusanau a'r ffordd roedd o'n gafael ynddi ddim yn rhy annhebyg. Beth oedd *yn* wahanol oedd y ffaith ei bod wedi llwyddo i wagio ei meddwl yn llwyr a ffocysu ar fwynhau. Roedd wedi llwyddo i gyrraedd heddwch meddyliol pur. Doedd Magw ddim yn hunanymwybodol, doedd hi ddim yn poeni sut oedd ei chorff yn ysgwyd neu'n edrych yn ystod y weithred ac roedd hynny wedi ei synnu. Nag oedd, doedd secs efo Lars ddim yn teimlo'n rhy annhebyg i secs efo Dyfed ond rhywsut roedd yn well. Roedd *hi'n* teimlo'n well. Gadawodd i'r teimladau lifo drwyddi.

Magw oedd y cyntaf i dynnu'n ôl a siarad, 'I should probably get going, it's quite late.'

Fysa hi'n un y bore erbyn iddi weithio'i ffordd adref. Cipiodd Lars gusan ganddi, a gwenu'n ostyngedig, y gwallt rownd ei glustiau yn wlyb gan chwys. Ac er nad oedd Magw yn ei adnabod yn hir roedd hi'n gwybod bod 'na fwy roedd o eisiau ei ddweud wrthi. Efallai am ei bod hithau eisiau dweud mwy wrtho ef, yn desbret i gael gwybod pob manylyn amdano. Eisiau gwybod cynnwys ei holl feddyliau.

Cyrhaeddodd adref mewn Uber ac roedd Dyfed eisioes yn y gwely, yn dal yn effro ac yn aros amdani. Doedd ganddi fawr o awydd, ar ôl ffwcio Lars ddwywaith, ond roedd hi *mor* effro ac yn teimlo fel petai'r aer yn drydanol y byddai'n sicr wedi medru petai Dyfed yn dymuno.

'Sut aeth hi?' gofynnodd, fymryn yn fflat, tybiodd Magw, wrth iddi ddringo i'r gwely.

'Da. *Rili* da,' atebodd Magw wedi cyffroi a phlannu sws enfawr ar wefus ei gŵr. 'O'dd o *mor* dda. Be amdana chdi?'

'Ia, gwych,' meddai wrth droi i ddiffodd y lamp. 'Mai'n hwyr, dydi, 'nawn ni drafod yn iawn fory. Dwi 'di blino.'

Arhosodd Dyfed ar ei ochr, yn wynebu'r wal a theimlodd Magw fel petai wedi gwneud rhywbeth o'i le, rhyw awyrgylch lletchwith rhyngddyn nhw. Pan fyddai'n edrych yn ôl ar y foment hon, byddai Magw'n sicr mai dyma'r crac cyntaf, er fod 'na ddegau o graciau yn bodoli yn barod. Dyma'r foment wnaeth Magw gyfaddef iddi ei hun ei bod wedi mwynhau ffwcio dyn arall yn fwy na'i gŵr.

'Caru chdi,' meddai Dyfed.

'A chdi 'fyd,' atebodd Magw. Caeodd ei llygaid a meddwl am freichiau Lars rownd ei chanol, ei wefusau'n ei chusanu, pwysau ei gorff, a llwyddodd i gysgu. Fel hyn fysa hi'n dygymod dros y misoedd nesaf; ffantaseiddio am Lars a hi, cau ei llygaid a'u dychmygu yn agos.

Gorffennaf

Ag ystyried bod y mwyafrif o westeion y briodas yn dod o Ogledd Cymru, roedd 'na lot fawr o bobl doedd Thelma ddim yn eu nabod. Wrth iddi edrych o'i chwmpas, dechreuodd ddifaru ei phenderfyniad, gan deimlo bod 'na fwy o bobl oedd hi am eu hosgoi – Rob, teulu Rob, Chrissy, Connor – na phobl oedd hi am siarad â nhw. Roedd hi'n difaru gwisgo ei ffrog dynn, oren bellach ac yn teimlo'n yn rhy grand ar gyfer parti noson cynt. Doedd hi ddim fel arfer yn poeni am wisgo dillad dros ben llestri i ddigwyddiadau ond yn y cyd-destun hwn roedd hi'n anghyfforddus, yn teimlo llygaid arni. Roedd hi wedi pendroni am wythnosau cyn derbyn y gwahoddiad: oedd Rob a Chrissy wedi ei gwadd am fod pawb arall o'r criw coleg yn cael gwadd, ond yn gobeithio na fyddai'n dod? Oedd yna fyd lle roedd Chrissy wir eisiau Thelma yn ei phriodas? Oedd yna fyd lle roedd Rob eisiau hi yno go iawn?

Pan gyrhaeddodd Thelma yn gynharach yn y noson roedd Chrissy wedi ei chyfarch a rhoi coflaid fawr, gynnes iddi, y cyffyrddiad yn gwneud i Thelma deimlo mor anghyfforddus gyda Rob yn sefyll wrth ei hochr.

'Ti'n edrach yn ffantastig!' dywedodd Chrissy wrth afael ynddi.

'God, this old thing!' chwarddodd Thelma, ddim yn trio swnio yn gymaint o hurtyn ond yn methu peidio. 'Diolch. Titha yn amlwg yn edrach yn, wel, waw, ti'n edrach yn anhygoel,' meddai wrth lygadu Chrissy fel petai'n ddelw mewn amgueddfa. Roedd unrhyw bŵer oedd Thelma'n deimlo dros Chrissy wedi hen ddiflannu bellach.

'Diolch am ddod, 'dan ni'n edrach mlaen yn ofnadwy at penwsos yma,' parhaodd Chrissy, ei chynhesrwydd ddim yn ffals o gwbl. Dyma'r math o berson oedd hi, y gwrthwyneb i Thelma.

Edrychodd Thelma ar Rob a gwenu. 'Wel, 'na i ddim eich cadw chi, dwi'n siŵr fod gynnoch chi lwyth o bobl i siarad â nhw!'

Yna roedd hi wedi canfod Magw a Dyfed a heb adael eu hochr ers hynny. Roedd y tri yn sefyll efo'i gilydd, fel roeddan nhw wedi ei wneud gannoedd o weithiau o'r blaen. O'u cwmpas mewn cylchoedd eraill roedd 'na griwiau eraill o ffrindiau Rob a Chrissy, dwy garfan o bobl yn sefyll ar wahân am rŵan, yn sicir o fod yn gymysg erbyn diwedd nos yfory. Roedd Rob wedi gwadd 'chydig o'r hen griw coleg ac roedd 'na bobl eraill roeddan nhw'n frith adnabod yn y ffordd roedd y Cymry Cymraeg yn rhyw frith adnabod pawb.

'Sgen ti'm best man duties i fod heno? Be sy'n digwydd fel rheol mewn parti noson cyn y brodas?' gofynnodd Thelma wrth gymryd swig arall o'i diod, meddwdod ddim yn dod yn ddigon sydyn.

'Dim syniad, esgus i ga'l pawb at ei gilydd am wn i. Stretsho'r penwsos allan,' dywedodd Dyfed wrth swigio ei beint ac edrych o'i gwmpas.

'Fel petai priodasau ddim yn ddigon o orchast a strach yn barod. 'Dyn nhw wir meddwl bo ni isho bod yma am noson ychwanegol? Oddo'n deud Rehearsal Dinner ar y gwahoddiad, doedd? Blydi lol American, wir, ' heriodd.

'Thelma, paid â bod mor sarci,' dywedodd Magw yn giglo.

Anwybyddodd Dyfed ei sylwebaeth. Roedd hi'n disgwyl

iddo ddweud rhywbeth yn ôl ond gallai Thelma weld ei fod yn ddiamynedd efo hi.

''Sa'n well i ni fynd i ficsio mae'n siŵr, bysa?' cyhoeddodd Dyfed. 'Dwi am fynd at yr 'ogia.'

Cerddodd i ffwrdd. Ddywedodd Thelma a Magw ddim byd am ennyd, y ddwy'n sganio'r ystafell.

'Oh god, ma Connor yn fanna,' llowciodd Thelma ei diod.

'Mae 'na flwyddyn 'di bod rŵan, yn does?' cyhoeddodd Magw.

'Blwyddyn ers i ni fynd ar ddêt ac iddo fo 'y ngalw i wrth enw ei wraig yn ystod secs, ti'n feddwl? A wedyn crio am y ffaith bod o'n divorcee yn dri-deg-dau?' chwarddodd Thelma wrth gofio.

Roedd y ddêt efo Connor yn ymgais druenus gan Thelma i ddial fymryn ar Rob – y gobaith bod y newyddion am gyrraedd Rob yr unig beth da allai ddod o'r holl beth. Doedd hi ddim angen ei ffwcio ond roedd o yna, ac wedi gwneud iddi feddwl bod y secs am fod y gorau oedd hi am ei gael, ond roedd o'n ofnadwy.

Doedd gan Thelma ddim math o ddiddordeb mewn siarad efo Connor y penwythnos yma chwaith.

'Mae o'n *lot* gwaeth iddo fo,' ceisiodd Magw gysuro'i ffrind.

'Dwi'n meddwl ein bod ni ar yr un bwrdd â fo, sti,' meddai Thelma.

'Rob sy'n bod fymryn yn sbeitlyd, 'swn i'n ddeud,' chwarddodd Magw. 'Fydd y genod eraill a rhei o'r hogia ar yr un bwrdd 'fyd, fydd o'n iawn, sti.'

Doedd Thelma wir ddim yn gwybod sut y byddai'r penwythnos yn iawn o gwbl.

/

Ar ôl swper, sleifiodd Thelma allan o'r Orangery am smygyn yn yr ardd gefn. Roedd hi'n noson lonydd, falmaidd oedd yn gwneud iddi deimlo fel petai hi dramor, yr awyr yn biwslas a'r sêr ond yn dechrau dangos eu hwynebau. Doedd dim angen y goleuadau festoon oedd yn amgylchynu'r tŷ gwydr ymlaen eto, ond roeddan nhw'n creu awyrgylch parti a gallai weld bod pawb tu mewn i'r Orangery yn dechrau meddwi, y ddwy garfan yn dechrau teimlo'n fwy hyderus i gymysgu a gofyn 'Sut wyt ti'n nabod y briodferch, felly?' Roedd ei hen griw coleg i gyd yn sefyll efo'i gilydd yn dal fyny. Amgylchynwyd yr Orangery gan wal fach hanner cylch a thu hwnt i'r wal roedd 'na brifets bychan yn gwahanu gwahanol erddi blodeuog, pob un yn amglychynu pistyll enfawr, marbl, cain efo cherubs ar hyd yr ochrau a dŵr yn ffrydio o geg rhyw dduwies. Teimlai Thelma fod yr holl beth ychydig yn rhy addurniedig a chywrain i'w thast hi, ond gallai ddeall pam y byddai merch heb fawr o chwaeth personol yn dymuno priodi yn y fath le. Roedd 'na gerrig bychan oddi tani, ei heels pigog yn ansicir wrth iddi groesi at y wal.

Roedd 'na lot ar feddwl Thelma, yn gyntaf oll y ffaith bod Orangery yn air mor ymhongar am beth oedd, yn ei hanfod, yn dŷ gwydr crand. Doedd hi ddim wedi gweld yr un oren yn y stafell brydferth. Yn ail, roedd hi'n meddwl am faint oedd diwylliant Americanaidd yn treiddio i'r diwylliant Prydeinig. Sut fod rehearsal dinner, lle roedd disgwyl i bawb wisgo fyny a ffalsio, bwyta cyw iâr mewn white wine sauce a llysiau wedi'u gorgoginio ac yfed Prosecco, yn ychwanegiad diangen i benwythnos oedd yn barod yn hir ac yn lletchwith. Doedd hi'n dal ddim cweit yn medru ffeindio ei lle. Roedd hi'n bechod fod y plus one i briodas ddim yn arferiad oedd hefyd wedi ei fabwysiadu gan America; efallai y byddai cwmni dêt random oddi ar Hinge wedi ysgafnhau ar ei nerfusrwydd. Yn anffodus i Thelma, roedd gan Jon a Simon ddwy briodas yr un penwythnos ac wedi penderfynu bod priodas ar y French Riviera yn swnio fel mwy o hwyl.

Cymerodd ddrag ar ei smôc. Doedd Thelma ddim yn aml yn dychmygu ei phriodas ei hun, ond pan oedd hi ym mhriodasau pobl eraill. Byddai'n mwynhau beirniadu a chymharu efo'i phriodas ddychmygol hi, a sut y byddai hi byth bythoedd yn gwneud i bawb ddod noson ynghynt, byth yn cael smoked salmon blinis na chyw iâr, fysa 'na'r un rhosyn melyn ar gyfyl y lle a byddai hi byth bythoedd yn gwadd Rob heb y bwriad o'i briodi ei hun. Roedd hi'n disgwyl teimlo'n anghyfforddus, ond doedd hi ddim yn disgwyl teimlo mor drist. Tristwch dros y gorffennol ond dros be allai fod hefyd. Doedd Magw, ei bodyguard personol, ddim wedi gadael ei hochr drwy'r nos, yn barod i gamu mewn ar unrhyw sylw neu sgwrs letchwith, ac er bod Thelma mor ddiolchgar o'i gofal, roedd hi angen pum munud ar ei phen ei hun, i feddwl, i fod.

Agorodd y drws a llifodd sŵn y miri i fewn i'r ardd. Sleifiodd rhywun allan fel cadno. Roedd Thelma'n barod i godi a mynd yn ôl i mewn pan sylwodd mai Rob oedd 'na. Mynydd o ddyn, yn dlws yn ei siwt, dim tei heno, ei wallt wedi jelio i'w le fel hogyn bach ar ei ddiwrnod cyntaf yn yr ysgol, y stwbwl a'r dimples yn dal i godi gwên ar wyneb Thelma. Cerddodd at y wal ac eistedd wrth ei hochr heb godi ei ben, bron fel petai o'n trio cuddio pwy oedd o, eu cyrff filimetrau yn unig o'i gilydd. Byddai Thelma'n dychmygu ers talwm, y sbarcs dychmygol, cartŵnaidd uwch eu pennau pan oeddan nhw'n eistedd ochr yn ochr a'u hysgwyddau'n cyffwrdd, ond heno, noson cyn ei briodas, ro'n nhw'n gwybod yn well na chyffwrdd blaen blewyn yn ei gilydd, yr un cyffyrddiad 'na'n blethora cymhleth o wahanol ystyron. Roedd y distawrwydd cyfforddus arferol wedi ei lygru a mymryn o letchwithdod rhyngddyn nhw, ac angen mawr i ddweud rhywbeth, i ddweud gormod. Teimlai Thelma weithiau y gallai hi ddarllen ei feddwl, gan wybod yn iawn sut oedd Rob yn teimlo gydag un edrychiad ar ei osgo, y llinellau rownd ei lygaid neu beth oedd o'n wisgo y diwrnod hwnnw.

O leia doedd 'na ddim angen ffalsio efo'r ffug-gynnwrf a'r ysmaldod priodasol arferol: 'Sut ti'n teimlo?! Barod at fory?!' ayyb. Roedd y ddau'n gwybod bod eu teimladau ddim yn rhai confensiynol a disgwyliedig y noson cyn y briodas, yn enwedig os mai ti oedd y priodfab. Teimlai Thelma ysfa fawr i afael yn ei ysgwyddau a'i ysgwyd a dweud y dylan nhw redeg i ffwrdd efo'i gilydd. Jest jymp i'r car a dreifio oddi yno, i rywle, i ffwrdd wrth y rhosod melyn oedd yn codi pwys arni, y bobl oedd yn gofyn oedd hi'n iawn, y gwynebau oedd yn ei phitïo, yn chwerthin am ei phen neu'n gofyn pam ei bod hi yna, ac i ffwrdd o'r holl rai nad oedd ganddyn nhw ddim syniad pwy oedd hi, ei hanes hi a Rob, y bobl oedd ddim yn deall arwyddocâd y penwythnos 'ma iddi hithau hefyd.

'Noson braf,' blyrtiodd Thelma, gan deimlo'n wirion.

'Ti wir isho siarad am y tywydd?' chwarddodd Rob.

'Yr unig beth sy'n teimlo'n addas, rywsut,' meddai gan chwerthin.

'Ia, ma siŵr.'

'Lwcus, mae'n gaddo twenty three degrees fory 'fyd. 'Sa chi'm yn medru ca'l gwell,' dywedodd gan geisio ysgafnhau'r tensiwn.

'Stopia, plis.' Roedd 'na finiogrwydd yn ei lais oedd yn gwneud iddi deimlo'n euog am rywbeth, ond doedd hi ddim yn gwybod beth.

'Sori.'

'O'ddan ni'n arfar chwerthin ar gypla o'dd yn siarad am y tywydd. A sbia arnon ni rŵan, yr unig beth sgen ti i ddeud wrtha i.'

''Da ni'm yn gwpwl, Rob.' Daeth allan yn fwy tosturiol a chas nag oedd hi wedi ei fwriadu.

'Ti'n gwbod be dwi'n feddwl,' atebodd yntau yr un mor dosturiol ei dôn.

Trodd Rob i edrych ar Thelma am y tro cyntaf yn ystod y sgwrs.

Nodiodd Thelma yn ateb i'w ddatganiad.

'Be ffwc 'di *Orangery*, 'ta?' chwarddodd.

Dechreuodd Rob chwerthin hefyd.

'Tŷ gwydr posh, 'de.'

Pylodd eu chwerthin. Taniodd Thelma smôc arall a chynnig un i Rob.

'Ti'n iawn?' gofynnodd Rob, o ddifri, yn cymryd smôc Thelma o'i llaw, ei rhoi yn ei geg, gan anadlu drag hir mewn un symudiad llyfn. Roedd 'na rywbeth erotig i Thelma am y ffordd roedd ei wefusau'n cyffwrdd hoel ei lipstic ar y sigarét. Cwestiwn a allai gynnig mil o wahanol atebion a throi sgwrs i fil o wahanol gyfeiriadau, yn dibynnu ar dôn llais neu un gair croes i'r disgwyl wrth iddi ateb. Yn lle hynny, anadlodd allan yn araf am yn hir cyn cychwyn.

'Yndw, dwi'n meddwl.' Gorfododd ei hun i wenu.

'Ti'n meddwl?'

'Ti'n gwbod be dwi'n feddwl,' atebodd Thelma gan ddwyn y sigarét yn ei hôl, mewn symudiad yr un mor llyfn.

'Yndw.' Nodiodd ei ben a chrafu ei dalcen. 'Thels, dwi'n sori am Dolig. Mae'r noson 'di bod yn mynd rownd a rownd yn 'y mhen. Dwi'n damio fy hun mod i'n gymaint o gachwr.

Ddylwn i 'di sefyll i fyny drosta chdi. A dwi'm yn gwbod pam neshi ddeud y ffasiwn betha 'chos ma be dwi'n feddwl ohona chdi y gwrthwyneb llwyr i be neshi ddeud a sut o'n i'n ymddwyn. Neshi decstio ond dwi'm yn gweld bai arna chdi am beidio atab.'

Roedd 'na saib arall.

'Diolch,' atebodd Thelma'n ddistaw.

'A dwi'n gwbod mod i'n idiot dros y blynyddoedd–'

'Finna hefyd. 'Dan ni'm angan siarad am hyn 'ŵan, sti.'

Edrychodd y ddau tua'r llawr am ennyd.

'Do'n i'm yn disgwyl i chdi ddod.'

'O'n i'm yn disgwl i chdi 'ngwadd i,' atebodd Thelma bron cyn iddo orffen siarad.

Distawrwydd eto am 'chydig eiliadau.

''Dan ni'n ffrindia eto?' gofynnodd Rob, fymryn yn anobeithiol.

'Yndan, siŵr.'

Gwenodd Rob arni, yn amlwg yn falch o'i chapasiti diddiwedd am faddeuant. A hithau ddim yn siŵr pam ei bod wastad yn maddau iddo, dim ond ei fod yn teimlo'n reddfol rhywsut. Doedd peidio ddim yn opsiwn iddi.

'Sut ti'n teimlo am fory?' gofynnodd Thelma'n ddiragrith.

'O ti'n gwbod...' cychwynnodd ond fedrai o ddim gorffen y frawddeg.

'Mae priodasau jest yn gneud i chdi isho bod efo'r bobl ti'n garu, dydyn,' cyhoeddodd Thelma a chymryd drag hir ar ei smôc. Syllodd yn ei blaen a phwyso ei phen ar ei ysgwydd, gan adael i'r datganiad hongian yn yr aer lleithog. Rhoddodd yntau ei law fawr ar ei chlun a syllu yn ei flaen wrth ddwyn y sigarét yn ôl fel tasai'r holl beth wedi ei goreograffio, yn gwybod bod fawr o angen dweud mwy. Parhaon nhw i eistedd fel'na am funudau, heb symud, heb fath o ots os oedd y byd yn eu gweld.

Doedd Thelma ddim yn gwybod faint o amser oedd wedi pasio pan ofynnodd, 'Ti'n meddwl nawn ni byth... ddim teimlo fel'ma? 'Chos dwi'm yn siŵr be sydd am helpu fi... 'chos ma 'na 'wbath, does? Dwi'm yn dychmygu hyn i gyd, nadw?' Dyma adeg o fregusrwydd prin roedd hi'n ei ddangos iddo a'r gofid yn glir i'w glywed yn ei llais. Roedd hi'n haws bod yn agored pan oeddan nhw ddim yn edrych reit ar ei gilydd.

Gwasgodd Rob yn dynnach ar ei chlun a phwyso ei ben yntau ar ochr ei phen hithau. Doedd yr un yn gwybod os fysan nhw fyth yn cael gwared ar y teimlad 'ma. Pan oeddan nhw yn yr un stafell, doedd llygaid un byth yn bell o lygaid y llall, dau gorff mewn orbit o amgylch y llall, dau fagnet yn trio eu gorau i wrthod y dynfa ond yn methu. Ac unwaith roeddan nhw efo'i gilydd, doeddan nhw ddim yn medru gwahanu. Beth oedd yn mynd i ddigwydd? Fysan nhw jest yn peidio â bodoli ar ôl y briodas? Gallai Thelma osgoi Rob, ei flocio ar y cyfryngau cymdeithasol, symud ymlaen, ond gwyddai y byddai un edrychiad rhyngddyn nhw wastad yn fwy na jest edrychiad, am byth. Oeddan nhw drosodd, ac yn ddim byd i'w gilydd o hyn ymlaen? Roedd y syniad mor estron iddi, yn gwneud iddi deimlo panig dwfn. Beth oedd yn digwydd i'r holl deimladau 'na? I lle roeddan nhw'n mynd?

Trodd Rob i edrych arni. 'Dwi 'di nabod chdi ers dros ddeg mlynadd, Thelma. Ers y noson 'nes i gyfarfod chdi dwi'n teimlo... dwi'n teimlo... nath 'na rywbeth jest, clicio i'w le. Dwi'm yn gwbod. Fatha'n bod ni *fod* i gyfarfod ne rwbath. Ma hynna mor cheesy, dydi? Ond fel'na ma hi wastad wedi bod efo ni, 'de?'

Roedd 'na gymaint o'r nosweithiau ar y dechrau yn teimlo

fel'na i Thelma hefyd, ac roedd atgof o'r noson wnaethon nhw gyfarfod wedi ysgythru ar ei meddwl, fel petai'r ddau wedi medru dweud, hyd yn oed adeg yno, ei fod yn *gychwyn* rhywbeth gan fod 'na ddim posib mai one-off oedd o. Ro'n nhw'n gwybod bod 'na fwy i'w stori nhw. Roedd 'na chwedloniaeth i'r noson. Onid dyna oedd pwrpas rhamant? I fod yn stori darddiad, i fod yn rhywbeth i adrodd wrth eich ffrindiau? I fod yn rhywbeth oedd yn ehangu pob rhan ohonoch chi'ch hun a'ch bywyd, gan gynnwys eich dychymyg a'ch atgofion. Medrai gofio'r teimlad o fod yn ddianadl yn ei gwmni, ei bochau'n llosgi a'r ffaith ei bod hi eisiau ei blesio, eisiau iddo feddwl ei bod hi'n ffraeth, oedd yn wahanol i eisiau rhywun dy ffansïo di.

'Rob–'

'Dwi'n gwbod, dwi'n malu cachu a ddim yn deud y petha 'ma yn y ffordd fwya eloquent–'

'Rob, ma hi noson cyn dy briodas di–'

Eisteddai Thelma yno'n fud, yn ceisio consurio'r geiriau o'i cheg, yn dechrau teimlo'n lletchwith. Pam fod hyn yn teimlo fel ffarwél? Ond roedd Rob ar dân yn methu stopio rŵan ei fod wedi dechrau, o'r diwadd, gwerth blynyddoedd o emosiynau oedd wedi eu ffrwyno yn chwydu allan.

'Dwi'n meddwl mod i 'di stryglo i wbod sut i fod efo chdi, ers bod efo Chrissy, a dwi jest yn teimlo mod i angan ymddiheuro i chdi? Fatha bob tro dwi'n gweld chdi dwi'n teimlo'n euog ne rwbath.'

Doedd Thelma ddim yn gwybod ai teimlo'n euog ar ei rhan hi neu Chrissy oedd o.

''Dio'm yn neud synnwyr–' cychwynnodd Rob a'i gadael i ddychmygu sut oedd y frawddeg yn gorffen.

Roedd 'na eiliadau o ddistawrwydd a phob un synnwyr yn teimlo ar bigau.

'Rob—'

'Si'm raid i chdi ddeud dim byd,' torrodd ar ei thraws cyn iddi gael cyfle i fynd ymhellach.

Gafaelodd Thelma yn ei ddwylo wrth droi ei chorff a symud ei phen fel bod eu talcenni yn pwyso yn erbyn ei gilydd, eu trwynau'n cyffwrdd a'u gwefusau mor agos nes ei bod hi'n sicr eu bod yn cyffwrdd hefyd, eu hanadlu'n fyr, yn llawn dyhead ac yn gymysg. Roedd hi'n sicr fod 'na sbarcs dychmygol uwch eu pennau rŵan, ac yna dyma fo'n chwalu'r distawrwydd, gyda gwasgiad ar ei llaw. Gallai Thelma glywed y miri tu fewn i'r Orangery, gallai weld pobl yn siarad o amgylch y byrddau.

'Dwi'n meddwl ddylat ti fynd adra. O'n i'n meddwl 'swn i'n medru... Fedrai'm teimlo fel'ma yn priodi Chrissy 'chos dwi *yn* 'i charu hi. Ma rhaid i mi briodi hi. Sori. Dwi jest angan i chdi fynd.'

Roedd llygaid Thelma ynghau ond roedd hi'n nodio mewn cytgord ac yn dal i wasgu ei ddwylo. Gollyngodd ei dwylo o'i afael a'u symud at ei bochau i sychu'r dagrau, y ffaith ei bod hi'n crio yn rhoi symboliaeth ac arwyddocâd i'r foment gywilyddus hon.

Roedd o'n dal i wasgu, fel petai hynny fod i olygu rhywbeth hefyd. Ni fyddai Thelma byth yn gwybod a fyddai hi wedi bod yn ddigon cryf i gynnig gadael heb ei brompt o, mwy na thebyg byddai wedi smalio ei bod hi'n iawn ac eistedd yn y briodas yn teimlo fymryn yn drist ac yn anghyffordus. Roedd 'na gymaint roedd hi eisiau dweud yn ôl. Ond yn lle hynny, daeth un gair:

'Iawn.'

/

Roedd Magw tu fewn yr Orangery yn llechu yng nghysgodion y stafell, yn cadw un llygaid ar y ddarpar wraig ac un ar y darpar ŵr tu allan a'i law ar glun ei ffrind. Gallai weld bod y sgwrs yn un ddifrifol, ond gwyddai y gallai sgwrs rhwng Rob a Thelma ogwyddo tuag at fflyrtio a snogio a sleifio i rywle distawach mewn eiliadau nano. Yn y deuddeg mlynedd iddi hi adnabod Rob, yn union yr un faint ag oedd hi'n nabod Dyfed, doedd 'na ddim blwyddyn gyfan wedi mynd heibio lle nad oedd yntau a Thelma wedi cael bachiad o ryw fath neu gyfnod o weld ei gilydd. Pan oeddan nhw yn yr un stafell, roedd 'na rywbeth yn digwydd a doedd Magw na Dyfed na neb yn medru ei stopio, rhyw ffrwydriad cemegol o'u blaenau, sŵn chwerthin a llygaid yn dilyn ei gilydd, cyffyrddiadau slei a sgyrsiau dwys. Roedd Magw wastad wedi teimlo'n genfigennus am y ffordd roeddan nhw, mor nwydus a chnawdol, mor gyfforddus a naturiol yn yr angerdd a'r cariad tuag at ei gilydd, ac mor wahanol i Dyfed a hi. Er roedd pethau'n teimlo'n wahanol yn ddiweddar; nid yn chwantus fel Rob a Thelma ond roedd treialu perthynas agored wedi newid y ddau ohonyn nhw.

Roedd Rob a Thelma'n gwbwl amlwg ar y wal fychan tu allan i'r Orangery, yn glir i bawb yn y briodas eu gweld. Pan welodd hi'r ddau'n eistedd 'na dechreuodd Magw wrido ar eu rhan achos diffyg priodoldeb y sefyllfa. Dros y blynyddoedd, doedd embaras ddim yn rhywbeth oeddan nhw'n ei deimlo yng nghwmni ei gilydd, nac am eu sefyllfa. Un tro ddechreuodd Thelma a Rob snogio reit yng nghanol bar rhyw dafarn, ym mharti pen-blwydd un o'u ffrindiau coleg, eu coesau wedi plethu a'u dwylo'n crwydro o dan eu dillad, heb fod yn ymwybodol o'r syllu a'r gwgu o'u cwmpas. Y bore wedyn roedd rhywun wedi eu tagio nhw mewn llun ar Facebook a'u galw nhw'n 'the randy couple' ond doedd ganddyn nhw ddim ots yn y byd, wnaethon nhw jest chwerthin i geseiliau ei gilydd ar y soffa.

Poen neu rywbeth oedd yn debyg i siom oedd yr emosiwn y gallai Magw weld ar eu hwynebau wrth iddi syllu arnyn nhw rŵan, fel tasai hi'n gwylio opera sebon fyw o'i soffa, yn dyheu am bopcorn, fel bod ganddi rywbeth i'w wneud efo'i dwylo, ac i wybod beth oedd am ddigwydd nesaf. Roedd 'na ran ohoni oedd hefyd yn teimlo'n euog ei bod hi'n busnesu ar foment breifat.

'Be sy'n mynd mlaen yn fanna?' gofynnodd Dyfed wrth gerdded ati hefo gwydriad newydd o Prosecco.

'God, dwi'm yn gwbod. Diolch,' atebodd Magw wrth gymryd y gwydr ganddo. 'O'n i'n meddwl 'u bod nhw am ddechra snogio eiliad 'nôl ond ma petha weld 'di llonyddu rŵan. Ma nhw weld reit siriys. Dwi'n meddwl o'dd Thels yn crio.'

'Ar noson cyn y brodas wir, be nesa?'

'Dyf, paid â bod fel'na.'

'Wel, dwi'm yn gwbod be o'dd hi'n ddisgwl yn dod yma.'

'Wel, pam nath Rob 'i gwadd hi?' pigodd Magw, yn amddiffynnol o'i ffrind, yr angen i'w gwarchod yn gryf.

'Dwi'm yn gwbod, ma hi yn y criw coleg, dydi?'

''Sa well i mi fynd allan yna? O leia ma Chrissy yn fanna'n siarad efo'r bridesmaids. Dwi'm yn gwbod be i neud.'

'Na finna!' chwarddodd Dyfed gan roi ei fraich rownd canol Magw, y penbleth yn galluogi Dyfed a Magw i agosáu a fflyrtio efo'i gilydd yn agored, eu cyrff yn cyffwrdd yn ysgafn.

'Chdi 'di'r Gwas Priodas!' dywedodd Magw, gan ddechrau chwerthin hefyd. 'Ella dylan ni jest gadal nhw. Ella bo hi'n dda bo nhw'n ca'l ryw fath o chat cyn fory...'

'Be, i berswadio hi i beidio codi a deud "I object!" yn yr eglwys?' heriodd Dyfed.

Dechreuodd Magw deimlo'n euog am chwerthin, a thrio cadw ei meddwl ar ddifrifoldeb y sefyllfa ond roedd 'na rywbeth am fod mor agos at ei gilydd yn ei chyffroi yn y foment hon. 'Paid â deud 'wbath fel'na... 'swn i'm yn roid o heibio hi. O'n i'n meddwl 'sa dod i'r brodas, gweld Rob a Chrissy hefo'i gilydd, yn helpu. O'n i'n meddwl 'sa'n helpu hi fod over it.'

'Mags, fydd Rob a Thelma byth over it. Ma pawb yn byd, 'blaw Thelma a Rob yn gwbod bo Thelma in love efo Rob... wel, ella ddim Chrissy,' chwarddodd Dyfed.

Ar ôl eu cyfarfod cyntaf yn Betsey Trottwood yn ugain oed, roedd Magw a Dyfed wedi gweld ei gilydd yn achlysurol wrth i Thelma a Rob agosáu ar nosweithiau allan ond wnaethon nhw ddim dod yn fwy na ffrindiau nes iddyn nhw weld ei gilydd yn yr Eisteddfod dros flwyddyn yn ddiweddarach. Roedd Thelma a Rob yn dawnsio hefo'i gilydd ym Maes B a Magw a Dyfed ac ambell un arall yn eistedd o amgylch y tân. Heriodd Magw Dyfed am fod mewn digwyddiad Cymraeg ac yntau wedi dweud ei fod yn casáu Cymru y tro cyntaf iddyn nhw gyfarfod.

'Oi, neshi'm deud mod i'n casáu Cymru!' meddai yntau'n chwareus. 'God, dwi'm yn cofio be 'nes i ddeud, sti.'

Chwarddodd Magw'n swil. Roedd hi'n cofio pob gair o'r sgwrs.

'Dwi'n cofio chdi'n deud bo chdi wedi arfer gorfod siarad efo ffrindia'r genod o'dd Rob yn fachu,' dywedodd Magw, y cwrw yn amlwg wedi mynd i'w phen neu fysa hi erioed wedi siarad mor agored.

'God, neshi ddeud hynna? Dwi'm hyd yn oed yn cofio, sti.'

Edrychodd y ddau ar y tân, yn lle gorfod edrych ar ei gilydd, rhyw densiwn pleserus yn tyfu rhyngddynt.

'Ti'n meddwl 'sa fo'n weird tasan ni'n mynd efo'n gilydd, os ydi Rob a Thelma efo'i gilydd?' holodd Dyfed.

'Nadw,' meddai Magw wrth edrych tua'r llawr.

Edrychodd yntau arni, gafael yn ei gên a'i chodi tuag ato i roi cusan ar ei gwefusau, yn wlithog gyda disgwyliad, hithau wedi bod yn aros am y foment hon ers bron i flwyddyn.

'Dwi'n meddwl 'sa hi'n medru bod yn sefyllfa aidial i ddeud y gwir,' chwarddodd Dyfed wedi iddyn nhw orffen cusanu.

Ac mi oedd o'n aidial am gyfnod hir a bob tro oedd Thelma a Rob efo'i gilydd, y pedwar yn treulio dyddiau a nosweithiau hefo'i gilydd, y pedwar yn uned. Rhyfedd meddwl rŵan bod y pedwar yn y lle hwn ond fod Rob ar fin priodi Chrissy.

/

Cyn i Magw gael cyfle i ateb Dyfed gwelodd Cadi Tŷ'n Lôn yn cerdded tuag ati. Roedd hi wedi priodi un o ffrindiau ysgol Rob a Dyfed.

'O ffoc,' meddai o dan ei gwynt, yn gwasgu penelin ei gŵr a symud i wneud yn siŵr ei bod hi'n blocio beth bynnag oedd yn digwydd tu allan.

'Fama 'dach chi'n cuddiad!' cyhoeddodd Cadi cyn cychwyn eu holi am eu bywyd a llith o ysmaldod diflas am ei bywyd hithau.

'Mai'n lyfli 'ma, dydi? Syniad neis, 'de? Ca'l pawb yma noson cynt. Neis ca'l esgus i adal y plant adra!'

'Wel, ia.'

'Lora'n gutted bo hi methu dod. Baby number three! Ready to pop! Jadan o'dd hi Dolig smalio yfad efo ni, 'de!' cyhoeddodd yn smyg, fel petai Magw heb weld llun y sgan yn y grŵp chat a bod hyn yn newyddion i Magw.

'Ynde! 'Di hi'm yn gall, wir,' dywedodd Magw'n ddifynadd gan gymryd swig o'i diod. Petai Thelma yno byddai'n rowlio ei llygaid neu wneud rhyw fath o wyneb ond hebddi hi i'w grymuso fedrai Magw ddim gwneud hynny. Gwylltiodd gyda'i hun a gallai deimlo'i hun yn mynd yn fwy diamynedd.

'Chi fy' nesa!' chwarddodd Cadi heb unrhyw fath o gywilydd na gwedduster a theimlodd Magw'i bochau'n gwrido. Wrth gwrs ei bod hi'n naturiol i Cadi feddwl mai babi fyddai nesaf ar restr ddychmygol Magw a Dyfed ond roedd ei thôn yn gwneud i Magw deimlo fel petai hi'n meddwl y dylen nhw fod yn rhieni yn barod. Tagodd Dyfed yn lletchwith.

Doedd Magw ddim yn cofio pryd oedd o wedi digwydd, ond doedd hi ddim wedi meddwl am ei phlentyn dychmygol hi a Dyfed ers talwm. Pryd oedd y tro diwethaf iddyn nhw grybwyll cael babi, tybed? Yn sicr ddim yn ystod y flwyddyn ddiwethaf a doedd 'na ddim gobaith bod hynny am newid yn y dyfodol agos chwaith. Roedd o'n rhywbeth roeddan nhw wedi siarad amdano yn achlysurol dros y blynyddoedd, mewn ffordd basif, yn ei gymryd yn ganiataol – rhywbeth fyddai'n digwydd iddyn nhw yn hytrach na rhywbeth roedd rhaid gweithio tuag ato. Pryd oedd pobl yn penderfynu mai dyma'r amser iawn i gael plant? Oedd angen dod â mwy o blant i fewn i'r byd, tybed? Roedd 'na ormod o bobl ar y ddaear beth bynnag, a'r tymheredd yn codi'n sydyn. Oedd hi'n foesol dod â plant i'r byd i ddelio efo llanast eu cyn-dadau? Roedd hi a Lars yn siarad am blant ei chwaer yn aml, yr heriau oedd yn eu hwynebu – AI, ffasgaeth, y cyfryngau cymdeithasol – ond doedd hi ddim wedi gwawrio ar Magw go wir y byddai'n rhaid iddi hi feddwl am y pethau hyn un diwrnod.

'Ha, ha. Dim ar y funud,' cymrodd Dyfed swig o'i beint a rhoi ei fraich yn dynn o amgylch wast Magw.

Gyda chyffyrddiad Dyfed, teimlodd Magw ysfa boenus bleserus wrth feddwl am Lars. Trodd at Dyfed a chilwenu, yr atgof wedi magu hyder, hyder yn ei gwylltineb. Sibrydodd yn ei glust 'tisho ymarfer rŵan?'

Tagodd Cadi ar ei diod heb wybod lle i edrych a dechrau chwerthin yn afreolus, gan ei gwneud hi'n amlwg fod Magw ddim wedi sibrwd mor ddistaw ag oedd hi wedi ei fwriadu.

'Esgusoda fi, Cadi,' esgusododd Magw ei hun o'r sgwrs. Dilynodd Dyfed toc wedyn gan ymddiheuro a chwerthin yr un pryd.

O fewn dim roedd hi a'i dwylo lawr chinos Dyfed yn y toilet anabl, ac yntau wedi rhwygo ei nicar i lawr, ei fysedd ymhell tu fewn iddi, ei ffrog ar y llawr rownd ei fferau. Trodd Magw i wynebu'r drych a phlygu o'i flaen cyn i Dyfed lithro'i hun tu fewn iddi, y ddau ohonyn nhw'n griddfan gyda phleser a chyffro.

'God, ma'r Cadi 'na'n ddigywilydd–'

'Dwi'm isho siarad am Cadi Ty'n Lôn, Mags,' tuchodd Dyf.

Roedden nhw'n tuchan a Dyfed yn dechrau cyflymu ei hyrddiadau.

'Well gen ti ffwcio fi 'ta Lars?' sibrydodd Dyfed yng nghlust Magw wrth blannu ei hun yn ddyfnach ynddi, ei ddwylo'n gafael yn ei gwddf gyda grip gofalus oedd ddim yn ei brifo.

Roedd gwynt Magw'n anwastad a throdd i ffeindio ceg ei gŵr cyn ateb, 'Lars.'

Tynhaodd Dyfed ei afael ar ei gwddf a gofyn os oedd hi'n siŵr a dechrau mynd yn gynt, sŵn eu croen yn clapio yn erbyn ei gilydd.

Dechreuodd Magw duchan mewn pleser, eu cyrff yn symud mewn undod, ei llaw hi'n ceisio ffeindio'i din neu'i glun i'w deimlo a'i wasgu, ond yn methu ac felly'n gorfod sadio ei hun ar y sinc. Gadawodd sŵn uchel allan, yn rhy uchel i gysidro lle roeddan nhw.

'Ti'n siŵr am hynna?' gofynnodd Dyfed eto a dechrau cusanu ei ffordd lawr ei gwddf a thop ei chefn ac arafu ei hun.

'Paid â rafu, o mai god, paid â rafu,' erfynnodd Magw rhwng ei pheuo.

'Deud pwy sy well gen ti, 'ta,' dywedodd Dyfed gan afael yn ei hips yn dynn a chyflymu ei hyrddiadau.

'Chdi,' atebodd gan rwgnad. 'Chdi, Dyfed. Caria mlaen, dwi am ddod. Plis caria mlaen.'

Plesiodd y geiriau Dyfed, yn amlwg, gan wneud iddo blygu ei hun i lawr ati er mwyn swsian ochr ei hwyneb, ei chlust, ei hyrddiadau'n ddyfn, yn llenwi Magw gyda phleser. Daeth, ac yna daeth Dyfed gydag ochenaid gryg.

Safon nhw yna'n grynedig, bol Magw'n dal i bwyso ar y sinc, eu cyrff lleithog yn un.

'Waw,' meddai Dyfed gan roi sws ar gefn gwddw Magw a defnyddio ei chorff i bwyllo ei hun a rafu ei anadliadau, ei ddwylo'n gwasgu ar ei hysgwyddau'n gadarn. Rhyddhaodd ei hun ac estyn papur toilet i lanhau eu cyrff.

Aeth Magw i eistedd ar y toilet i biso a dweud 'dyma'r ochr llai glamorous o ffwcio mewn toilet,' gan chwerthin. Edrychodd Dyf arni a cherdded ati i roi sws ar ei gwefus.

'Dal yn teimlo reit glamorous i fi,' chwarddodd gan dycio ei grys yn ei ôl i'w drywsus a chau ei felt. 'Ffoc,' dywedodd a gweiddi 'woo!' uchel.

Gwenodd Magw wrth gamu yn ôl i'w hesgidiau a dod tuag

ato i'w helpu efo'i dei a gwenu. Rhoddodd sws ysgafn, braf ar ei wefusau unwaith roedd hi wedi gorffen a rhoi cyffyrddiad ysgafn iddo, rhyw deimlad anesmwyth yn dechrau treiddio drwyddi.

Fedrai hi ddim aros i ddweud wrth Thelma. Chwarddodd y ddau wrth iddyn nhw wynebu'r drych. Ar un llaw roedd 'na deimlad ffôl, penysgafn yn treiddio drwy ei chorff ond y teimlad mwya oedd euogrwydd – am gymaint o bethau. Taclusodd Magw ei gwallt a rhoi haen arall o lipstic ymlaen cyn cerdded o'r toilet efo'i gŵr heb unrhyw fath o gywilydd yn y byd pwy oedd yn eu gweld.

Hanner awr yn diweddarach

Cyrhaeddodd Magw stafell Thelma allan o wynt, a gadael ei hun i mewn gyda chnoc.

Roedd Magw wedi bwcio yr ystafell i Thelma wrth archebu ystafell i Dyfed a hithau, yn gwybod yn ei hisymwybod y basa Thelma yn dewis bod yno ar y dydd.

Roedd Thelma'n eistedd ar y llawr ar waelod y gwely mawr, arwyddion amlwg iddi fod yn crio. Llenwodd ei llygaid â dagrau wrth iddi weld Magw'n plygu lawr ati, rhoi ei breichiau o'i hamgylch a gadael i Thelma grio i ochr ei gwddf. Eisteddon nhw fel'na am 'chydig nes i anadlu Thelma gysoni a'i dagrau leddfu.

'Sbia arna fi, dwi'n pathetic! Dwi'm hyd yn oed yn gwbod pam mod i'n crio. Dwi jest yn teimlo mor embarasd.'

'Be o'dd yn mynd ymlaen allan yn fanna?'

'Ar y wal? O god, o'dd pawb yn gweld?' dywedodd wrth grio. '*Cywilydd*,' sniffiodd.

'Doedd Chrissy ddim,' cynigiodd Magw er ei bod hi ddim yn siŵr, ond roedd hi angen cysuro Thelma a rhwbiodd ei chefn yn gadarn â'i llaw.

Cymerodd Thelma anadl.

'O'dd o'n teimlo fel petai o'n deud bod o'n caru fi.'

'Hm,' meddai Magw.

'God, ma hynna yn swnio mor pathetic.'

'Wel, wyt ti'n garu fo?'

'Dwi'm yn gwbod.'

'Ti mor dda yn mynegi dy hun, efo bob dim. Heblaw am pan ti'n siarad am Rob. Ti erioed wedi medru cyfleu be 'di'r deal efo chi. Dwi'n gwbod ti'n garu fo.'

'Ond dwi'm yn gwbod os na cariad 'dio–'

'Y ffor' 'dach chi pan 'da chi efo'ch gilydd, dwi'n meddwl na cariad 'dio.'

'Mae hynny'n hollol irrelevant rŵan beth bynnag, mae o 'di gofyn i mi adael.'

'God, pam bod o'n dal yn gymaint o dwat? Ma bob dim ar ei delera fo.'

Dechreuodd Magw rwbio braich ei ffrind yn ysgafn.

Ail-lenwodd llygaid Thelma hefo dagrau. Pwysodd yn erbyn ysgwydd Magw, ei dagrau'n blotio fake tan ei ffrind.

'Plis deud bod 'na alcohol yn y stafall 'ma,' meddai Magw wrth edrych o'i chwmpas. Roedd stwff Thelma – ei sythwr gwallt, y dillad oedd hi wedi teithio ynddyn nhw, y ffrog ar gyfer yfory, parau o esgidiau, tyweli gwlyb – wedi eu gwasgaru ar hyd y stafell, y gwely heb ei gyffwrdd eto.

'Oes, 'nes i sweipio dwy botal o Prosecco, ma nhw wrth y gwely. A ma'r mini bar yn llawn. O'n i'n gwbod mod i ddim am allu gadal heno, so, might as well i fi yfad fy hun i KO ddim.'

'That's my girl,' meddai Magw wrth godi a dod â'r ddwy botel yn ôl atyn nhw. Agorodd Magw'r botel, 'pop' y corcyn oedd fel arfer yn ddathliad yn fwy anghynnes heno. Cymerodd y ddwy swig yn syth o'r botel, y stafell yn ysgafnhau. 'A be ffwc 'di rehearsal dinner? 'Dan ni'n American all of a sudden ne 'wbath?' gofynnodd wrth godi i edrych am wydrau.

'Dyna'n *union* dwi 'di bod yn feddwl drw nos! Gymaint o bullshit, 'de.'

Tolltodd Magw'r Prosecco i fewn i ddau wydr dŵr, y stafell yn distewi, yr unig fwrlwm i'w weld yn y bybls.

'Dwi jest yn meddwl bod o 'di hitio fi heno, mod i ddim... god ma'n swnio'n stupid i ddeud. Ond ma hi'n teimlo fel bo ni *rili* 'di darfod. A ma 'di neud fi sylwi–'

Cododd Thelma ar ei thraed i agor y ffenest, tanio smôc ac eistedd ar y silff fechan. Roedd y stafell yn edrych allan ar faes parcio a chwrt wedi ei addurno gyda mwy o flodau a phrifets addurnedig.

Cychwynnodd ffidlan hefo hem ei ffrog. 'O'n i'n meddwl mod i'n iawn... Mod i'n cyrraedd rhyw le o dderbyn ne 'wbath. O'n i'n meddwl bo fi'n....' Cymerodd ddrag o'i smôc. 'Hapus drosto fo?'

Chwythodd Thelma'r mwg allan o'r ffenest ag ochenaid drist. Edrychodd Magw arni yn ei ffrog oren llachar. Dyma'r person oedd wastad yn ganolbwynt y sylw, er da neu ddrwg, yn symud drwy fywyd fel alarch gosgeiddig a phawb arall fel petaen nhw yn nofio o'i chwmpas fel chwiaid cyffredin. Doedd ei gweld mewn gymaint o boen ddim yn gwneud synnwyr rhywsut. Roedd Thelma wastad yn medru dod dros bethau, rhyw allu ganddi i symud heibio pethau heb iddyn nhw gael effaith arni.

'O'n i'n hollol iawn tan i mi weld Chrissy yn y two-piece gwyn 'na, ei fraich o amdani. Ag odd hi mor neis efo fi, sydd jest *mor* boenus. A wedyn ddoth o allan i siarad efo fi a... geshi ryw eiliad o feddwl mor hawdd ydi hi efo ni...' Oedodd ychydig ac anadlu cyn parhau. 'A pa mor unig dwi.'

Edrychodd Magw arni'n synn. Doedd hi erioed wedi meddwl am Thelma fel rhywun unig. Roedd hi'n annibynnol! Roedd hi wastad efo pobl, yn gweithio, yn cymdeithasu, yn gwneud *rhywbeth*. Doedd gan neb fwy o ffrindiau na Thelma.

'Dwi mor ffed up o fod ar ben fy hun yn y petha 'ma, ar ben fy hun yn neud bob dim.'

'Ti byth ar ben dy hun, Thel. Ti–' ceisiodd Magw, ei llygaid yn llawn tosturi.

'Dwi erioed 'di ca'l plus one i briodas. Dwi rioed di byw efo cariad. Dwi rioed 'di ca'l y person 'na sydd jest yna i fi. Dim go iawn, ti'n gwbod?'

Doedd Magw ddim yn medru ateb, geiriau yn ei gadael i lawr a rhyw deimlad tu fewn yn gwneud iddi deimlo ei bod hi wedi gadael ei ffrind i lawr hefyd.

'Dwi'm yn cyrradd adra a medru deud y manylion bach o 'nydd i wrth rywun – y petha sy'n rhy ddibwys i decstio i bobl. A dim jest mod i ar ben fy hun nosweithia'r wythnos, ond jest wir yn teimlo mor unig, fatha tu fewn, mod i jest ar ben fy hun yn llwyr. Doedd hyd yn o'd rhieni fi ddim isho fi,' dywedodd Thelma, ddim yn hunan-dosturiol ond bron fel petai wironeddol eisiau chwerthin ar yr hyn oedd hi'n ei ddweud.

Gorffennodd y smôc yn ddistaw, gan ddweud ymhen ychydig, 'A dwi jest isho teimlo bod 'na rywun yn 'y ngharu fi, ti'n gwbod?'

'O, Thelma. Dw i, a Dyfed, a llwyth o bobl erill yn dy garu di.'

'Ond ma hynny'n wahanol. A dwi ddim yn deud hyn i neud i chdi deimlo'n ddrwg, neu i neud chdi deimlo'n sori drosta fi. Ond ma'n wahanol.'

Ceisiodd Magw feddwl am rywbeth i'w ddweud.

'A 'dio'm yn rhwbath dwi'n meddwl amdano fo'n ddyfn o ddydd i ddydd ond dwi'n deimlo fo heno,' parhaodd Thelma wrth edrych tua'r llawr a chwarae hefo congl blanced oedd yn hongian oddi ar y gwely.

'O, Thelma,' atebodd Magw, yn teimlo dim byd ond tosturi dros ei ffrind ac euogrwydd am beidio medru ateb.

'A dwi'm isho setlo am riwin dwi'm wir isho bod efo fo, dim dyna ydio. Mae jest am y tro cynta erioed, dwi'n teimlo... absenoldeb rwbath yn 'y mywyd i. Fatha bod 'y mywyd i'n llawn ond yn wag ar yr un pryd.'

Gafaelodd Magw ynddi, ac arni awydd i ddweud ei bod hithau'n teimlo'n union yr un fath.

'Dwi jest yn teimlo fatha mod i 'di gneud rwbath yn rong rywsut.'

Roedd 'na ddistawrwydd am 'chydig wrth iddyn nhw swigio'u Prosecco yn ddistaw bach. Oedd Magw erioed wedi gorfod cysidro a oedd hi ar ei phen ei hun yn y byd? Yn ei phen efallai. Roedd hi'n dod o deulu oedd yn ei charu ac mewn perthynas sefydlog efo Dyfed (tan yn ddiweddar). Doedd hyd yn oed rhieni Thelma ddim wedi sticio o gwmpas yn ddigon hir i wneud iddi deimlo'n saff. Doedd Magw erioed wedi meddwl mor freintiedig oedd gwybod, petai popeth yn mynd ar chwâl – efo Dyfed, Thelma, gwaith, ei ffrindiau eraill – y byddai hi'n medru mynd adref at ei rhieni a bydden nhw'n ei gwarchod hi. Roedd 'na eironi yn y ffaith bod gan Thelma yr hyn oedd Magw eisiau: rhyddid, posibilrwydd ar flaen ei bodiau. A bod Thelma eisiau'r hyn oedd gan Magw, rhywbeth nad oedd Magw ei hun yn siŵr ei bod hi bellach eisiau yr hyn oedd ganddi.

'Pam ti heb ddeud hyn yn gynt? Dwi'n casáu bo chdi'n meddwl am dy hun fel'na,' meddai Magw, ddim yn flin ond yn fwy tosturiol. I ddweud gwir, roedd hi'n fwy blin efo'i hun nad oedd hi wedi amgyffred hyn am Thelma. Doedd hi ddim yn meddwl bod hyn yn rhywbeth roedd Thelma'n ei deimlo.

'Dyfed 'di'r person pwysica yn dy fywyd di, yn amlwg...

a weithia dwi jest yn sylwi mod i ddim y person pwysica ym mywyd neb. A 'sa hi'n braf teimlo mod i weithiau.'

Roedd 'na ddistawrwydd am 'chydig wrth i Magw feddwl am ei sefyllfa. Roedd hi'n ffodus, yn sicr. Ond weithiau roedd hi'n amheus.

'Dwi'm yn siŵr os na fi 'di'r person pwysica ym mywyd Dyfed...'

'Wrth gwrs bo chdi. Be fysa fo'n gwneud hebddat ti? Hyd yn oed ar lefal gwbwl ymarferol, chdi ydi'r person pwysica yn ei fywyd o.'

'Dwi wir yn meddwl fysa fo'n iawn hebdda i...'

Gwenodd Thelma a gwasgu pen-glin Magw.

'Fysa fo'm yn gwbod lle fysa'i basport o hebdda chdi.'

'Dwi'm yn gwbod os na Dyfed 'di'r person pwysica yn 'y mywyd i,' sibrydodd Magw.

Gadawodd y ddwy i hynny luwchio drwy'r awyr fel paill yn yr haf, heb ddweud dim wrth ei gilydd. Oedd Thelma'n gwybod, tybed? Oedd angen dweud rhywbeth arall?

'Pam 'nei di'm deud wrth Rob sut ti'n teimlo?' gofynnodd Magw ymhen ychydig.

'Bach yn hwyr noson cyn brodas, yn tydi? A mae o 'di gofyn i mi adal. Mae o 'di gneud hi'n glir be ma o'n feddwl a sut mae o'n teimlo, dydi?'

'Dw i jest ddim yn dallt y ddau ohonach chi! Pam newch chi'm jest bod efo'ch gilydd os 'dach chi'n teimlo fel'ma...?' dywedodd Magw, yn llawn cyffro am y potensial i Thelma fod yn hapus.

''Chos ma hi'n cymyd mwy na sbarcs a cariad i neud i 'wbath weithio. Dwi jest ddim yn siŵr os fysan ni'n medru gneud ein gilydd yn hapus, dim fel'na. A be tasa ni'n ffwcio fo fyny? A be tasa–'

'A be tasa chi'n cymyd y risg ac acshli bod yn hapus?' dywedodd Magw, yn egseitio.

''Di hi'm mor hawdd â hynny, nadi? Mae o adra a dwi'n Llundan. Fedra i'm mynd drw hynna i gyd eto. Ag ella bod y stwff 'na i gyd, priodi, plant, the whole shebang, ella mod i ddim yn cut out ar 'i gyfar o eniwe. Dio'm yn rhedag yn y teulu rili, nadi?'

Chwarddodd Magw'n ysgafn. 'Ti'm fel dy fam. Na dy dad, os 'di hynna'n unrhyw gysur i chdi.'

Cilwenodd Thelma wrth estyn am y botel a'i gwagio i'w gwydrau.

'Ella na Rob ti'n aros amdano fo. Ella na Rob 'di'r un sydd am helpu chdi efo'r stwff 'na?'

'Ti wirioneddol meddwl hynny?'

'Ella bo chi'ch dau wedi bod yn aros am y foment yma. Aros am amsar pan 'da chi jest methu atal y peth amlwg ddim mwy...'

Ystyriodd Thelma yr hyn roedd Magw'n ddweud, yn methu credu bod Magw'n ei hannog hi.

'Fysan ni'm 'di rhoi go arni bellach os fysan ni am wneud? Dos 'na'm gormod 'di digwydd rŵan?'

''Di cariad ddim yn rhyw lightning bolt moment, Thelma. Dwi'm yn gwbod be wyt ti'n ddisgwyl. Mae gen ti a Rob rywbeth, ma pawb yn ei weld o. Hyd yn oed Chrissy, mae'n siŵr. Pam wyt ti'n cwestiynu gymaint? Ti'm yn meddwl y dylsat ti drio? Ti'n haeddu bod yn hapus, sti. A mae Rob yn dy wneud di'n hapus. Pan 'dach chi efo'ch gilydd... y ffor ydach chi!' Roedd lefelau cyffro Magw'n cynyddu'n araf wrth i'r sgwrs fynd yn ei blaen, fel petai'n perswadio ei hun yn fwy na Thelma, ei breichiau'n chwifio yn yr awyr. 'Come on! Pa mor cŵl fysa fo? Chdi yn deud wrth Rob i stopio'r brodas a wedyn yn rhedag ffwr i'r sunset! God fysa hynna mor romantic! A phwerus, y ddynas in control am unwaith yn lle'n bod ni'n gadael i'r dynion wneud yr holl benderfyniadau.'

'Blydi hel, Magw, ers pryd *ti* mor romantic?'

'Ella na mwy ffeminist dwi! A dwi jest yn hapus! A dwi'n egseitid dros y syniad o chdi a Rob, dyna'r oll!'

'Magw, mae o'n priodi fory. 'Dan ni ddim mewn rom-com. Fedra'i ddim jest troi fyny a deud "I object", ne ryw grand gesture yn gofyn iddo 'newis i. Na, ma hyn 'di mynd digon pell. 'Na i ga'l trên adra fory. A 'na i ga'l Deliveroo ac ista ar soffa yn watsiad Pride and Prejudice am y canfed gwaith. A wedyn neith bywyd jest cario mlaen.'

''Di hyn ddim fatha chdi, Thelma! Dim chdi sy'n gorfeddwl! Ti'n berson sy'n *gneud*. Person sy'n actio ar dy deimlada. Chdi 'di'r person sy'n cymyd risgiau a ti'm yn poeni be ma pobl yn feddwl ohona chdi.'

Roedd Magw wedi cynhyrfu, ei llais yn codi gyda phob gair, y botel Prosecco yn chwifio o'i blaen.

Chwarddodd Thelma. 'God, be sy 'di ca'l i fewn i chdi heno, Magw?'

Dechreuodd Magw wrido wrth feddwl amdani hi a Dyfed yn y toilet. 'Dwi jest yn teimlo'n... dwi'm yn gwbod. Yn dda?'

'Chdi a Dyf?'

'Ym, ia,' atebodd Magw. 'Gafon ni eiliad o wallgofrwydd gynna... a ffwcio yn y toilet anabl.'

'O mai ffycing GOD,' dywedodd Thelma'n gegagored. 'Be UFFAR?'

Dechreuodd y ddwy chwerthin wedyn, gan fod y syniad o Magw'n ffwcio mewn toilet anabl mor estron.

''Nei di *plis* ddeud mwy?' dywedodd Thelma wrth agor potel

arall o Brosecco a thollti yn eu gwydrau. 'Dwi wirioneddol jest methu dychmygu hyn.'

Dechreuon nhw chwerthin, yn uchel ac yn afreolus, eu cyrff yn gwingo ar y carped a Magw'n poeni ei bod am bi-pi yn ei thrywsus, y stafell yn teimlo'n ysgafnach yn barod. Ers y diwrnod iddi gwrdd â Magw, doedd Thelma erioed wedi ei gweld mor fywiog wrth siarad am ei sex life a'i gŵr. Roedd fel petai Magw'n dangos lefel arall na wyddai oedd yn bodoli.

'Bach yn unhygenic–'

Chwarddodd y ddwy. 'Duw, 'di secs ddim y peth glana yn y byd beth bynnag, nadi? Dwi'n siŵr ddarllenis i yn rhwla fod y petha afiach am secs yn afiach pan ti'm yn licio'r person ond ma'r petha afiach am secs yn secsi a hot pan ti'n licio'r person.'

'Mi oedd o. O'dd o jest mor anifeilaidd. Fatha bo ni ddim yn meddwl, jest yn gneud.'

Cuddiodd Magw ei hwyneb â'i dwylo a chwerthin.

'Nath o ofyn i fi os o'dd well gen i ffwcio fo na Lars. A wedyn neshi ddechra meddwl am Lars a neshi–'

Sgrechiodd Thelma mewn cyffro, ei hymateb yn ddireolaeth. 'O'dda chdi'n meddwl am Lars pan nest di ddod!'

Cochodd Magw a chuddio'i hwyneb eto, y stafell yn boeth yn sydyn.

'God, ma'n swnio mor ofnadwy pan ti'n ddeud o fel'na.'

'Nadi! Mae o'n *hot* a ti'n amlwg yn mwynhau dy hun. Dwi erioed 'di gweld chdi fel'ma, sti.'

'Dwi'm yn gwbod be sy'n bod arna fi, dwi erioed 'di teimlo fel'ma chwaith. Dwi'n lot mwy agored, yn deud be dwisho a dwi'm yn self-conscious o gwbwl. Dwi'n teimlo 'tha mod i 'di deffro, fod hyn 'di bod yn wake up call. Dim jest i'n priodas ni, ond i fi fy hun hefyd. Dwi jest mor fyw am y tro cynta ers mor hir. Fatha cyn hyn o'n i'n cerdded drwy fywyd, heb rili sylwi be o'n i'n neud. Ac o'dd Dyf a fi jest mor ar wahân. Ydi hynna'n gneud sens?'

'Yndi. Dwi'n gallu weld o, sti.' Gafaelodd Thelma yn ei llaw yn dynn. 'Ma hynna'n wych, Mags. Dwi mor hapus i chdi...'

Edrychodd Magw arni.

'Be? Dwi'n teimlo bod rhwbath ar flaen dy dafod...'

'Nago's...' meddai Thelma.

'Jest deud.'

'Dim byd per say, ond, jest... so, ydach chi am fod mewn open marriage am byth rŵan?

'Oes rhaid i chdi feddwl am y practicalities? Dwi newydd ddeud mod i'n hapus am y tro cynta ers dwn i'm pryd.'

'Ocê,' atebodd Thelma er ei bod hi eisiau dweud mwy. 'Dwi'n hapus bo chdi'n hapus.'

'A finna... God, be 'di'r role reversal 'ma heno, dŵad?' Cododd Magw y botel Prosecco tuag ati a chynnig llwncdestun. 'I fi! Yn ffwcio mewn toilet am y tro cynta yn 'y mywyd!'

'Cheers!' bloeddiodd Thelma wrth dincian ei gwydr ar botel Magw, er bod dim syniad ganddi beth i'w wneud am ei sefyllfa ei hun.

'Ac i chdi... yn crasho prodas Rob Jones?'

Tinciodd eu gwydrau wrth gyffwrdd, y sŵn yn ddyfn a'r ddwy yn dal i chwerthin, eu cyrff yn cyffwrdd a'u llygaid yn sgleinio, posibilrwydd yn dew yn yr aer.

/

Deffrôdd Thelma yn ei ffrog, ei cheg yn sych ac yn fflyffi a Magw wrth ei hymyl yn chwyrnu'n ysgafn yn ei ffrog hithau. Doedd ganddi fawr o gof o fynd i gysgu, y Prosecco a'r poteli gwag o'r mini bar ar wasgar ar hyd y stafell, y ddwy wedi siarad tan yr oriau mân, yn mynd dros bob dim ac yn dadansoddi'r briodas, eu lefelau o feddwdod yn cynyddu wrth i'r noson fynd yn ei blaen. Petai ganddi fynadd mi fysa Thelma'n sticio'i bys yng ngheg Magw, neu ei recordio hi'n chwyrnu fel bod ganddi dystiolaeth y tro nesa byddai hi'n gwadu, ond doedd Thelma ddim yn teimlo fel herio'i ffrind rŵan. Edrychodd ar ei ffôn: 7 o'r gloch. Mae'n siŵr fod Chrissy fyny ers oriau'n gwneud ei cholur a'i gwallt, ei morwynion yn ffysian o'i chwmpas fel plant yn cwffio am sylw athrawes "Na i neud hynna!' ac 'A' i nôl hwnna!' fel petai hynny'n bwysig, fel petai Chrissy'n meddwl am unrhyw un ohonyn nhw heddiw. A wedyn meddyliodd Thelma am beth fyddai Rob yn ei wneud – cysgu siŵr o fod. Neu cael cawod hir, i ddeffro, i glirio'i feddwl ac i geisio sgrwbio pob amheuaeth i ffwrdd. Roedd 'na bedair awr tan y briodas.

Oedd pobl wir yn priodi ac yn meddwl 'Dyma fi, am byth, rŵan'? A beth oedd 'am byth' yn ei olygu? Fysa hi'm yn well i bobl feddwl 'Dyma fi, am ba bynnag hyd mae hyn yn gweithio ac yn fy ngwneud i'n hapus'? Ai dyma pam fod Magw a Dyfed mewn open marriage? Achos eu bod nhw wedi methu â pharhau efo'r ffars mwyach? Roedd priodi'n cael ei weld fel pinacl bywyd, y peth gorau roedd rhywun yn medru wneud, yn gwbwl ddigwestiwn. Ac roedd Thelma wrth ei bodd mewn priodasau fel arfer, ond roedd hi wastad wedi meddwl bod priodi yn ffordd o dicio'r peth nesaf oddi ar restr bywyd.

Sleifiodd Thelma i'r stafell folchi a rhoi'r golau gwyn ymlaen yno. Edrychodd arni ei hun yn y drych. Roedd golwg arni, ei mascara wedi smyjo rownd ei llygaid, gweddillion ei foundation yn sgleinio ar hyd ei bochau, yn sych yn llinellau ei rincyls, yn oren rownd ei llygaid, a'i gwallt angen brwsh drwyddo, y cyrls a'r hairspray'n glymau ac yn ogla smôcs.

Brwsiodd Thelma ei dannedd wrth eistedd ar y toilet. Twtiodd ei hun a newid o'i ffrog i'r jeans a'r top roedd hi wedi teithio fyny ynddyn nhw'r diwrnod cynt, y pengliniau'n baggy a'r top yn drewi o chwys, ar ôl rhedeg dros y bont i'r platfform yng ngorsaf Crewe. Dylai gael cawod, gwyddai hynny, ond doedd hi ddim eisiau gormod o amser i feddwl. Roedd hi eisiau gwneud yr hyn roedd hi'n deimlo.

07:17
Thelma: Nei di gyfarfod fi wrth y fountain plis?

Safai Thelma yno'n llethchwith, yn edrych ar ei ffôn, yn poeni ei fod o ddim am ddod. Ei fod wedi gwneud ei benderfyniad, y penderfyniad call, cywir. Roedd Chrissy'n berson da, yn ddewis saff, byddai'r briodas yn un hapus. Dyna oedd y peth cydwybodol i'w wneud. Ond roedd ei hiraeth a'i hatgofion yn gymysg â chwant bob tro roedd Thelma yng nghwmni Rob.

Ac yna gwelodd o'n cerdded tuag ati ar draws y gerddi, un cam bras ar ôl y llall. Wrth gwrs ei fod yn dod i'w chyfarfod hi. Dyma'r dyn roedd Thelma'n medru dibynnu arno i droi fyny pan oedd hi ei angen o. Roedd o'n ddiysgog yn ei ymroddiad. Bron yn rhwystredig o ymroddedig iddi ar brydiau, yr eiddgarwch wedi codi cywilydd arni dros y blynyddoedd, ond yn y foment hon allai hi deimlo dim byd ond balchder. Teimlai Thelma'n ysgafnach wrth i Rob gerdded tuag ati, pob cam yn gwneud iddi deimlo mor sicr fod yr hyn roedd hi am ei ddweud yn iawn. Nid yn unig yn iawn, ond yn angenrheidiol.

Pa mor aml oedd pobl yn teimlo'r fath sicrwydd, yn teimlo'n ddiogel yng nghwmni'r person oedd yn sefyll o'u blaenau?

Roedd Rob yn gwisgo jeans a hen grys rygbi blêr roedd o'n amlwg wedi eu taflu amdano, ac roedd 'na olwg ddifrifol ar ei wyneb, ei geg yn syth a'r llinell rhwng ei aeliau fel petai wedi ei phaentio ar ei wyneb.

Cyrhaeddodd Rob y man lle roedd hi'n sefyll, yn yr ardd o flaen yr Orangery. Roedden nhw yr ochr arall i'r plas i'r stafelloedd, rhwng y prifets bach o flaen y pistyll, y gwlith yn sychu yng ngwres yr haul. Roedd hi am fod yn ddiwrnod poeth arall. Diwrnod perffaith i'r cwpwl hapus. Edrychodd y cwpwl oedd ddim hyd yn oed yn gwpwl ar ei gilydd, yn dweud dim. Pam oedd hi mor anodd edrych ar y person rwyt ti'n garu a dweud sut wyt ti'n teimlo, i ddweud yr hyn oedd angen ei ddweud? Roedd o'n benbleth hynafol. Pam fod bodau dynol, y pethau clyfra i gerdded y ddaear – i *fod* – yn methu'n glir â bod yn onest efo'i gilydd. Oedd hi'n well dweud yr hyn oedd ar eich meddwl, neu ddweud dim a cicio'ch hun am fethu? Roedd Thelma'n well na Dyfed a Magw; y nhw'n methu dweud yr hyn oeddan nhw'n deimlo wrth ei gilydd. A lle roedd hynny wedi eu glanio? Yn ffwcio mewn toiledau cyhoeddus yn dychmygu ffwcio pobl eraill.

'Big day!' chwarddodd Thelma gan ddifaru agor ei cheg yn syth. 'Sori, dwi'm yn gwbod pam 'nes i ddeud hynna. Dwi'n nyrfys.'

Tuchodd Rob arni'n ddiamynedd. 'Be tisho?'

Edrychodd Thelma arno. 'Pam 'nest di ddod yma?'

'Ach, dwi'm yn gwbod, Thelma.'

Roedd hi wrth ei bodd pan oedd o'n dweud ei henw llawn hi fel'na. Roedd 'na berchnogaeth i sut roedd o'n ei ynganu. Y cariad yn rhywbeth i'w berchnogi a pheidio byth mo'i amau.

'Ti jest... Dwi'm yn gwbod. Ma hi'n anodd deud "na" wrtha chdi weithia,' rhwbiodd Rob ei ben.

''Nest di'm gadal i mi esbonio neithiwr. A dwi'n gwbod bo hi'n fora dy brodas di. A dwi'n gwbod bo 'na ddiawl o olwg arna fi, a dwi'n hungover a dwi heb feddwl llawar am be dwi'n neud yn iawn. A dwi'n gwbod mod i'n hunanol. Dwi'n *rili* hunanol, ond ma raid i mi ddeud hyn 'chos dwi'n poeni fel arall 'na i jest difaru am byth mod i heb.'

'Thel—'

'Plis gad i mi jest deud hyn, plis,' erfynnodd arno, y geiriau'n baglu o'i cheg. 'Dw i'n caru chdi. A dwi... jest isho chdi wbod hynna. Dwisho hynna i fod yn glir, 'chos dwi'm yn gwbod os oedd o'n glir neithiwr.'

Yn y modfeddi rhyngddyn nhw, roedd ei geiriau'n adleisio'n lletchwith. Ai dyma'r geiriau oedd Rob Jones eisiau eu clywed ganddi? Neu oedd hi'n rhy hwyr?

'Ffoc seeeeeeeeecs, Thelma,' gwaeddodd, nid arni hi ond ar y sefyllfa, i'r awyr las ac i'r dŵr oedd yn llifo drwy'r pistyll cain, ei rwystredigaeth yn gyferbyniad i'r byd oedd fel petai'n mynd o gwmpas ei bethau mor hawdd: blodau'n deffro ac yn wynebu'r haul, pryfaid yn sïo yn ddiffwdan, gwenynod yn neidio rhwng y prifets. Yr adar yn eistedd o'u cwmpas, yn canu ac yn clochdar, fel petaen nhw'n trafod beth oedd yn digwydd ymysg y dail.

'Sori, ddylwn i ddim 'di dod 'ma.'

Daeth ysfa enfawr dros Thelma i adael yr ardd, yn poeni iddi fod yn fyrbwyll. Doedd hi ddim yn aml yn poeni am wneud ffŵl ohoni'i hun, yn enwedig o flaen Rob, ond roedd y ffordd roedd o'n edrych arni'n gwneud iddi wingo gymaint nes bod ei thu mewn hi'n troi, fel petai newydd ddweud wrth ddieithryn ei bod hi'n ei garu. Gwyddai ymhen dyddiau, neu fisoedd, y byddai'n difaru petai hi ddim wedi dweud rhywbeth ond ar y funud honno roedd hi'n difaru codi y bore hwnnw a bob dim a ddilynodd. Dim otsh sut fysa'r sgwrs yma'n gorffen, gwyddai Thelma y byddai wastad yn meddwl am y bore hwn ac yn crinjan ar ei heiddgarwch.

'Sori, dwi am fynd rŵan. Plis jest anwybydda be dwi newydd ddeud. Pob lwc heddiw,' ceisiodd stopio'i hun rhag crio, neu farw reit yn y fan a'r lle. Trodd i adael a brasgamu oddi yno, heb edrych yn ôl, ac yn difaru chwarae ei chardiau mor agored. Nid fel hyn oedd hi a Rob wedi llwyddo i gadw beth bynnag oedd rhyngddyn nhw'n fyw ar hyd y blynyddoedd.

'Thelma! Paid â mynd,' gwaeddodd Rob arni.

Dechreuodd redeg ar ei hôl.

'God, Thelma! 'Nei di wrando?' dywedodd gan afael yn ei llaw a'i thynnu tuag ato'n berchnogol, bron yn ymosodol. Edrychodd y naill i fyw llygaid y llall, ei afaeliad yn dynn am ei garddwrn. 'Dilyna fi.'

Dilynodd hi Rob heb ddweud yr un gair, i fewn i'r adeilad, drwy'r fynedfa, i fyny'r grisiau ac i lawr y coridor cul.

'Rob?' ceisiodd Thelma. 'Gollwng fi!'

Arweiniodd Rob y ddau fewn i'w stafell a chloi'r drws ar ei ôl. Roedd ei siwt o flaen y drych, y tei glas yn hongian yn llipa. Trodd Rob ei gorff tuag ati a'i gwthio fel bod ei chefn hi'n pwyso yn erbyn y drws a dechrau ei chusanu yn ffyrnig, ei freichiau'n lapio amdani ac yn gafael yn dynn. Roedd o'n blasu fel hangofyr, cwrw stêl a'i smôcs hi o'r noson flaenorol. Teimlai Thelma mor fodlon yn ei freichiau, yr holl beth mor naturiol â'r haul yn tywynnu a'r adar yn clochdar a holl bryderon y byd fel petaen nhw yn diflannu fesul un. Doedd 'na ddim rhyfeloedd, doedd 'na ddim anghyfiawnder na thlodi, hil-laddiad na thadau absennol tra oedd hi ym mreichiau'r dyn yma. Hi oedd y briodferch tra'i fod yn ei chusanu, un law yn gafael am ei gwyneb a'r llall yn rhedeg drwy ei gwallt. Oedodd eu cusanu, ei ddwylo'n setlo am ei chanol a'i rhai hithau o amgylch ei wddf, y ddau yn edrych i lygaid ei gilydd.

'Be ti'n neud?' Ond roedd Thelma'n gwybod beth oedd yn mynd i ddigwydd nesaf.

Sleifiodd Rob ei ddwylo i lawr at fwcwl ei felt ac edrych i'w llygaid. Digwyddodd y cwbwl yn rhwydd, eu symudiadau'n esmwyth, yn rhan o'u natur, mor hawdd ag anadlu: dadwisgo'i gilydd, gafael yn ei gilydd, edrych ar ei gilydd. Roedd 'na ambell i blyg newydd ar ei gorff, arwyddion eu bod yn mynd yn hŷn, yn eu hatgoffa bod amser wedi mynd heibio ers y tro diwethaf. Ei fysedd aeth tu fewn iddi gyntaf, ei chorff hi'n ymateb yn reddfol i'w gyffyrddiad. Symudodd ei dwylo hithau i lawr ei gorff yntau a'i gymryd yn ei llaw, y ddau yn dal i sefyll a chusanu, cnawd ar gnawd, symudiadau oedd yn gyrru trydan drwy'u cyrff. Cyffyrddiadau fel hyn oedd yn gwneud i bobl deimlo'n fyw.

'Dwisho chdi, Rob. Tu fewn i mi,' dywedodd Thelma a'i wthio i lawr ar y gwely. Eisteddodd ar ei ben, yn cael ei lenwi'n syth, a'u rhythm yn dod i'r fei ar ôl cyfnod segur. Roedd Thelma mor hapus, ei phleser bron yn gwneud iddi fod eisiau crio. Parhaon nhw, yn ddiwyd ac yn ddistawach na fysan nhw wedi licio, rhag ofn i rywun eu clywed, y ddau yn ymwybodol bod hon yn sefyllfa 'chydig yn bryderus.

'Thel, o, Thelma,' sibrydodd wrth ei throi fel ei fod o rŵan ar ei phen hi, yn claddu ei hun ynddi. Aeth â'i ben reit i lawr tua'i chlust a sibrwd, 'Ma hyn yn teimlo mor dda.'

'Ma hyn yn teimlo'n wych, Rob,' dywedodd hithau yn ôl.

'Dwi'n caru chdi,' meddai Rob.

Ac roedd clywed y geiriau'n ddigon i wneud iddi garlamu'n

gynt at orgasm. 'Dwi'n agos, Rob, dwi mor agos. Caria mlaen.'

Doedd yntau ddim yn medru helpu ei hun chwaith, roedd o'n ei anterth yn treiddio'n ddyfnach ac yn ddyfnach i fewn iddi.

'O, Thels, aros amdana i.'

Cyrliodd ei choesau am ei gefn, ac udo gyda phleser. 'O, Rob–'

'Thelma–' sibrydodd eto, i'w gwddf. Gafaelodd yn ei llaw a chlymu ei fysedd yn ei rhai hithau, eu hanadliadau yn bytiog ac yn uno wrth iddyn nhw gyrraedd crescendo.

Gorweddon nhw ynghlwm yn gohirio'r lletchwithdod, y naill eisiau chwalu'r llonyddwch, y llall eisiau datod. Dechreuon nhw gusanu a rhedeg eu dwylo dros gyrff ei gilydd. Doedd o erioed wedi teimlo fel hyn efo dynion eraill i Thelma: yr agosatrwydd yn rhywbeth oedd yn ddieth iddi.

'Be ma hyn yn olygu?' gofynnodd Thelma ar ôl rhai munudau.

Roedd 'na ddistawrwydd wrth i Rob bendroni. Doedd ei law byth wedi gollwng gafael arni, eu cyrff noeth yn dal i gyffwrdd. Teimlai Thelma fel gwrthrych bregus oedd yn berchen iddo; yntau'n dal y pŵer i gyd a hithau'n plygu – neu'n torri – i'w ddymuniadau. Un gwasgiad rhy galed a byddai'n deilchion. Un gair croes ac roedd hi'n sicr y byddai'n crio, yr un mor hawdd ag y byddai wedi crio tra oedd o i fewn ynddi funudau ynghynt. Doedd hi ddim yn siŵr a oedd Rob yn ymwybodol o'r pŵer oedd ganddo drosti; tybed os oedd o'n teimlo yr un fath amdani hi?

'Wyt ti'n caru fi?' gofynnodd iddi yn gwbwl o ddifri.

'Ti'n gwbod mod i.'

'Ydw i?' gofynnodd gan edrych arni'n swil.

Edrychodd hithau arno yntau. 'Ti 'ngharu fi?'

Gwenodd arni. 'Ti'n gwbod mod i.'

Gwenodd Thelma a chau ei llygaid a rhoi ei dwylo dros ei llygaid, yn teimlo mor hunanymwybodol. Gafaelodd Rob yn ei dwylo a'u tynnu oddi ar ei gwyneb ac yna rhoddodd gusan ysgafn ar ei gwefusau.

Ychwanegodd, 'Dwi angen mynd i siarad efo Chrissy. A wedyn fydda'i angen deud wrth Mam a Dad a'r gweddill. A wedyn 'swn i'n licio tasan ni'n mynd i rwla a gneud fawr ddim ond aros yn y gwely.'

Dechreuodd Thelma chwerthin, fel plentyn, wrth glywed y rhan olaf a cheisio blocio anferthedd a chreulondeb y frawddeg gyntaf. Gwyddai fod yr hyn roedd hi'n gorfodi Rob i'w wneud, ei dymuniadau ers iddi gyrraedd y briodas, yn hunanol, yn sbeitlyd ac yn mynd i chwalu bywyd person arall. Person oedd yn berson can gwaith gwell na hi. Ond wrth iddi orwedd yn gafael yn ei law, doedd Thelma ddim yn meddwl y gallai hi fyth eto deimlo y fath hapusrwydd. Gafaelodd yn Rob gerfydd ei wddf a rhoi cusan arall iddo. Roedd hi'n teimlo'n benysgafn.

'Aros yn fa'ma, ddaw 'na neb yma,' dywedodd Rob yn gadarn. 'Wedyn awn ni o'ma.'

'Ti isho fi ddod efo chdi?' gofynnodd, yn teimlo fel petaen nhw'n uned; roedd ei broblemau o yn broblemau iddi hithau. Er bod hyn y gwrthwyneb i broblem; yn ateb, yn ddatrysiad, yn ddathliad. Doedd Thelma erioed wedi teimlo mor sicr mai dyma oedd yr ateb cywir i unrhyw broblem yn ei bywyd. Y bore hwnnw, byddai wedi mynd mor bell â dweud i unrhyw broblem yn y byd.

Pythefnos wedyn, Awst (Sbaen)

Mis Awst o'r diwedd a gwyliau i'r ddwy. Tasgodd yr haul ei wres tanbaid, eu croen yn troi'n euraid a'r brychni'n dotio eu croen. Roedden nhw'n medru clywed tonnau'n torri ar y traeth yn y pellter, ambell i dderyn egsotig yn canu o'r palmwydd, ambell i wylan yn cylchu'n swnllyd. Petai rhywun yn rhoi mwgwd dros eu llygaid a'u gorfodi i ddyfalu lle roeddan nhw, byddai Magw a Thelma wedi medru dweud yn syth eu bod *dramor*; rhywbeth fymryn yn anghyfarwydd yng nghân yr adar, fel petaen nhw'n hapusach eu byd yn yr haul hefyd.

Cerddodd y pool boy tuag atyn nhw efo coctel arall, mor smart yn ei ddillad gwyn. Brysion nhw i orffen eu coctels, gan sugno pob diferyn drwy'r gwelltyn a diolch iddo mewn unsain wrth roi eu gwydrau ger y gwelyau haul.

'Gracias.'

'Iechyd da,' cododd Thelma ar ei heistedd i gymryd swig o'r diod ffres.

'Iechyd,' atebodd Magw wrth godi hefyd, yn gwneud yn siŵr fod ei bol ddim yn hongian yn llipa dros ei bikini bottoms. 'Dwi'n tipsy.'

'A finna. A dwi'n bwriadu aros fel'ma am weddill yr wsos. Ar y sunbed, hogyn ifanc attentive yn dod â coctels i mi.'

'Da iawn. Dyna ti'n haeddu. A finna.'

Gorweddodd y ddwy yn ôl.

Roedd Magw a Thelma'n mwynhau wythnos o wyliau yn flynyddol ers eu hugeiniau cynnar. Yr unig griteria oedd gwesty hefo pwll, traethau cyfagos a'r sicrwydd o haul. Byddai'r wythnos wastad yn cynnwys un neu ddwy noson wyllt, ond byddai'r rhan fwyaf o'u hamser yn cael ei dreulio o flaen neu tu fewn i gorff mawr o ddŵr. Dros y blynyddoedd, roedd y gwestai wedi gwella mewn safon, y clientele eraill wedi heneiddio, fel yr oedden nhw, a llai o sleifio'n ôl am bump y bore heibio'r dderbynfa. O gwmpas y pwll, roedd y mwyafrif yn gyplau gwyn dosbarth canol, yn gorwedd ochr yn ochr, tensiynau a phoendod dydd i ddydd wedi meddalu yn y gwres. Roedd pawb yn edrych yn ysgafnach ac yn ddelach ar wyliau.

Ar eu gwyliau cyntaf, roeddan nhw wedi aros mewn gwesty Club 18–30 gyda chriw o ffrinidau, yn defnyddio eu stafelloedd i gysgu drwy'r dydd, poteli fodca gwag a phacedi Lays wedi hanner eu bwyta ar wasgar ym mhobman. Fysa Thelma fel arfer yn ffwcio o leiaf un dyn ac yn gwneud rhywbeth oedd gweddill y criw yn ei ystyried yn 'scandalous' ar y trip. Bellach doeddan nhw ddim yn gwadd neb arall ac roedd y dynion oedd Thelma'n eu ffwcio neu'n fflyrtio hefo nhw yn cael eu darganfod mewn bariau fymryn yn neisiach. Rhyw ddyluniwr bagiau oedd yn berchen ar gwmni ym Milan oedd y dyn ar y gwyliau dwytha ac roedd o wedi mynd â'r ddwy allan am swper y noson ganlynol, i un o westai mwyaf egsgliwsif y ddinas. Roedd o hefyd wedi gofyn i Thelma hedfan allan i Filan 'chydig wythnosau'n ddiweddarach ond roedd Thelma'n bendant y dylai holiday romance aros yn holiday romance.

Edrychodd Magw ar ei ffôn a'i droi nes fod y wyneb yn wynebu i lawr ar y sunbed, gydag ochenaid.

'Be uffar sy mynd mlaen ar y ffôn 'na, sori? Ti'n watsiad y

sgrin 'na ers oria,' cyhoeddodd Thelma wrth godi ar ei heistedd unwaith eto a thynnu ei sbectols haul.

'Dim byd.'

'Oes, tad, be 'di'r grechwen 'na? A'r egni 'ma?' gofynnodd Thelma wrth gymryd swig arall o'i diod.

'Egni? Be ti feddwl?' gofynnodd Magw.

Ceisiodd Thelma ddwyn ei ffôn.

'Yr *egni* 'ma!'

'Paid, 'dio'm byd!' meddai Magw wrth godi ar ei heistedd a bachu'r ffôn cyn i Thelma gael cyfle.

'Paid â deud clwydda, yr hen bitsh!' chwarddodd Thelma wrth binsho wast ei ffrind yn chwareus.

Chwarddodd Magw a sgrechian ar yr un pryd, ddim yn sylwi ar y gwesteion eraill yn gwingo ac yn edrych draw. 'Iawn, iawn iawn. Os ma *raid* i chdi ga'l gwbod, dwi'n *secstio*,' dywedodd Magw drwy ei dwylo, heb fedru edrych ar ei ffrind.

'O mai god, SECSTIO?' bloeddiodd Thelma, y gair yn swnio mor anghyfarwydd yng ngheg Magw. Doedd hi ddim wedi clywed llawer am sex life Magw dros y blynyddoedd, yn enwedig ar ôl i Dyfed a hi gychwyn mynd efo'i gilydd; Thelma ddim yn holi, Magw byth yn datgelu. Tan nes yn ddiweddar, yr unig bwnc tabŵ yn eu perthynas oedd sex life Magw a Dyfed, arwydd o barch distaw ar ran Thelma. Roedd Magw'n meddwl bod pobl yn stopio siarad am y pethau 'na pan oeddan nhw'n hŷn, ond efallai fod hynny'n gamgymeriad.

'Ti'n ista fama wrth fy ochr i'n SECSTIO?! Secstio Dyfed wyt ti?'

'Sori–' cychwynnodd Magw.

Edrychodd Thelma arni cyn iddi fynd ymhellach. 'Plis paid â deud "sori". Jest deud pwy ti'n secstio.'

Chwarddodd Magw fewn i'w choctel, ei bochau'n llosgi yn yr haul. 'O god, paid! Stopia ddeud secstio 'chos ma pawb yn dallt!'

Doedd Magw ddim yn gwybod pam fod y syniad mor ddoniol iddi, secstio ei gŵr. Doeddan nhw erioed wedi gwneud y fath beth, erioed wedi gyrru nudes i'w gilydd, erioed wedi siarad yn fudur dros decst. Roedd eu negeseuon wastad mor fecanyddol: *ydan ni angen dishwasher tablets? Nei di godi llefrith plis?* Doedd hi rioed wedi meddwl bod angen, ond rŵan roedd hi mewn perthynas non-monogamous yn secstio dyn arall, felly efallai dylan nhw fod wedi gwneud mwy o ymdrech yn y gorffennol.

'O mai god, dim Dyfed ti'n secstio, nage?'

Gwingodd Magw.

'Pardon, pardon, can we have dos more cocktails, por favor?'

Roedd hyn yn newid yn neinameg y berthynas; Magw'r un oedd yn difyrru Thelma hefo'i hanturiaethau sbeisi a Thelma'n gorfod gwrando a chael mwynhad eilradd drwy Magw.

'So, pwy ti'n secstio, 'ta?'

'Wel, ma Lars kind of yn ôl ar y scene. A nathon ni ddechra tecstio ac ati a, wel...'

Edrychodd Thelma arni'n gegagored. Nid newid yn y ddeinameg oedd hyn ond gwrthdroi eu perthynas yn llwyr.

'Ers pryd mae o nôl ar y scene?'

'Dim ers hir...'

'Reit.'

'A wedyn nath o ofyn i mi gadw mewn cysylltiad tra o'n i ffwrdd, so 'nes i yrru llun iddo gynna,' piffiodd Magw. 'Dwi methu credu mod i'n 33 ag yn secstio rhyw ddyn Dutch secsi.'

'O mai god, plis gad imi weld!'

'Na chei, chei di'm gweld!'

'O mai god, pliiiiiis!' plediodd Thelma.

Roedd y ddwy bellach yn rowlio chwerthin ar un sunbed, y pool boy yn cerdded draw hefo dau goctel arall. 'Gracias,' dywedodd y ddwy yn unsain wrth iddo'u rhoi nhw i lawr a chymryd eu gwydrau gwag.

'Wel, be mae o 'di yrru'n ôl i chdi?'

'Dim blydi byd eto,' meddai Magw gan duchan, yn poeni am yr ongl a sut oedd ei brestiau hi'n edrych yn y llun. 'Be os neshi'm neud yn iawn?' gwgodd wrth gymryd llymaid o'i choctel.

'Dos 'na ddim ffor rong o dynnu llun secsi o dy hun. Fydd y dyn wrth ei fodd, siŵr.'

'Ti meddwl?'

'Dwi'n sicir.'

Chwarddodd Magw eto, bron fel nad oedd hi'n medru credu'r hyn roedd hi wedi wneud. Ond roedd Lars wedi deffro rhywbeth ynddi ac wedi annog rhyw esgeulustod oedd yn llechu ynddi cynt. Doedd hi erioed wedi credu y bysa hi, Magw Morgan, y math o ddynas oedd yn secstio dyn heb i'r byd ei llyncu hi'n fyw. Roedd gas ganddi fod y boddhad roedd hi'n ei deimlo a'r esmwythder yn ei chroen ei hun yn treiddio'n uniongyrchol o'r ffaith bod 'na ddyn yn rhoi y math penodol yma o sylw iddi. Pump coctel i fewn ac yng ngwres yr haul, roedd hi'n gwbwl benwan. Roedd hi wastad yn meddwl bod y teimladau nwydus hyn yn peidio unwaith oeddat ti'n priodi neu fynd yn hŷn. Efallai iddyn nhw fod yn gorwedd ynghwsg yn Magw, hyd yn oed ei gŵr wedi methu â'u deffro. Ac roedd 'na gysur yn y ffaith ei bod hi'n dal i deimlo'n rhywiol. Meddyliodd am ei rhieni: oeddan nhw fyth yn teimlo fel hyn?

Faint o bobl oedd yn teimlo chwant drwy gydol eu perthynas, yn llwyddo i gynnal y teimlad hwn dros amser hir? Roedd hi a Dyfed wedi anghofio am y rhan yma o'u perthynas, fel llawer o bobl eraill, mae'n siŵr. Yr eironi oedd mai dyn arall oedd wedi llwyddo i gynnau'r teimladau yma yn Magw unwaith eto.

'Dwi'n... dwi jest... Lars, mae o jest yn neud i mi deimlo...'

Doedd hi ddim yn medru gorffen ei brawddeg ond roedd ei hwyneb hi'n dweud y cyfan. Doedd Thelma erioed wedi ei gweld hi mor fyw.

'Ma'r secs yn dda, felly?' chwarddodd Thelma, y teimlad penwan fel petai wedi lledaenu iddi hi.

'Yndi,' chwarddodd Magw. 'God dwi'n teimlo fel teenager, er neshi rioed deimlo fel'ma pam o'n i acshli yn teenager.'

'So, 'di Dyfed yn gwbod bod Lars nôl ar y scene?' mentrodd Thelma.

Sugnodd Magw ei diod, sŵn y rhew yn gymysg efo aer fel cadeiriau'n cael eu llusgo i rywle.

'I'll take that as a no?'

Distawrwydd eto.

'Wel, 'na i ddim holi os ti'm isho siarad am peth,' chwarddodd Thelma'n ysgafn.

'Y peth ydi, dwi'm isho siarad am ddim byd arall,' gwenodd Magw.

'Dwi rioed 'di gweld chdi fel'ma, sti. Dim hyd yn oed pan o'dda chdi'n dechra mynd efo Dyfed. O'dda chdi wastad yn ofalus a byth yn... gor-egseitio.'

'Hm,' atebodd Magw i osgoi cyfaddef nad oedd Dyfed erioed wedi gwneud iddi deimlo fel'ma. Roedd y ffordd roedd hi'n teimlo amdano fo'n fwy cyson; byth yn ewfforig, byth yn rhy ddigysur. Jest rhywle yn y canol, yn nhir neb. Roedd Dyfed wedi dweud y byddai'n medru bod yn hapusach, ond doedd hi erioed wedi ystyried mor hapus oedd hi. Nid oedd hi'n andros o faldodus i rywun feddwl am y peth o ddydd i ddydd; roedd Magw'n hapus ar y cyfan, yn doedd? Oedd bod yn hapus yn rhywbeth mwy? Fel edrych yn ôl ar gyfnod a meddwl: mi o'n i'n hapus ar y pryd.

'Ti 'di newid, sti. Mewn ffor dda, cyn i chdi ddeud dim. Ti mor... *hyderus*. Dwi rioed 'di gweld chdi fel'ma o'r blaen,' dywedodd Thelma'n hapus dros ei ffrind bod sefyllfa oedd mor frawychus ar y cychwyn wedi cael dylanwad mor bositif arni. Ac er fod 'na gymaint oedd *ddim* yn iawn am y sefyllfa, roedd yr hyder newydd 'ma yn ei ffrind yn bositif.

Gwenodd Magw, 'chos mi oedd hi wedi newid. Roedd hi'n ei deimlo, yn y ffordd roedd hi'n cerdded, yn cario'i hun ac yn tynnu selfies.

'Ma hyn yn swnio'n chwithig 'wan, ond roedd clywed Dyfed yn deud be udodd o am y secs ac am ga'l perthynas non-monogamous yn rhyw fath o... ryddhad, sti?' dywedodd, gan ynganu'r gair rhyddhad fel cwestiwn ynddo ei hun. 'Fel tasai'r peth gwaetha 'sa fo rioed yn medru deud wrtha i allan yna o'r diwadd. A dwi'n gwbod mod i'n amlwg yn caru'r sylw gan Lars a mae o jest yn... berson rili *da* a ma bob dim mor... hawdd efo fo. Ond dwi'n meddwl na'r rhyddhad yna sy 'di newid i go iawn.'

Y peth trasig oedd nad oedd hi'n malio rhyw lawer am Dyfed yn y sefyllfa hon.

Gwenodd Thelma ac fel ffawd pingiodd y ffôn a'u cychwyn ar drywydd o wichian yn uchel.

'Fo sy 'na?' gofynnodd Thelma'n wirion bost erbyn rŵan. 'Fo sy 'na?'

'O mai god, ia!'

Egseitiodd Thelma gymaint, mi gododd hi ar ei thraed a neidio i fewn i'r pwll nofio. Agorodd Magw neges Lars, mynd yn benysgafn ac yn boeth a neidio i fewn at Thelma, gydag ochenaid uchel ei hun. Dyma oedd yr effaith roedd un tecst yn medru gael arnyn nhw. Achosodd y comosiwn i rai o'r ymwelwyr eraill droi atyn nhw, ond doedd dim ots o fath yn y byd ganddyn nhw.

Am weddill y prynhawn, parhaodd y ddwy i archebu coctels a gorweddian yn y pwll ac ar y sunbeds am yn ail. Gwlychu, sychu, gwlychu, sychu, gwlychu, sychu: dyna'r unig beth oedd yn bwysig. Ymbelydrodd yr haul ar y ddwy, y lefelau cyffro'n parhau, serotonin yn llifo'n dew drwy eu gwaed.

/

'Chydig ddyddiau ar ôl i Magw aros dros nos hefo Lars am y tro cyntaf, gorfododd Dyfed hi i orffen y berthynas honno. Ac mi wnaeth hi, fel gwraig oddefol. Yna, gwthiodd Dyfed hi i gael dêt efo rhywun arall, gan mai dyna oedd pwrpas bod yn agored. Yn ôl Dyfed, doedd 'na ddim pwynt gwneud hyn os nad oeddan nhw'n ei wneud o'n iawn, agwedd oedd y ddau heb ei fabwysiadu dros y blynyddoedd pan oedd hi'n dod at agweddau eraill o'u bywyd. Roedd datganiad Dyfed yn gwbwl annisgwyl; doedd o erioed yn un i feddwl am ddatrysiadau fysa hi'n eu galw'n 'out-there' i'w problemau. Iddi hi, roedd y cysyniad o fod yn non-monogamous mor 'out-there' â meddwl bod deiet figan yn medru gwella cancr. Doedd o ddim yn rhywbeth oedd hi'n credu ynddo o gwbwl ond gallai weld pam fod rhai pobl yn gwneud. Roedd hi wedi cael ei magu i feddwl os oeddat ti'n briod roeddat ti yn aros efo'r person yna am byth, ond roedd agwedd pobl wedi newid; roedd ei hagwedd hi wedi newid. Ac mi gytunodd hi. A doedd hi'n sicr ddim yn meddwl ei bod hi'n berson 'out-there', ond roedd hi'n wahanol; roedd Lars wedi agor ei meddwl a'i byd a rŵan fedrai hi ddim mynd yn ôl.

Ond gwnaeth fel oedd Dyfed wedi ei wneud a lawrlwytho'r ap dêtio unwaith eto ac aeth ar ddêt efo Andrew tra roedd Dyfed ar ddêt efo merch arall yn ei hugeiniau. Roedd Dyfed wedi ei gwthio hi, gan mai dyma oedd pwrpas yr hyn oeddan nhw'n ei wneud.

Ac roedd eistedd gyferbyn ag Andrew, dyn digon clên yn ei dri-degau hwyr yn teimlo mor ddibwrpas a hithau bellach yn gwybod bod 'na ddyn fel Lars yn y byd. Edrychodd ar wyneb crwn Andrew, ei lygaid clên fymryn yn agos at ei gilydd a sylwi ar ei fynegiant caredig, dim ots pa stumiau oedd o'n wneud. Doedd Magw ddim yn hollol siŵr faint oedd hi'n ei ffansïo ond roedd hi'n gwybod bod rhaid iddi leddfu mymryn ar dymer ei gŵr. Yr eironi rŵan oedd ei bod hi'n cymharu Andrew efo Lars, nid Dyfed. I ddweud gwir, roedd hi'n cymharu ei gŵr ei hun i'w safon o.

Doedd Magw ddim wedi bwriadu parhau i weld Lars, wedi gaddo i Dyfed y bysa hi'n stopio a wedi gaddo iddi ei hun hefyd. Ac roedd hi wir yn meddwl y byddai hi, ond byddai un neges yn ddigon i'w gwneud hi'n benwan, y wefr yn gwibio drwy ei chorff. Roedd y tro olaf wastad i fod yn dro olaf ond roedd hi'n gwbwl gaeth – iddo ef, yn amlwg, ond yn fwy i'r ffordd roedd o'n gwneud iddi deimlo. A beth oedd wir wedi ei synnu oedd mor anodd oedd y tro cyntaf, ac mor ddiymdrech oedd y troeon nesaf i gyd. Roedd bod efo Lars fel cau'r drws ar y byd a'i bywyd arferol a dringo i swigen bleserus. Am unwaith doedd Magw ddim yn gorfeddwl – yn poeni dim am y goblygiadau dim ond y boddhad o fod efo fo. Ac roedd hi'n gwbwl feddiannol ohono. Doedd hi ddim hyd yn oed eisiau i Thelma wybod mwy nag oedd hi wedi ei ddatgelu iddi.

/

'Ti'n ia–'

'Plis paid â gofyn os dwi'n iawn, eto,' erfyniodd Thelma.

'Sori.'

Parhaodd Thelma i edrych allan dros y balconi.

'Dwi'n teimlo'n euog–'

''Chos mod i mor pathetic?'

'Ti'm yn pathetic.'

'Nadw? 'Chos dwi'n teimlo'n eitha pathetic.'

'Ti ddim. Dwi jest yn poeni mod i'n niwsans. Mor excited am Lars, a chditha fel 'ma...'

'Mags, dwi'n medru bod yn hapus drosta chdi, sti.'

Ac roedd hi'n golygu hynny. I ddweud gwir doedd hapusrwydd Magw yn dylu dim ar anhapusrwydd Thelma, yn hunanol yn ei thristwch ac yn rhywbeth iddi hi ei berchnogi yn llwyr.

'Dwi'n gwbod, dwi'n gwbod...'

Roedd Thelma wedi aros amdano fel ffŵl yn ei ystafell, fel oedd o wedi dweud wrthi, yn eistedd ar y gwely lle roeddan nhw newydd ffwcio ac yn edrych ar y siwt doedd o ddim am ei gwisgo rhagor ar gyfer ei briodas. Gwawriodd arni ymhen ychydig nad oedd o'n dod yn ôl ati. Yna daeth Dyfed i fewn i nôl y siwt a dweud bod Rob am briodi Chrissy. A gyda hynny daeth y freuddwyd i ben mor sydyn ag yr oedd wedi dod yn fyw. Doedd hi'n ddoniol sut oedd ffantasïau yn medru ymgartrefu yn eich pen er ei bod hi'n gwybod, go iawn, bod y dyfodol hwnnw'n gwbwl anghredadwy. Ac o! Roedd y dyfodol yn blasu'n felys. Gyda phob eiliad âi heibio roedd hi'n wirioneddol yn credu ei fod am ddychwelyd ati a'u bod am adael yr Orangery, bwcio gwesty rhwng Gogledd Cymru a Llundain a ffwcio'n ddiddiwedd. Ac roedden nhw am fod mor hapus. Llwyddodd i werthu'r syniad iddi hi ei hun, ei bod hi, Thelma Davenport, am gael y diweddglo yn y ffilmiau roedd hi wedi bod yn eu gwylio ar hyd ei hoes, a'u bod am fyw happily ever after, beth bynnag oedd hynny'n ei olygu.

Yn lle hynny, roedd rhaid iddi lusgo ei hun yn ôl i'w stafell lle roedd Magw newydd ddeffro ac yn mynd drwy ei ffôn. Roedd Magw wedi dechrau sôn am y cur yn ei phen, a holi faint oeddan nhw wedi ei yfed y noson flaenorol ac a oedd yna ddiod meddal yn y stafell, ac yna mi wawriodd arni i ofyn lle oedd Thelma wedi bod. Bu rhaid i Thelma ail-fyw'r embaras wrth adrodd y stori, Magw'n edrych arni'n gegagored.

'A paid â cychwyn efo dy shit am fod yn anfoesol, iawn?' dywedodd Thelma ar y diwedd. ''Chos dwi'n amlwg yn gwbod bod be dwi newydd wneud yn uffernol.'

Doedd Magw ddim yn medru ymateb efo geiriau, felly agorodd ei breichiau ac aeth Thelma i eistedd ynddynt. Ceisiodd Magw ei chysuro a dweud y byddai'n gadael y briodas gyda hi, ond doedd Thelma ddim eisiau ffys a ddim eisiau i Chrissy amau unrhyw beth.

'Ma rhaid i chdi fynd. Ma *rhaid* iti. Deud mod i'n sâl ne 'wbath,' gorfododd Thelma.

Ffoniodd dacsi i'w gollwng yn yr orsaf agosaf, eistedd am oriau ar drên i Euston, gwneud ei ffordd adref i'w fflat yn Herne Hill ac yna eistedd o flaen y teledu am weddill y penwythnos, yn crio, yn yfed poteli gwin, yn gwylio rom-coms, yn edrych ar storïau Instagram o'r briodas.

Doedd o ddim wedi cysylltu hefo hi ers iddi adael ei ystafell bore'r briodas, hi'n fochgoch wrth wneud ei ffordd yn ôl i'w hystafell. Diolch byth fod y parti priodas mewn rhan arall o'r gwesty. Oedd o heb ddweud dim, heb egluro dim, wedi gyrru Dyfed yno i wneud ei waith budur a'r distawrwydd a ddilynodd yn ei thorri'n ddyfnach nag y byddai unrhyw wrthodiad i'w hwyneb. Darbwyllodd ei hun fod hyn yn *gorfod* bod yn ddiwedd ar beth bynnag oedd yn mynd mlaen rhyngddi hi a Rob. Dros ddeuddeg mlynedd a dyma oedd y pinicyl! Am du hwnt o siomedig, siom yn un o'r teimladau oedd wedi ei dilyn fel cwmwl du ers ei bod yn blentyn. Sut fysa hi wir yn mynd yn ôl ato ar ôl iddo ei gwrthod fel hyn? Ni fyddai'n meddwl am ei mam yn aml, ond dechreuodd Thelma bendroni beth fyddai'n ddweud wrthi ar adeg fel hyn. Roedd hithau hefyd wedi treulio rhan o'i bywyd yn caru dyn oedd erioed wedi rhoi yr hyn oedd hi ei eisiau iddi ond doedd hi erioed, hyd y gwyddai Thelma, wedi ceisio ei berswadio i beidio â phriodi dynas arall. A fyddai'n meddwl bod Thelma'n het wirion neu fysa ganddi owns o gydymdeimlad? Roedd hel meddyliau fel hyn yn ddibwys, gwyddai hynny, ond fedrai hi ddim peidio â meddwl mai dyma oedd wedi ei lunio ar ei chyfar; doedd 'na ddim posib ei bod hi a Rob am fod yn hapus, nagoedd? A doedd hi ddim yn aml yn hunandosturiol ond y tro hyn roedd wedi gadael i'w hun ymdrochi yn y teimlad.

Ers y briodas, roedd hi wedi hel llawer o feddyliau am ei mam. Yn ei thri-deg-tri o flynyddoedd ar y ddaear, doedd hi erioed wedi medru darganfod y geiriau i siarad amdani oedd yn gwneud gwir gyfiawnder â'i bodolaeth. Doedd Thelma erioed yn sicr ym mha ffordd y dylai hi sôn amdani, yn gwybod y byddai'r rhan fwyaf o bobl yn ei phitïo beth bynnag oedd hi'n ddweud. Yn aml roedd hi'n oer ac yn feirniadol o'i mam a byddai hynny'n gwneud i Thelma deimlo'n euog. Ond roedd siarad amdani mewn cywair positif yn gwneud iddi deimlo'n euog mewn ffordd wahanol hefyd. Bu farw ei mam pan oedd hi'n rhy ifanc i frifo ac roedd y teimlad a ddilynodd am yr holl flynyddoedd yn wahanol i alar: yn wacter, yn absenoldeb dyfn wedi'i wreiddio yn ei pherfedd oedd yn golygu ei bod wedi gorfod byw efo'i nain ac wedi treulio'r rhan fwyaf o'i nosweithiau a'i phenwythnosau yng nghartref Magw. Roedd ei marwolaeth wedi ei ysgythru ym mhen Thelma, ond doedd yr arwyddocâd emosiynol ddim. Nid dyma'r math o bethau oedd Thelma wedi caniatáu iddi eu teimlo dros y blynyddoedd, doedd hi erioed wedi trigo yn ei galar. Roedd ei siom yn Rob wedi ei gyrru dros y dibyn emosiynol i'r affwys. Ac ers hynny fedrai hi ddim stopio meddwl am ei mam, ei galar a'r ffaith ei fod fel gwisg roedd hi'n ei rhoi ymlaen bob diwrnod o dan ei dillad arferol a neb arall yn gwybod.

Roedd Thelma wedi creu cannoedd o wahanol senarios yn ei phen am beth oedd wedi digwydd i Rob: o'r syml (dod at ei goed a phenderfynu bod priodi'n haws, yn saff) i'r hollol abswrd (hit man yn ei saethu, UFOs yn ei herwgipio). Ond roedd hi wastad yn diweddu yn yr un man: mae'n rhaid ei fod o wir yn caru Chrissy ac yn gweld dyfodol efo hi. Rhaid ei fod, gan fod unrhyw beth arall mor greulon.

Sut oedd ei chorff wedi teimlo'r ffasiwn bleser oriau ynghynt a'r gwrthodiad hwyrach mlaen yn yr un corff mor boenus? Llosgai croen Thelma drosti, ei choesau'n drwm fel petai 'na rywun wedi eu llenwi hefo pridd, pob cam tuag at adref yn ei brifo, yn union fel oedd yn llosgi gyda phleser ynghynt. Ac roedd ei chalon hi'n thwmpian yn ei brest, rhywsut yn dal yn gyfan, er ei bod hi'n teimlo fel y gallai hi ddisgyn yn farw yn y fan a'r lle. Roedd Rob wedi bod yn rhan mor ffurfiannol o'i bywyd carwriaethol ac roedd o jest wedi ei gadael hi yno, yn aros amdano. Beth oedd ei fwriad tybed? Codi cywilydd arni a gwneud iddi deimlo'n fach? Oedd o wedi bod yn plotio hyn ers y ffrae gyntaf gawson nhw pan oeddan nhw'n un ar hugain oed? Roedd Rob yn rhy syml i hynny, nid fel Dyfed oedd yn amlwg yn llawer mwy myfyrgar. Efallai ei bod hi'n anghywir; roedd hi wedi gofyn iddo ar y noson cyn y briodas a oedd hi wedi dychmygu'r hyn oedd hi'n deimlo a doedd o ddim wedi ei hateb.

Yn ugain oed roeddan nhw'n bachu ar nosweithiau allan, yn gariadon heb y label.

Yn un-ar-hugain roeddan nhw'n gariadon efo'r label, nes i Thelma fynd efo un o'r solicitors yn Slaughter & May yn ystod ei hinternship, a mi wnaeth hynny'r brad yn waeth.

Yn ddwy-ar-hugain roeddan nhw'n bachu tu ôl i gefn eu cariadon newydd.

Yn dair-ar-hugain roeddan nhw'n egsliwsif eto ac yn meddwl eu bod nhw'n hapus. Nage, roeddan nhw'n sicr eu bod yn hapus.

Yn bedair-ar-hugain roeddan nhw'n dal i fod yn hapus, y ddau bellach wedi cymhwyso fel cyfreithwyr.

Yn bump-ar-hugain roeddan nhw wedi gorffen eto, ar ôl i Rob fynd efo merch o'r Alban pan oedd o ar lads trip yn Ibiza. Ac roedd Thelma wedi ei siomi yn ofnadwy, felly mi wnaeth hi ddechrau mynd efo dyn o'r Almaen oedd yn gwneud blwyddyn sabathol yn ei chwmni.

Yn chwech-ar-hugain roeddan nhw'n ôl yn bachu ar nosweithiau allan, yn tecstio'n aml ac yn cael swper efo'i gilydd, yn treulio prynhawniau Sul efo'i gilydd ond byth yn cael secs yn sobor 'chos fysa hynny'n golygu rhywbeth. Ddaru hyn ddim para'n hir ac o fewn dim roeddan nhw'n gariadon go iawn unwaith eto.

Yn wyth-ar-hugain roeddan nhw eisiau rhoi go arni, o gwmpas yr un pryd â Magw a Dyfed yn cael eu fflat nhw. Ond mi wnaeth Rob benderfynu symud yn ôl adref i Ogledd Cymru i weithio i gwmni cyfreithwyr ym Mangor. Roedd o wedi gofyn i Thelma fynd efo fo, ond doedd hi ddim eisiau mynd yn ôl i'r lle roedd hi wedi gweithio mor galed i adael. Yn Llundain oedd ei gyrfa, ei bywyd, ei llwyddiant. Ar y pryd doedd 'na ddim byd gwaeth na'r syniad o fynd yn ôl.

Doedd Thelma erioed wedi cysylltu secs gyda phwysigrwydd emosiynol fel oedd llawer o bobl yn ei wneud. Yn ei barn hi, roedd merched yn enwedig wedi cael eu magu i feddwl bod secs a chariad ynghlwm, ond roedd hi'n grediniol bod secs yn rhywbeth mecanyddol, yn digwydd rhwng cyrff. Doeddat ti ddim o reidrwydd angen rhyw gysylltiad emosiynol mawr hefo person arall i gael secs *da*. A doedd cysylltiad emosiynol ddim o reidrwydd yn golygu secs da chwaith. Beth oedd yn rhwystredig am Rob a hithau oedd fod y secs yn dda oherwydd y cysylltiad emosiynol rhyngddynt. Roedd Thelma weithiau'n meddwl ei fod wedi cael ei greu ar ei chyfer, y ddau jest yn ffitio. Nawr, byddai rhaid iddi newid y ffordd roedd hi'n meddwl.

/

Roedd hi'n noson olaf y gwyliau a'r ddwy yn potsian o amgylch eu hystafell yn hel eu stwff ac yn gwneud eu hunain yn barod ar gyfer eu swper olaf. Heno, roeddan nhw am fynd i'r hen bentref i fwyty enwog oedd â golygfeydd heb eu hail o'r machlud, yn ôl y sôn.

'Ti meddwl bo *nhw'n* hapus?' gofynnodd Thelma wrth iddi ddefnyddio sbwnj colur i flotio'r foundation ar ei gwyneb.

Ceisiodd gadw ei thôn yn ysgafn, yn falch o gael rhywbeth i'w chadw'n brysur.

Sut oedd Magw i wybod, mewn gwirionedd? Sut oedd unrhyw un i wybod go iawn pa mor hapus oedd neb arall? Roedd pawb yn mynd drwy fywyd byth wir yn gwybod beth oedd unrhyw un arall yn ei deimlo neu'n feddwl go iawn.

'Os oes 'na 'wbath dwi 'di ddysgu dros y misoedd dwytha 'ma, hyn ydi o – mae'n amhosib gwbod pwy sy'n hapus a phwy sydd ddim. Mi o'n i'n byw efo Dyfed, yn ddall i mor anhapus oedd o – mor anhapus o'n i hefyd, mewn gwirionedd,' dywedodd Magw wrth iddi roi ei cholur ymlaen. 'Dio'm yn 'wbath ti'n meddwl amdano fo o ddydd i ddydd, nadi?'

''Swn i'n licio meddwl bo nhw'n hapus, sti.' Doedd Thelma ddim yn siŵr faint oedd hi'n golygu hynny ar y funud ond roedd hi wir yn gobeithio y bysa hi, fel petai'r teimlad yn dilyn y geiriau.

'Go iawn?'

'Wel, ffraeo 'chydig ella. Secs boring ac ati.'

Chwarddodd Magw wrth roi powdwr ar ei gwyneb.

'Na, dwi'n gobeithio'u bod nhw'n hapus. Dwi'n gobeithio bod y ffor dwi'n teimlo 'di bod o werth i rywun.'

'A finna. A dwi'n meddwl fyddi ditha'n hapus, ti jest angan rhoi'r mis dwytha 'ma tu ôl i chdi ac anghofio am Rob Jones.'

'Ti meddwl fydda i byth yn medru anghofio amdano fo?'

'Wel, mi ydan ni'n siarad amdano constantly ers bo ni'n ugain oed, so jans da fyddan ni ddim.'

Chwarddodd Thelma. Roedd popeth yn teimlo 'chydig bach yn fwy ysgafn yng ngwres haul Sbaen. 'God, dwi'n pathetig, dydw?'

''Chydig bach, ella,' heriodd Magw.

'Moth to the flame fues i erioed efo fo, ynde?'

'O'ddach chi wironeddol yn snogio o fewn tua tri munud o weld eich gilydd tro cynta 'na, do'ddach?'

'Yn y Betsey Trottwood. God, dwi'm 'di bod yn fanna ers blynyddoedd.'

'Ti'n cofio ni'n mynd i'r pub 'na'n Gaernarfon unwaith? A chdi a Rob yn ca'l eich hel allan am snogio yn y cwpwr llnau?' chwarddodd Magw. 'Ffoc, 'dach chi wedi gneud petha ffyni dros y blynyddoedd, 'de.'

Chwarddodd Thelma i fewn i gledrau'i dwylo. 'All in the name of lust.'

'Mewn ffor, ma Rob 'di bod yn garedig i chdi—'

'Yn garedig?' meddai Thelma'n syfrdan.

'Ia, 'chos mae o 'di dy ryddhau di. Fysa chdi no we 'di neud dy hun.'

'Ma hynna bach yn tragic, dydi?'

Gwenodd Magw arni mewn cydymdeimlad. Roedd hi wedi teimlo'n euog am ei rhan hi yn y potas ers i Thelma gerdded yn ei hôl i'r ystafell ar fore'r briodas ond doedd hi ddim wedi gallu ymddiheuro na thrafod hynny gyda Thelma. Oedd, roedd gan Thelma ei hewyllys ei hun ond roedd Magw, yn ei stad feddwol, wedi ei hannog, heb feddwl y byddai'n mynd amdani go wir. Roedd Lars wedi gwneud i Magw gredu mewn rhamant unwaith eto, ond doedd pawb ddim fel fo, doedd y byd ddim yn ffilm.

'Ond ti'n gwbod be sy 'ngha'l i? Fod o wedi newid ei feddwl mor hawdd. 'Swn i jest yn licio gwbod be nath newid pan nath o adal y stafall.'

'Does dim posib i ni wybod,' meddai Magw, yn teimlo'n euog.

'Ddylwn i ofyn iddo fo?'

'Dwi'm yn meddwl bo chdi byth am gael yr ateb 'na ti isho.

Dwi'n meddwl ti angan clean break. Symud mlaen. Block, delete, move on.'

'Ond mae o'n rhan o dy fywyd *di* am byth 'chos mae o'n ffrindiau efo Dyf. Mae hi am fod yn amhosib i mi beidio'i weld o eto, dydi?'

'Fy' raid i chdi drio. Am 'chydig beth bynnag, tan ti 'di symud mlaen. Ti'n gwbod na chdi sy'n trumpio fo'n tŷ ni,' gwenodd Magw.

'Y peth ydi, dwi'n gwbod ddylwn i ei gasáu o a'i ddiawlio fo. Ond dwi ddim. Y gwir ydi mod i jest yn teimlo'n sori drosta fy hun a dros y sefyllfa ac os fysa fo'n dod i fama rŵan hyn a gofyn 'swn i'n gymyd o nôl, ma 'na jans da fyswn i.'

'Thelma–'

'Pathetig, 'de?'

'Ma hi am gymyd amsar i chdi...'

'Yn amlwg dwi'n gwbod hynna. Ond dwi jest... Dwi mor siomedig. A dwi jest... methu credu mod i wedi bod mor stiwpid.'

Daliodd Magw ei llygaid yn y drych, y dagrau'n dod. Roedd 'na gymaint o bethau roedd hi eisiau'u dweud wrthi ond edrychodd i ffwrdd a pharhau i roi ei cholur ymlaen, yn teimlo mor ddi-asgwrn-cefn.

'God, fydd rhaid i mi gychwyn 'yn llgada i eto, ffoc sêcs. Mor pathetic. Reit, ma *rhaid* ni siarad am rywbeth arall 'wan.'

'Thelma–'

'Magw plis. Dwi'm angan i chdi ddeud dim, sti.'

Roedd rhaid i Thelma gael gwared arno a stopio'r cylch diddiwedd o feddwl amdano.

'Reit, dwi'n blocio Rob rŵan. Ar bob un platfform a dwi'n dileu ei rif o.'

Roedd ei rif wedi bod yn ei ffôn ers iddi *gael* ffôn.

Edrychodd Magw arni, eisiau dweud mwy ond ddaru hi wneud fel oedd Thelma eisiau. "Dan ni angen gneud 'wbath seremonïol i nodi hyn. Dechra newydd i chdi, Thelma.'

'Tatŵs?'

Chwarddodd Magw, 'Be yn deud "RIP Rob a Thelma"?'

'Neu "F U Rob Jones"?'

Cynyddodd y cynnwrf yn eu stafell, y posibilrwydd bod y ffordd roedd hi'n teimlo am newid a'i bod hi am anghofio amdano go wir. O dan yr awyr biws las yn Sbaen, roedd unrhyw beth yn bosib.

/

Cyrhaeddodd Thelma adref a cherdded i fewn i'w fflat wag. Roedd fel petai rhywun wedi hitio'r botwm saib ar y byd, dim hoel o fywyd ers iddi adael, dim ond haen o lwch ar hyd y cownteri ac yn y conglau unig. Roedd hi wedi chwarae hefo'r syniad o gael cath, ac ar adegau fel hyn, pan oedd hi'n cyrraedd adref i neb a dim byd, byddai cath yn mewian o amgylch ei thraed yn rhywbeth fyddai Thelma yn ei groesawu. Rhywbeth i'w hatgoffa ei bod hi'n berson byw oedd yn bodoli ar gyfer rhywun arall, nid jest ei hun. Dychmygodd Magw'n cyrraedd adref i gusan a choflaid gan Dyfed ac yn eistedd efo fo'n cael paned, yn dal fyny ac yn adrodd hanes yr wythnos.

Ond pen arall i'r ddinas, roedd Magw'n cyrraedd yn ôl i gusan a choflaid gan ddyn oedd ddim yn ŵr iddi.

'Hello,' dywedodd â gwên wrth i Lars estyn ei freichiau o'i hamgylch tu allan i'r bariau yng ngorsaf Tube Old Street.

'Hello,' meddai Lars wrth roi cusan ar dop ei phen, cyn gwyro i lawr a rhoi sws ar y ddwy foch ac yn olaf ar ei gwefusau. 'Let me take your case,' dywedodd wrth ei gymryd. Roedd

Lars y math o ddyn oedd yn cymryd ei bag; doedd Dyfed ddim. Roedd popeth amdano yn gwneud i Magw deimlo fel yr unig berson yn y byd, yr holl sylw yn ei haflonyddu. Cerddon nhw yn ôl i fflat Lars ger y canal, eu breichiau am wast y llall.

'I missed you,' dywedodd Lars wrth blannu cusan arall ar dop ei phen.

Roedd ei glywed yn dweud pethau fel'ma yn dal i roi tro cyffrous yn ei bol. 'I missed you too,' chwarddodd Magw.

'Good holiday, then? You look very golden and sun-kissed.'

'It was really nice, probably the most relaxing holiday Thelma and I have ever been on. Just chilled around the pool, or on the beach, drinking cocktails. Barely left the hotel to be honest.'

'Sounds lovely. How's Thelma doing?'

'She's... OK. She's been down in the dumps, but I think the holiday was good for her, like a reset. Hopefully this is the start of a new chapter for her now. They haven't spoken since the morning of the wedding, which is promising, I suppose.'

'She needs to meet someone new. Maybe we could introduce her to some of my single friends,' atebodd gyda winc. 'She could meet a divorcee of her own.'

Chwarddodd Magw, a theimlo rhyw gnoad anghyfforddus bod Lars yn barod yn cyfeirio at y ddau ohonyn nhw fel 'we'. Oeddan nhw'n 'we' eto? Oedd 'na fyd lle fysan nhw'n medru bod yn 'we?' Ar y funud roedd ffrindiau Lars, ei fywyd tu hwnt i'w perthynas, yn gysyniad hollol abstract: dim ond y ddau ohonyn nhw oedd yn bodoli.

'Meeting someone new would help, I think. It's just so hard to describe their relationship to someone who doesn't know them, but I think they're incredibly important to each other.

They claim that it's love but I wonder whether it's just habit, or the fact they've known each other so long, you know?'

'Ah yes, the old university gang.'

'They're like two dead plants that have interlaced over the years, and just need a good tug out of the soil now.'

'That's quite poetic,' heriodd Lars. 'But I understand. There's a real fear of being tugged out of the soil and discovering what might grow in it's place. Certainly that was the case for me and my ex-wife. But you can reassure Thelma that often, what grows in it's place is *much* better,' dywedodd gyda winc.

Chwarddodd Magw a gwasgu ei wast gan wenu. Oedd hi angen 'good tug out of the soil' hefyd, tybad?

Cyrhaeddon nhw'r fflat a throdd Lars at Magw a'i chodi fyny i'w chario tuag at y soffa fawr, ddyfn. Sgrechiodd Magw yn hwyliog a dechreuon nhw gusanu'n nwyfus, ei breichiau o amgylch ei wddf.

'That picture you sent me was very sexy,' sibrydodd Lars yn ei chlust wrth eistedd ar y soffa. 'I liked it. I like the real thing more though.'

Chwarddodd Magw ac eistedd ar ei ben, gan roi un goes naill ochr iddo. 'I like the real thing more as well,' meddai wrth gymryd ei wyneb yn ei dwylo a'i gusanu heb ddod i fyny am aer. Eisteddon nhw yno am hir, yn siarad â'u trwynau'n cyffwrdd ac yn cusanu. Cododd Lars ymhen 'chydig a cherdded tua'r gegin i dollti glasiad o win iddyn nhw.

'What do you fancy for dinner? I thought I could cook us some creamy mushroom tagliatelle?'

'Sounds lovely,' atebodd Magw, yn fodlon.

Doeddan nhw ond yn nabod ei gilydd ers pum mis ond roedd pethau wedi troi'n ddomestig yn sydyn iawn. A doedd yna'r un dyn wedi ei thendiad fel hyn o'r blaen, heblaw am ei thad efallai. Edrychodd ar ei ffôn am y tro cyntaf ers iddi lanio yn ôl yn y wlad a gweld y tecsts.

15:39
Mam: Edrach yn fendigedig yna! Joiwch y noson ola! Mam a Dad xxx

17:23
Thelma: Adref o'r diwedd. Meddwl ella ddylwn i gael cath???
17:24
Thelma: Diolch am wsos yma. O'dd o jest be o'n i angen <3 Dal isho tattoo...

17:45
Dyfed: Be di plan noson ola chi? Pryd fyddi di adra fory?

Doedd hi ddim wedi bwriadu dweud celwydd wrth bawb am y dyddiad roedd hi'n dychwelyd o'i gwyliau ond pan wnaeth Lars ofyn pryd fysa fo'n cael ei gweld hi nesaf, mi luniodd y cynllun yn ei phen heb ddweud wrth unrhyw un. Gwyddai na fyddai Dyfed yn talu sylw i ddyddiadau'r gwyliau, felly dwedodd wrtho ef mai ar ôl cinio dydd Sul fydden nhw adref, fyddai'n golygu byddai Lars a hithau'n gallu deffro efo'i gilydd a threulio bore Sul ymlaciol yn ei fflat cyn iddi orfod dychwelyd.

Tecstiodd galon yn ôl i'w mam. Tecstiodd Dyfed yn ôl yn dweud eu bod yn cael noson chilled ac y byddai hi'n ôl diwedd prynhawn fory. Tecstiodd Thelma i ddweud y dylai hi feddwl ddwywaith cyn mynd i Battersea Dogs & Cats Home a bwcio tatŵ, a'i bod hithau wir wedi mwynhau hefyd.

Byddai Magw wedi medru dweud wrth Thelma, ond mi wnaeth hi atal ei hun. Doedd hi ddim yn hollol siŵr pam, er mwyn ei harbed, efallai? Peidio â phoeni ei ffrind hefo'i chelwydd. Roedd Thelma'n fregus fel oedd hi. Dyna oedd hi'n ddweud wrthi ei hun i leddfu 'chydig ar ei heuogrwydd. Synnodd Magw ei hun mor hawdd oedd bod mor gelwyddog gyda phawb, daeth allan fel y gwir. Synnai'n fwy nad oedd hi'n teimlo'n euog – efallai mai fory fyddai'r euogrwydd yn cicio fewn ond ar y funud hon, dim ond hapusrwydd ffôl oedd hi'n ei deimlo.

Roedd pethau wedi bod yn iawn rhyngddi hi a Dyfed ers rhai misoedd, ond roedd 'na gnoad yn ei stumog am eu sefyllfa. Roedden nhw fel petaen nhw'n parhau i beintio dros y damprwydd oedd wedi lledaenu ar hyd eu perthynas, yn hytrach na mynd i'r afael â gwraidd y broblem oedd wedi cychwyn hyn i gyd. Oedd, roedd eu bywyd rhywiol wedi gwella fymryn ar y dechrau, ond oedd unrhyw beth arall? Rŵan ei bod hi wedi cael cyfle i edrych ar ei phriodas o'r tu allan i fewn, gallai Magw weld nad oedd 'na fawr o angerdd rhyngddyn nhw bellach, dim ond ar ôl dychwelyd o ddêts neu wedi iddyn nhw ffwcio pobl eraill. Byddai'n edrych arno weithiau a theimlo fawr ddim; cyfeillgarwch ar y gorau, apathi ar y gwaethaf. Roedd hi'n haws parhau i beintio dros y damp am rŵan a mwynhau'r hyn oedd o'i blaen.

/

Cododd Magw o'r soffa i ymestyn ac i arbed ei hun rhag meddwl am y sefyllfa ormod. Cerddodd tua'r gegin a sleifio'i breichiau o gwmpas wast Lars tra oedd o wrthi'n torri madarch. Gwasgodd am 'chydig eiliadau a gorffwys ei phen ar ei gefn, cyn gollwng a cherdded i ochr arall yr ynys a gafael yn y gwydr gwin roedd o wedi'i dollti iddi.

'What was that for?' cilwenodd Lars.

Gwenodd Magw arno gan ddangos ei dannedd i gyd a'r crychau ar ei hwyneb. 'You know.'

Chwarddodd Lars a gollwng y gyllell. 'I know,' cytunodd. Gwyddai'r ddau sut roeddan nhw'n teimlo am ei gilydd, heb orfod dweud dim.

'I'm really happy,' dywedodd Magw heb gywilydd, dal fymryn yn gynhyrfus. Doedd hi ddim yn poeni am wneud ffŵl ohoni'i hun o flaen Lars, doedd hi ddim yn teimlo'n hunanymwybodol neu orbryderus am unrhyw beth yn ei gwmni. Rhywsut neu'i gilydd, roedd Lars wedi llwyddo i wneud i Magw deimlo rhywbeth doedd hi ddim yn ei deimlo'n aml iawn: hunan-hoffter. Thelma oedd yr unig un arall oedd yn gwneud iddi deimlo hynny, i ddweud y gwir, doedd hi byth yn teimlo fwy fel hi ei hun na phan roedd hi gyda Thelma, yn teimlo fel y fersiwn fwyaf pur ohoni'i hun, y fersiwn wreiddiol heb ei llygru â straen bywyd a gorbryder. Gyda Thelma wrth ei hochr, roedd hi'n teimlo ei bod hi'n perthyn, fel petai ganddi bwrpas a lle yn y byd. Doedd 'na neb arall wedi gwneud iddi deimlo fel hyn nes iddi gyfarfod Lars.

Roedd y ffordd roedd Lars yn bodoli yn y byd, mor sicr ohono'i hun, a Magw, yn ddigon i'w thrawsnewid hi; efallai mai ei debygrwydd i Thelma oedd y rheswm iddi gael ei denu ato. Roedd hi'n mwynhau ei sgyrsiau, sut oedd o'n ei holi ac yn cymryd gwir ddiddordeb yn beth oedd ganddi i'w ddweud. Gallai ddweud y peth gwirionaf wrtho a byddai'n dal i wrando'n astud. Doedd hi ddim yn teimlo'n lletchwith nac yn swil tra oedd hi efo fo, roedd o'n ei llonyddu hi. Roedd o'n ei daearu hi yn ei bywyd, ac yn Llundain, ac yn gwneud iddi deimlo ei bod hi'n cael ei gweld a'i deall. Roedd hynny'n braf ac yn rhoi balchder mawr iddi. 'I'm happy too,' atebodd Lars gyda gwên a chychwyn ffrio'r madarch.

Eisteddon nhw ar y balconi, yn bwyta powlenni mawr o basta a salad gwyrdd, yn edrych allan ar y cymylau oren uwchben y ddinas, sŵn y traffig wedi ei ddylu erbyn cyrraedd uchelfannau'r penthouse. Roeddan nhw'n siarad am ddynas o Ffrainc oedd wedi cael ei drygio a'i threisio gan ddynion o dal ofal ei gŵr am flynyddoedd, stori oedd yn dominyddu'r newyddion ar y funud.

'God, it's just... sickening. How can someone can be that awful to their own wife?' cychwynnodd Lars.

'Yeah, that one is a hard one to read about. But you know, we need to realise that everthing is linked. Men raping women, incel culture, it all starts a bit closer to home than we think,' meddai Magw.

'It's multi-dimensional though, isn't it? My dad isn't as bad as the men who raped that poor woman, but he used to always say "boys will be boys" when me and my friends were acting like twats growing up. So *we*, the world, must realise that it's all connected,' dywedodd Lars wrth gymryd swig o'i ddiod.

'Exactly! This is it,' meddai Magw yn dringo ar ei bocs sebon. 'I come from an area that is sometimes blind to the fact that it's connected. These guys we were in school with spoke really awfully to Thelma when she was home at Christmas and it's so frustrating – and wrong, obviously – and I don't even know if they think the things they said, you know? Like really, deep down, they don't believe what they're saying, but nobody called them out and even the fact that they're saying it out loud just proves–'

'It's all connected,' gorffennodd Lars ei brawddeg iddi.

'Sorry, I tend to get a bit overzealous with these things.'

'You're right though. But I'm sorry to say that I don't think it's just the men from the area you come from, it's pretty much everywhere.'

'Which is so depressing and makes me so angry. I just feel hopeless.'

'I just hope that if I have kids one day, I can do better, or that it can be different for the next generation.'

'Yeah,' dywedodd Magw gan gymryd cegaid arall o basta, y sôn am blant yn gwneud iddi deimlo'n anghyfforddus am y tro cyntaf ers cyrraedd yno.

'You want kids one day?' gofynnodd Lars gan barhau i edrych tuag at y ddinas.

'Maybe one day? It all just seems so out of reach at the moment, I'm not really thinking about the future, you know?'

Doedd Magw ddim yn medru gweld tu hwnt i'r noson hon, fel petai ar erchwyn y dibyn; un cam o'i le a gallai ddisgyn i'w marwolaeth.

Nodiodd Lars ei ben, 'I know,' atebodd gan droi ati.

'You know,' gwenodd a nodio yn ôl, yn diolch mor amyneddgar oedd y dyn caredig 'ma. Roedd hi'n gwybod y byddai amser yn dod lle byddai'n gorfod meddwl am y dyfodol ond ar y funud allai hi ddim gadael iddi ei hun fynd yno a chwalu'r ddelwedd roedd hi wedi greu iddi ei hun. Roedd hi'n rhyfedd dêtio rhywun a pheidio â meddwl am y dyfodol – doedd hi ddim yn wirion, gwyddai fod dim dyfodol iddyn nhw mewn gwirionedd. Doedd eu bywydau ddim wedi plethu, y ddau yn bodoli mewn gwacter. A beth oedd pwrpas dêtio os nad monogami?

'You fancy some dessert?' holodd Lars wrth godi a cherdded tua'r gegin i nôl ychwaneg o win iddyn nhw.

'Depends what's on the menu,' chwarddodd Magw'n awgrymog.

'Don't be cute. Finish your pasta,' dywedodd Lars gyda gwên.

Gwyddai Magw ei bod hi'n troedio tir anwastad; roedd hi wedi gwylio digon o ffilmiau ac wedi darllen digon o nofelau i wybod bod y stori hon ddim yn mynd i orffen yn dda i unrhyw un oedd yn rhan o'r miri. Ond am rŵan roedd hi'n hapus braf i droedio'r tir anwastad ger y dibyn.

/

Penderfynodd Thelma'n syth ar ôl cyrraedd adref ei bod hi am ddechrau ei hymgyrch i anghofio am Rob Jones y noson honno. Roedd Jon a Simon wedi ei gwahodd draw am swper a hithau wedi derbyn y gwahoddiad heb unrhyw oedi.

Rhedodd Thelma drwy uchafbwyntiau'r gwyliau hefo nhw dros y nibyls, y ddau yn siomedig i glywed ei fod mor ymlaciol a chathartig.

'I can't belive you didn't go to *one* club.'

'I know, boring, right?'

'Not that we go out clubbing much these days,' meddai Simon, ei aeliau wedi codi ar Jon.

'Well, we'd go out to *one* club *on holiday* wouldn't we? Do a bit of pow-pow,' winciodd Jon yn ceisio'i orau i ddal ar ei ieuenctid.

'Mags was sexting this Dutch man that she's kind of seeing and that was pretty much the extent of our antics. And it wasn't even *my* antic to claim.'

'Magw sexting: not two words I thought I'd hear together. Absolutely love this for her,' atebodd Jon.

'A Dutch man?' holodd Simon.

'They're trialling non-monogamy, babe,' meddai Jon.

'Not something I would have expected from those two! They are usually quite vanilla, aren't they?'

Chwarddodd y tri, Thelma'n teimlo'n euog am gytuno ac am rannu'r wybodaeth er ei bod eisoes wedi dweud wrth Jon.

'Yeah, but it's not going to work out long-term is it?' rowliodd Thelma ei llygaid. 'She's already lying to Dyf, he thinks it's over between her and this Dutch man and it very much *isn't*.'

'That's the problem with straight people, you think that long-term happiness can only exist within the framework of a monogamous relationship.'

'That's not what I'm saying! She's lying to her husband! And that's wrong!'

'Babes, you had sex with a man on the morning of his wedding: you are not in a position to be pontificating on what's right and wrong here.'

'God, imagine shagging someone else on the morning of your wedding. Rob must feel like shit.'

'*Not* helping Simon,' gwgodd Thelma yn ôl.

Chwarddodd y tri.

'I think we're going to need another bottle,' meddai Simon yn codi o'r ynys ac yn mynd i'r oergell win. Roedd y tri yn aml yn cael sgyrsiau neu ddadleuon brwd am bopeth o'r llyfrau roeddan nhw'n eu darllen i straeon newyddion. Yn eu cwmni, fyddai Thelma'n teimlo'r cysylltiad efo'r person oedd hi yn y coleg, yn ddadleuol ac yn uchelgeisiol ac yn gellweirus. Byddai'r tri wastad yn herio'i gilydd, yn gorfodi'r naill a'r llall i ystyried ochr wahanol i'r ddadl.

'How long have they been at it then? Non-monogamy?' gwaeddodd Simon wrth godi ei ben o'r oergell win.

'Officially since the start of the year, but Magw's cagey as usual. She's been on dates with a few different people but it's mostly been this Dutch guy to be honest.'

'So they're poly? That sounds to me more like they're poly,' cychwynnodd Jon. 'Did not expect this from them. It's very *not straight* of them,' chwarddodd.

'True,' ychwanegodd Simon. 'I'm not sure I know many straight polyamorous people, actually.'

'Yeah I suppose it can all easily veer into Woodstock in the 60's when straight couples decide to have sex with lots of people,' chwarddodd Thelma.

'That Swedish couple Thelma got involved with a couple of years ago–'

'Oh come on! That was hardly polyamorous, that was just sex,' ebychodd Thelma. 'And I was just the guest star.'

Chwarddodd Simon yn uchel. 'Classic, Thels. Anyway, I think what they're doing is really cool.'

'It is cool but I'm not sure how happy they are–'

'Do you not think you can be happy in a non-monogamous relationship then?' gofynnodd Jon yn heriol. 'Like true long-term happiness.'

'I believe you can sustain long-term happiness in a non-monogamous relationship, but you have to be honest with your partner, right? Surely, full transparency is needed?' gofynnodd Thelma yn ceisio gwneud ei phwynt. 'And you need to be a hundred percent sure about your primary partner.'

'Oh, one hundred percent,' atebodd Jon. 'Are you saying that Magw's not a hundred percent on Dyf any more?'

Peidiodd Thelma ag ateb, ond gwnaeth wyneb awgrymog.

'It's going to end in tears,' gwaeddodd Simon wrth iddo dollti ychwaneg o win i bawb.

'I wonder if Rob Jones told his wife about you,' gofynnodd Jon yn fyfyriol, tafod yn gadarn yn y boch.

'I sincerely hope not,' meddai Thelma wrth lyncu ei gwin. Roedd y syniad bod Chrissy, neu unrhyw un tu hwnt i'r criw bychan o bobl oedd hi wedi dweud wrthyn nhw, yn gwybod amdani hi a Rob yn gwneud i Thelma chwysu, rhywbeth anarferol i rywun fel hi oedd ddim yn tueddu i boeni beth oedd pobl yn feddwl amdani.

'I want a snog tonight! Please let's go out,' cyhoeddodd Thelma. 'I just need a good old snog.'

Chwarddodd y tri ond o fewn yr awr roeddan nhw yn yr Hope and Glory yn Brixton, tafarn anferth efo llawr stici a lle i ddawnsio. Ac fel oedd wedi dymuno roedd Thelma'n snogio dyn oedd yn edrych fel petai'n 25 mlwydd oed o fewn hanner awr. Ar ôl iddi gael digon, aeth yn ôl i ddawnsio at Jon a Simon. Siots, double gin and tonics, y tri'n teimlo'n rhy hen i fod yno ond yn rhy ifanc eu hegni i fod yn eistedd yn y tŷ. Mwy o siots. Postio Instagram stories.

'I truly think I'm going to die alone,' slyriodd Thelma wrth iddyn nhw lwybreiddio'n feddw adref, lampau'r stryd yn goleuo'r ffordd, llwynogod yn cuddio tu ôl i geir wrth eu clywed.

'You're not going to die alone, Thels, you are being a bit dramatic now.'

'I am,' dywedodd eto ac yn erbyn ei greddf, roedd hi'n crio. 'No man will ever love me or want to be with me.' Synnodd fod ganddi dal ddagrau i'w crio a hithau wedi crio mwy dros yr wythnosau diwethaf nag oedd hi erioed yn ei bywyd.

'You've got two right here that love you,' meddai Simon. 'Right, let's get this one to bed.'

/

Deffrôdd Magw yn ei freichiau fel roedd hi wedi ddymuno. Sgleiniai'r haul drwy'r bylchau yn y llenni gan daflu golau gwyn, bron yn ysbrydol ar hyd y stafell. Roedd y stafell wely hefyd yn gymharol ddigymeriad, dim ond un llun yn hongian ar y wal, darlun o fynyddoedd yn yr eira.

'Morning,' sibrydodd Lars yn ei chlust.

'Morning,' atebodd hithau wrth droi rownd i'w wynebu, ei gusanu'n ysgafn a phlethu ei choes rhwng ei goesau yntau. Gallai ei deimlo rhyngddi, yn gwneud i'w chalon gyflymu. Parhaon nhw i gusanu, eu cyrff yn rhwbio'n erbyn ei gilydd yn gwybod lle roedd hyn yn mynd. Rhyddhaodd Magw ei hun fel ei bod hi'n gallu tynnu amdani a dringo arno. Dyma oedd hi eisiau, bod ar ei ben, yn rheoli beth oedd am ddigwydd nesaf.

'You are very eager this morning,' chwarddodd Lars wrth ei helpu i setlo.

'Eager to please,' meddai hithau wrth ddechrau cusanu ei wddf a'i frest a gweithio'i ffordd i lawr tuag at ei focsers. Tynnodd Magw nhw oddi arno a'i gymryd yn ei cheg, y teimlad yn gwneud i Lars ebychu gyda phleser.

'Oh Magw, that feels good,' meddai wrth iddo afael yn ei gwallt a pharhau i ochneidio, ei anadliadau yn bytiog. Parhaodd Magw gyda gofal a manylder, y ffaith ei bod hi'n ei blesio yn gwneud iddi deimlo'n orwych a'i chorff yn ymateb yn reddfol.

'Magw, my turn now,' dywedodd Lars rhwng ei anadliadau. 'I want to do you now before I...' anadlodd yn ddyfn. 'Before we have sex.'

Edrychodd Magw i fyny arno a gadael iddo'i chodi hi i fyny a'i throi hi ar ei chefn fel bod yntau'n gallu mynd i lawr arni hithau. Llwybreiddiodd ei gusanau i lawr ei bol, rhwng ei choesau, tu fewn i'w chluniau, y disgwyliad yn rhan o'r pleser. Dechreuodd hithau udo gyda phleser cyn iddo fewnblannu'i dafod, ac estynnodd ei dwylo i gyffwrdd ei ben, y newid yn eu safleoedd yn creu teimlad cynnes yn ei pherfedd. Roedd hi'n agos at orgasm, ei choesau'n cyrlio rownd ei ben.

'Lars–'

Daeth yn ei ôl i fyny a rhoi sws iddi, cyn treiddio ei hun ynddi'n ofalus, y teimlad yn gwneud i bob nerf yng nghorff Magw grynu. Y teimlad ei bod hi'n rhoi ei hun i'r dyn yma, yn y ffordd yma, yn bob dim iddi. Trodd Magw ymhen 'chydig fel ei bod hi'n cael mynd ar ei ben o, yntau'n gafael am ei chanol a'i brestiau am yn ail, ei gyffyrddiadau yn ei hegnïo. Daeth Magw gyntaf gan riddfan yn uchel mewn pleser, heb unrhyw gywilydd, ac yna daeth yntau gydag ochenaid.

Eisteddodd y ddau fel oeddan nhw am fymryn eto, wedi atodi, yn cilwenu, yn cipio cusanau, teimlad cynnes yn cymryd drosodd gan wybod beth oedd y person arall yn feddwl am ei fod yr un peth ag oedden nhw'n feddwl amdano.

'That was good,' chwarddodd Magw i wddf Lars.

Chwarddodd Lars i wddf Magw. 'You're amazing, that *was* good.'

Meddyliodd Magw am eiliad ei fod fymryn yn swil, ond allai hynny ddim bod. Roedd hi wastad wedi bod 'yr un swil' yn ei pherthnasau ac ystyriodd a oedd yr hyder oedd hi'n ei deimlo y bore hwn wastad wedi bod yno, wedi ei gladdu yn ddyfn ac ofn dod i'r wyneb.

'Want to go again?' sibrydodd Magw yn ei glust ac achosi i'r ddau chwerthin. Gafaelodd Lars ynddi a'i throelli ar ei chefn, sŵn chwareus yn llenwi pob congl o'r stafell.

'After coffee maybe,' dywedodd gyda winc a chusan arall gan godi i roi ei focsyrs amdano a cherdded i'r gegin gan ymestyn ei freichiau yn yr awyr.

Cododd Magw ar ei heistedd a dechrau fflicio drwy ei ffôn, yn edrych ar Instagram Stories o'r noson cynt: influencers ar eu gwyliau, ffrindiau mewn priodasau, neu allan, neu'n cael noson ddistaw. Liciodd ambell i lun. Roedd gas ganddi'r ffordd roedd pobl yn darlledu eu bywydau yn ddiddiwedd ar y cyfryngau cymdeithasol ac yn gwneud i bawb deimlo fel eu bod yn colli allan yn dragwyddol. Roedd ei theimladau tuag at y cyfryngau cymdeithasol yn gwrthryfela yn erbyn ei gilydd. Beth bynnag oedd hi'n deimlo, roedd hi'n parhau i dreulio oriau bob dydd ar y socials, fel llawer i filenial anghyson. Gwelodd fwy o uwchlwythiadau ei dilynwyr. Roedd Jon, Simon a Thelma allan yn Brixton, yn dawnsio mewn bar, Thelma yn siglo ei thin mewn ffrog fechan oedd yn dangos ei lliw haul. Chwarddodd iddi hi ei hun wrth feddwl amdanyn nhw allan tan dri o'r gloch y bore, ac amdanyn nhw'n crinjan ar y fideo ar ôl sobri. Doedd hi byth yn syniad da i bostio ar ôl hanner nos. Ac yna cofiodd Magw ei bod hi mewn gwely diarth a bod ei gŵr adref yn meddwl bod Thelma a Magw yn Sbaen.

Cerddodd Lars yn ôl i fewn efo coffi ac eistedd yn y gwely.

'Thanks,' meddai Magw a chymryd cegiad o goffi, y chwerwder yn llifo o'i gwddf i'w stumog, y caffîn yn brysio drwy'r arterïau ac at ei chalon. Diawliodd Thelma. Ond diawliodd ei hun yn fwy am gael ei chario gan y ffantasi.

/

Pan gyrhaeddodd Thelma adref y bore hwnnw, roedd Dyfed yn eistedd ar ei stepan drws yn gafael mewn dwy gwpan coffi take away. Roedd Thelma bellach yn adnabod ei chymdogion, yn rhannu mynedfa'r adeilad gyda chwpl ifanc oedd yn rhentu, Rose a Charlotte, a Ffrancwr yn ei bumdegau oedd yn berchen ei fflat, y tri yn ddigon dymunol ond yr un yn fodlon cyfrannu tuag at gynhaliaeth y drws, y paent coch yn plicio ar hyd yr ymylon. Roedd Thelma wedi rhoi coeden olewydd mewn potyn yn y porth bychan ond tu hwnt i hynny roedd y sgwaryn bach o goncrit roeddan nhw'n ei rannu wedi ei anghofio, yn gartref i'r biniau oeddan nhw'n eu rhannu. Doedd hi ddim wedi gweld Dyfed ers y noson ar ôl priodas Rob a Chrissy, pan oedd hi wedi torri ei chalon yn eu fflat, yn methu deall y newid ym meddwl Rob. Erfyniodd arnyn nhw i ddweud wrthi sut oedd o wedi medru gwneud hyn iddi, a sut oedd o wedi medru gwneud hyn i Chrissy, y ddynes oedd o wedi ei phriodi. Oedd o'n teimlo'n euog? Oedd o'n teimlo'n fwy euog am fradychu Chrissy neu Thelma? Roedd Magw a Dyfed wedi eistedd efo hi o amgylch yr hen fwrdd derw, yn dadansoddi, yn ei chysuro, yn trio perswadio Thelma ei bod hi'n well hebddo, y byddai'n gallu cychwyn ei bywyd hi'n iawn, bod hyn yn blessing in disguise, ei bod hi wedi cael gwared ar y big bad wolf oedd yn ei dal hi'n ôl ers blynyddoedd. Ac yna roedden nhw wedi archebu take away o'r Lucky Cat Chinese a gwylio ffilm, tra o'n nhw'n dal i bigo ar y prawn crackers, yn union fel oedden nhw wedi ei wneud droeon o'r blaen.

Roedd gwallt Dyfed yn fyr, yn ymylu'n agos at y cam lle fyddai'n well siafio'r cwbwl i ffwrdd a theimlodd Thelma don enfawr o gariad tuag ato. Doedd hi ddim yn dallt pam ei fod o yno, doedd hi a Dyf ddim yn treulio llawer o amser efo'i gilydd heb Magw y dyddiau yma.

'Dyfed?' dywedodd ond roedd o'n swnio'n fwy fel cwestiwn.

'Hei.'

'Thels.' Cododd ar ei draed i'w hwynebu. 'Hei, ti'n iawn?'

'Yndw, diolch, ti?'

Rhoddodd y coffi iddi. 'Flat white, un siwgr brown.'

'Diolch,' meddai gan wenu. Byddai caffîn yn helpu'r hangofyr. 'Be ti neud yma?'

'Wel 'nes i jest codi bore 'ma a dod draw a sylwi ei bod hi'm hyd yn oed yn naw o'r gloch eto, so o'n i jest yn ista'n fama yn meddwl os o'n i am roi cnoc neu gadal i chdi gysgu am 'chydig eto.'

Chwarddodd Thelma. 'Wel, lwcus i chdi 'nes i ga'l kick out gan Jon a Simon ben bora 'ma. O'ddan nhw'n mynd i weld chwaer Simon yn Kent erbyn deg.'

Chwarddodd Dyfed yn ddiysbryd.

'Do'dd neithiwr ddim i fod i droi mor wyllt,' chwarddodd Thelma. 'Os 'na rwbath yn bod?'

'Dim byd, na. Ond ma bob dim yn teimlo mor *off*.'

Anadlodd Thelma.

'A dwi'm yn gwbod be i neud.'

Roedd Thelma'n ddistaw. Gwelai Dyfed yn ystyried beth i'w ddweud nesaf.

'Ti 'sho dod i fewn?'

'Dwi'm yn gwbod.'

'Dyfed–'

'Ma hi 'di deud na heddiw o'ddach chi'n dod adra wrtha fi.'

Edrychodd Thelma arno. Er ei bod hi heb wneud unrhyw beth o'i le, dechreuodd ei chalon garlamu, rhyw deimlad anesmwyth yn treiddio trwyddi.

Rowliodd Dyfed ei lygaid ac eistedd yn ei ôl ar y stepan drws fel fod Thelma'n tyrru uwch ei ben.

'Be sy'n mynd mlaen efo hi?'

Edrychodd Dyfed mor fach a mewnblyg. Eisteddodd Thelma wrth ei ochr, eu cyrff yn cyffwrdd ychydig.

'A paid â deud bo chdi'm yn gwbod, 'chos dwi'n gwbod 'i bod hi'n deud bob dim wrtha chdi.'

'Dim bob dim, Dyf. Dim ar y funud beth bynnag.'

'Dwi'n falch na dim jest fi sydd.'

'Nage, dim jest chdi sydd.'

Dim yn aml oedd teyrngarwch Thelma tuag at Magw yn simsanu ond roedd 'na rywbeth mor fach a gofidus am Dyfed yn y foment hon yn gwneud i'w chalon chwyddo gyda chariad a phiti. Roedd eu bywydau wedi clymu ynghyd, eu cyfeillgarwch yn golygu rhywbeth. Ni wyddai sut yn union i ddiffinio rôl Dyfed yn ei bywyd, gan ei bod hi'n gwybod ei fod yn fwy na ffrind, yn fwy nag estyniad o gyfeillgarwch Magw a hi, ond bellach yn rhywbeth ynddo'i hun. Doedd o ddim yn gariad nac yn ŵr iddi, ddim yn frawd, ond roedd o'n fwy na ffrind hefyd a doedd dim enw ar gyfer y fath berson. Roedd 'na agosatrwydd platonig yn eu perthynas; roedd o wedi gosod silffoedd iddi, wedi trwsio'r ffens yn yr ardd, wedi eistedd mewn waiting room efo hi tra oedd hi'n cael test Chlamydia. A rŵan roedd o'n sefyll o'i blaen yn gofyn am atebion.

'Ti'n meddwl...?' ceisiodd Dyfed, y ffaith ei fod o'n methu gorffen ei gwestiwn yn dweud cyfrolau. 'Ti'n meddwl–'

'Dwi'm yn gwbod,' torrodd Thelma ar ei draws cyn iddo gael cyfle i ofyn yn iawn. Roedd 'na fyrdd o gwestiynau y gallai Dyf ofyn. Oedd Magw'n dal i weld Lars? Oedd o'n fwy na jest secs? Oedd ei wraig yn caru dyn arall?

'Sut dwi am ga'l hi'n ôl?'

Ystyriodd Thelma achub cam Magw drwy ddweud mwy o gelwydd ond anadlodd allan yn ostyngedig. 'Dwi'm yn gwbod,' meddai. Allai hi ddim dallt pam nad oedd Magw wedi dweud unrhyw beth wrthi am y cynllun hyn. Cysidrodd gymaint doedd Magw ddim yn ddweud wrthi.

'Sut dwi am stopio hi rhag 'i weld o?'

'Dwi'm yn gwbod.'

Anadlodd Dyfed allan yn hir. 'Dwi'm yn siŵr os fedra'i. Na'draf?'

Cyffyrddodd Thelma ei ysgwydd gyda'i hysgwydd hithau, a gwenu gyda chydymdeimlad.

'Dwi'm yn gwbod be i ddeud... sori, Dyfed.'

'Be ti meddwl sy'n mynd i ddigwydd?' gofynnodd.

Doedd gan Thelma ddim syniad beth oedd am ddigwydd.

'Ti isho fi ddeud rwbath wrthi?'

'Na, plis paid â sôn. Dwi'm yn gwbod be dwi'n neud. Dwi'm yn gwbod be sy'n mynd drwy 'mhen i, sti.'

Oedd o'n teimlo cywilydd, tybed? Roedd Thelma'n drist i feddwl y bysa ofn arno ddod ati i siarad. Tybed sut oedd o'n diffinio ei rôl hi yn ei fywyd? Arhoson nhw yno am rai eiliadau yn rhannu'r distawrwydd bodlon.

'Ti 'di clwad gan Rob yn ddiweddar?' gofynnodd Thelma mewn eiliad o wendid, heb edrych ar Dyfed, chwilfrydedd yn cael y gorau arni. Roedd hi'n galed meddwl amdano yn mynd o gwmpas ei fywyd arferol, yn ŵr i Chrissy, a Thelma'n gwybod dim am yr hyn roedd o'n wneud nac yn meddwl amdano. Fysa hi'n licio mewnwelediad parhaol i'w ymennydd.

Edrychodd Dyf arni, gwingodd yn anghyffordus. 'Ym, do.'

''Dio'n hapus?'

Edrychodd Dyfed arni, golwg ddryslyd ar ei wyneb. 'Ym, yndi am wn i.'

Nodiodd Thelma. 'Dwi'n falch.'

'Ti 'di... siarad efo fo?'

Gallai Thelma synhwyro ei fod yn atal ei hun rhag dweud mwy.

'Dim ers bore'r briodas.'

A doedd hi ddim wedi siarad efo fo, ond roedd hi wedi meddwl amdano, wedi drafftio negeseuon i yrru iddo yn pleidio am atebion.

'Dwi'n mynd i symud mlaen,' cyhoeddodd Thelma. Ailadroddodd fel petai'n ceisio perswadio Dyfed a hi ei hun. 'Neshi snogio rhywun neithiwr.'

Chwarddodd Dyfed wrth godi ar ei draed.

'Snog yn Brixton, ti'n ddewr.'

'Dwi *yn* symud mlaen,' ailadroddodd Thelma wrth godi ar ei thraed hithau.

A gyda phob addewid yn y byd, roedd hi wir eisiau hynny.

Tri mis wedyn, Hydref (Llundain)

Hydref unwaith eto, y dail yn oren, yn felyn ac yn goch ac yn cydio ar frigau'r coed, y tymheredd yn dal yn rhy gynnes, y golau'n aur ac yn glaer bob awr o'r dydd a galwadau am heddwch yn Gaza o hyd. Byddai Thelma wastad yn cwyno am y tymheredd yn Llundain – yn rhy dwym yn hwyr yn y flwyddyn ac yn rhy oer unwaith roedd y tymheredd yn disgyn. Cyrhaeddodd ei gwaith am wyth fel yr arferai bob diwrnod, awr cyn i'w swyddfa lenwi. Aeth i nôl coffi a brecwast iddi ei hun o'r breakfast bar. Eisteddodd wrth ei desg.

Agorodd Outlook a fflicio drwy ei hebyst, lot o jync, mwy o ostyngiadau yn rhai o'i hoff siopau dillad, rhai ebyst wedi dod gyda'r nos o'r swyddfeydd yn Efrog Newydd a Hong Kong. Ac un wedi glanio am hanner nos. Suddodd calon Thelma wrth weld yr enw cyfarwydd.

00:03
robjones@gmail.com:
Thelma, plis gawn ni siarad? Dwi wedi trio ffonio a tecsdio ond dwi'n eitha sicir dy fod ti wedi mlocio fi... sydd yn amlwg yn hollol deg. Dyna'r lleia dwi'n haeddu gen ti ar ôl bob dim i ddeud gwir. Dwi isho egluro i chdi beth ddigwyddodd, nid mod i y person gorau efo stwff fel'ma ond dwi am drio. Dwi'n gwybod ei bod hi'n hwyr, ond dwi wedi bod isho deud hyn ers sbel, dwi heb sdopio meddwl

amdana chdi ers y brodas... Dwi mor sori am y brodas a gadal chdi lawr fel'na.

Pan welais i chdi ar y nos Wenar, 'nes i ddechrau teimlo yn union fel dwi'n teimlo bob tro yn dy gwmni di, ac o'n i methu canolbwyntio ar ddim byd arall, heb sôn am feddwl priodi Chrissy. A wedyn bore Sadwrn. Ar ôl i mi adael fy stafell, mi o'n i'n ben dant am fynd i orffen pethau hefo Chrissy a rhoi diwedd i'r briodas. A wedyn 'nes i gerdded i fewn i'r stafell lle roedd y groomsmen i gyd yn aros amdana i. A wnaeth bob owns o argyhoeddiad o'dd gen i ddiflannu. O'dd Dyf yn medru dweud bod 'na rywbeth wedi digwydd yn syth, ac ar ôl deud yr hanes a trafod bob dim efo fo, wnaeth o berswadio fi y bysa peidio priodi Chrissy yn gamgymeriad. O'dd priodi Chrissy yn opsiwn call – hi a fi eisiau yr un pethau yn y bôn, priodi, plant, byw yng ngogledd Cymru. Ti wastad wedi gwbod bo chdi ddim isho y pethau hynny... ond 'da ni wastad 'di bod isho'n gilydd. So be o'n i neud? A wedyn...

A neshi briodi Chrissy. A mi oedd o'n gamgymeriad a dwi wedi difaru 'mhenderfyniad bob diwrnod ers hynny. Dwi'n teimlo fel gymaint o gachwr mod i wedi colli conviction fi fel'na a dwi'm yn gweld bai arna chdi ddim isho siarad efo fi. Swni'm isho siarad efo fi chwaith.

Neshi rili torri nghalon i pan neshi adal Llundan a sylwi bo chdi ddim isho dod efo fi ond 'da ni rioed 'di medru torri ffwr o'n gilydd chwaith naddo? Pam dwad? A wedyn 'nes i gyfarfod Chrissy a mi oedd hi'n berson mor neis ag o'n i jest yn meddwl os fyswn i'n aros efo hi ddigon hir y byswn i'n dod drosda chdi. So neshi gal y syniad gwallgo 'ma i ddyweddio chos o'n i'n meddwl os fyswn i jesd yn cal petha dros y lein, fyswn i'n iawn.

'Nes i ddeud wrth Chrissy be odd 'di digwydd – doedd hi'm yn haeddu be nes i iddi. A dwi'n teimlo'n ofnadwy mod i wedi torri'i chalon hi fel'na ond dwi 'di gadal Chrissy chos dwi'm yn meddwl

mod i rioed 'di bod mor hapus â huna hefo hi. Ti wastad jest 'di bod yn cefn fy meddwl i.

Dani rioed 'di siarad yn iawn dros y blynyddoedd, mae petha jesd di digwydd. Plis gawn ni siarad? Ffonia neu ebostia yn ôl. Be bynnag.

Dwi'm yn hollol siŵr be dwi'n trio deud, ond plis 'nei di gysylltu pan ti'n barod? Plis. Dwi mor, mor sori. A dwi'n gwbod mod i'm yn haeddu maddeuant ond fyswn i'n licio'r cyfla i siarad ag egluro.

Rob

Edrychodd Thelma ar y sgrin, a dechreuodd grynu, yr aircon yn y swyddfa yn gwneud yr aer yn sych. Y peth cyntaf iddi feddwl oedd: diolch byth fod ganddi ffordd o gysylltu hefo Rob eto. Sut oedd hi wedi anghofio am rywbeth mor sylfaenol ag ebost? Efallai yn ddyfn yn ei hisymwybod, roedd hi wastad yn gwybod.

Yr ail beth oedd: roedd Dyfed yno ar fore'r briodas, yn gwybod beth oedd wedi digwydd a dal wedi gadael i'r briodas fynd yn ei blaen. I ddweud y gwir roedd o'n swnio fel petai o wedi annog Rob i briodi Chrissy. Oedd o'n amlwg heb ei hamddiffyn a heb ddweud unrhyw beth wrthi yn y cyfamser. Suddodd y siom a'r brad yn ddyfn, fel balŵn yn byrstio ac yn syrthio i'r llawr yn araf.

Oedd Magw'n gwybod? Ni ddylai hynny fod yn sioc fawr iddi, ond roedd yn dal yn ei digalonni. Ac, wrth gwrs, tybiai y byddai Magw wedi cadw rhan Dyfed. Roedd y ffordd roedd pobl yn defnyddio system rancio anweladwy ar gyfer ffrindiau a phartneriaid yn golygu bod Thelma, *yr un unigol*, wastad yn ail neu'n drydydd ar restr pobl, byth yn gyntaf ond ddim ar y gwaelod chwaith. Mi fyddai'r anghydbwysedd hwnnw yn bodoli tra oedd hi'n endid unigol a phawb arall wedi paru. Weithiau byddai'n breuddwydio am fyd lle doedd y strwythurau hyn ddim yn bodoli, cyfeillgarwch yn ganolbwynt bywyd. Dim ots faint oedd hi'n trio bodoli tu hwnt i'r strwythurau hyn – dim plant, dim partner – doedd hi ddim yn llwyddo. A doedd yna ddim byd yn bodoli lle roedd pobl am gael gwared ar y strwythurau hyn, gan mai dyma oedd sail cyfalafiaeth: normau hetrorywiol a gwerthoedd teuluol.

Oedd Dyfed wir yn meddwl cyn lleied ohoni nad oedd o eisiau iddi fod efo'i ffrind? Ai dyna oedd y broblem? Neu oedd well ganddo fo Chrissy? Byddai Thelma weithiau'n meddwl mor rhwydd fyddai ei pherthynas hi a Rob yng nghyd-destun Magw a Dyfed, y cydblethu yn anorfod. Gallai weld eu dyfodol dychmygol yn ymestyn o'u blaenau mor glir, y pedwar ohonyn nhw; y penwythnosau tramor; y swperau hir mewn bwytai crand, y prynhawniau Sul ymlaciol mewn tafarndai gwledig ac ymhen amser, y gwyliau hefo plant a'r prynhawniau Sul mewn tafarndai hefo swings a sleids erbyn hynny. Y gwledydd fysen nhw'n ymweld â nhw, y bwydydd fysen nhw'n eu blasu a'r synau fysen nhw'n eu clywed. Dau ffrind gorau efo dau ffrind gorau. Dyma beth oedd rhai pobl yn breuddwydio amdano.

Darllenodd Thelma yr ebost eto. Ers faint oedd Rob yn pori dros y geiriau hyn, tybed? Roedd hi'n hwyr pan yrrodd o'r neges ac ystyriodd Thelma a oedd o wedi meddwi'n gyrru'r ebost neu a oedd o wedi bod yn meddwl am hyn ers wythnosau. Rŵan ei fod wedi gadael Chrissy roedd o'n rhydd i wneud. Oedd o ddim eisiau bod ar ei ben ei hun?

Roedd 'na haenau i'r ffaith nad oedd Thelma wedi dweud unrhyw beth wrth Chrissy y bore hwnnw. Drwy ei bywyd roedd wedi profi ar sawl achlysur ei bod yn berson o foesau rhydd, dyma'r math o beth fyddai pobl wedi ddisgwyl ganddi. Ac er nad oedd hi'n malio rhyw lawer beth oedd pobl yn feddwl ohoni, doedd hi ddim yn rhy awyddus i gyhoeddi'r ffaith ei bod hi wedi cysgu hefo Rob ar fore'i briodas. Gwyddai fod hynny yn ddrwg ar bob lefel, hyd yn oed i rywun fel hi, a byddai'n gorfod byw efo'r ffaith am byth. Ond y gwir oedd, wrth gwrs, na fysa hi eisiau bradychu Rob, na'i frifo gymaint fel na fysa yna fyth ffordd yn ôl iddyn nhw. Yr hyn oedd wedi cadw'r ddau ynghlwm oedd y ffaith nad oedd yr un ohonyn nhw wedi pechu neu fradychu'r llall mor ofnadwy nad oedd modd iddyn nhw ddod 'nôl at ei gilydd. Roedd gobaith wedi llosgi am ddegawd; hyd yn oed pan oedden nhw ar wahân byddai 'na fflam dryloyw yn cadw'r gobaith yn effro. Bydden nhw'n lluwchio i fewn ac allan o fywydau ei gilydd. Roeddan nhw fel dwy blaned yn yr un bydysawd, fyth yn llwyddo i fod yn yr un orbit, yr amseru wastad off, rhyw gyd-ddigwyddiad a chamddealltwriaeth cosmig yn eu cadw ar wahân. Efallai mewn galaeth baralel ei bod hi a Rob yn hapus braf.

Doedd bywyd Thelma ddim yn wahanol ar ôl y briodas, er ei bod hi'n teimlo iddi brofi rhywbeth trawsnewidiol. Mi wnaeth ei bywyd hi jest cario mlaen; roedd hi n ôl yn y gwaith bore Llun, yn ôl yn y dosbarth pilates, yn dal i sweipio'n ddiamcan ar yr aps. Ond roedd hi'n teimlo'n wahanol; rhyw adflas sur, rhyw dristwch mawr o'i chwmpas. Dim digon i bobl sylwi arno ond digon iddi hi deimlo fel petai bricsen yn pwyso ar ei brest.

Ei magwraeth oedd wedi gwneud i Thelma feddwl nad oedd hi eisiau mynd yn ôl i Ogledd Cymru. Doedd hi erioed wedi gweld ei hun yno, ond efallai doedd dim bwys lle oeddat ti os oeddat ti hefo'r person oeddat ti'n garu. Doedd hi'n sicr ddim wedi meddwl y byddai'n rhywun oedd am briodi un diwrnod, y sefydliad ei hun yn ffarsaidd iddi hi. Roedd Thelma yno ar ddiwedd cymaint o briodasau, yn y sedd flaen i atgasedd cyplau fu unwaith yn hapus. Roedd hi wedi eistedd mewn board-room gannoedd o weithiau yn ystod ei gyrfa a gweld pobl oedd wedi bod mewn cariad oedd bellach yn casáu ei gilydd.

Roedd Rob wedi gofyn iddi unwaith beth oedd hi'n feddwl am briodas a hithau wedi ateb ei bod hi'n meddwl bod y sefydliad yn hen ffasiwn a ddim wedi ei greu ar gyfer y ganrif hon.

'Dwi'n dallt hynny,' atebodd Rob gyda gwên, ei ddimpl yn cael ei amlygu. 'Ti'm yn meddwl fod o fwy am... dwi'm yn gwbod? Gobaith.'

'Ma hi'n cymyd mwy na gobaith dydi, Rob?' atebodd yn ôl, mor sicr ohoni'i hun. Bellach roedd hi'n cydweld. Roedd priodi yn symbol o'r gobaith dall roeddat ti'n roi yn y person a'r berthynas a'r dyfodol.

A rŵan roedd o wedi gadael Chrissy, beth oedd hynny yn ei olygu iddi hi? Oedd yna arwyddocâd? Oedd o wedi gadael Chrissy er ei mwyn hi? Dechreuodd deimlo piti dwfn dros Chrissy, y dioddefwr difeddwl-ddrwg yng nghanol y smonach. Doedd yr holl dorcalon oedd hi'n sicr am fod yn deimlo, ddim i'w weld yn deg, Roedd 'na rywbeth chwerthinllyd yn y ffordd oedd Thelma wedi meddwl ei bod hi wedi aberthu ei hapusrwydd ei hun ar eu cyfer. Ond roedd hi wedi chwarae rhan yn y torcalon hyn.

Ceisiodd Thelma droi yn ôl at ei gwaith, ceisiodd fynd drwy weddill ei hebyst. Oedd hi'n methu. A doedd hi chwaith ddim yn medru tecstio ei ffrind gorau i siarad am y peth, gan ei bod hi'n amau ei bod wedi bod yn cadw hyn oddi wrth Thelma ers diwrnod y briodas. Doedd ganddi ddim amheuaeth y byddai Dyfed wedi dweud wrth Magw; dyma'r union math o beth fysen nhw wedi cnoi drosto am oriau. Cyfle i siarad am berthynas rhywun arall fel nad oeddan nhw'n gorfod meddwl am eu perthynas eu hunain.

Edrychodd Thelma o amgylch y swyddfa ac ar bawb yn cychwyn eu diwrnod, yn cyfarch ei gilydd ac yn yfed eu coffis, yn gwbwl anymwybodol o'r ebost oedd newydd chwalu ei diwrnod, ei bywyd efallai. Yr unig beth oedd hi eisiau ei wneud oedd cerdded allan a mynd i smocio ac yfed, i chwilio am gyffuriau, partïo fel ei bod hi'n ddau-ddeg-tri eto ac anghofio am yr ebost, ond doedd hi ddim yn gallu gwneud hynny. Roedd yn rhaid iddi fynd i gyfarfod cleients a darllen dogfennau. Ei gwaith oedd yr unig beth yn ei bywyd oedd Thelma wir yn falch ohono; roedd hi wedi gweithio mor galed i sicrhau ei bod hi'n un o'r goreuon. Ar un cyfnod roedd hi'n ddigon gwirion i feddwl y byddai ei llwyddiannau yn y byd cyfreithiol yn denu sylw ei thad, ond roedd hi'n gwybod bellach y bysa hi wedi medru bod yn Supreme Court Judge a fysa hynny ddim wedi creu unrhyw argraff arno.

Aeth dros y peth yn ei phen eto ac eto ac eto.

Roedd gan Thelma ddigon o hunanymwybyddiaeth i fedru cydnabod ei beiau ond oedd hi wir mor ddrwg â hynny? Roedd ganddi swydd dda, fflat ei hun, roedd hi'n meddwl ei bod hi'n ddoniol, yn berson diddorol oedd wedi teithio'r byd, yn ddeniadol. Ceisiodd weld ei hun drwy lygaid Dyfed. Efallai nad oedd o'n gweld yr holl bethau hynny a dim ond yn gweld y daddy issues, y mummy issues, mor ansefydlog oedd hi'n medru bod, ei hyfed, mor hawdd oedd hi'n dweud 'ia' i bump o Coke. Oedd gan Dyfed feddwl mor isel ohoni nad oedd yn medru dychmygu y byddai hi'n gwneud Rob yn hapus, neu hyd yn oed yn fodlon rhoi cyfle iddyn nhw archwilio'r posibilrwydd y bydden nhw'n hapus? Oedd o ddim wedi gweld y dyfodol dychmygol yna'n ymestyn o'i flaen hefyd? Y gwyliau a'r prynhawniau Sul?

Y gwir oedd nad oedd Thelma'n cofio os oedd 'na awyrgylch pan oedd hi acw hefo nhw; roedd hi'n ymddiried ynddyn nhw. Doedd hi ddim wedi amau Magw tra oeddan nhw ar eu gwyliau chwaith. Sut oedd Magw wedi medru eistedd ar y sunbed drws nesa iddi a gwrando arni'n mynd trwy'r peth, drosodd a drosodd. Efallai mai'r euogrwydd oedd wedi ei gorfodi hi i adael i Thelma barablu ymlaen. Roedd hi'n gwbl sicr bod Magw'n gwybod.

Aeth i'w chyfarfodydd boreuol ond roedd rhaid iddi adael y swyddfa cyn dau o'r gloch am fod yr aer yno'n dew a'i gwynt ddim yn dod allan yn iawn. Fedrai Thelma ddim canolbwyntio ar unrhyw beth, yn gorfod gofyn i bawb ailadrodd yr hyn oeddan nhw'n ddweud.

Cerddodd at ei rheolwr, un o bartneriaid y cwmni.

'I'm really sorry, but I'm not feeling very well. I need to go home.'

Edrychodd arni'n synn. Doedd pobl ddim yn mynd adref yn sâl yma, roedd pobl yn dioddef yn ddistaw.

'I'm sorry. There's nothing urgent this afternoon. I've sent Jenny the files for tomorrow.'

'There's always *something* urgent,' atebodd yn ddidostur.

'I have to leave, I am *so* sorry.'

'Thelma, is everything–?'

Craciodd llais Thelma wrth iddi ateb. 'I need to take a day or two... OK? I'm sorry.'

Paciodd ei bag a cherdded allan yn fud. Aeth i lawr y stryd, wynebau'n fflachio heibio iddi a hithau'n teimlo fel ei bod mewn simulation, yn edrych arni ei hun o'r tu allan, ei chorff yn mynd â hi i'r off-licence cyntaf, yr arwydd LYCA a 241 Vapes yn goleuo'r ffenest. Aeth tua'r oergell hir, agored a dewis tri can o Gordon's Gin and Tonic am £3.49 yr un. Roedd hi'n cofio amser pan oedd rhain bunt yn rhatach.

'Pack of Marlboro Golds please,' gofynnodd wrth y ddynes oedd yn ei gweini. 'And a lighter,' meddai.

'Anything else?'

Roedd 'na ran ohoni eisiau troi at y ddynes a dweud y cyfan wrthi, eisiau iddi ei chymryd hi yn ei breichiau a dweud wrthi beth i'w wneud.

'No, thanks.'

Taniodd smôc a cherdded tua'r parc ar ben y stryd. Eisteddodd ar fainc oedd yn wynebu'r gwyrddni oedd bellach yn frown, y gwair wedi llosgi dros fisoedd yr haf. Roedd 'na ddeiliach oren-frown yn hongian yn llipa oddi ar y coed, yn dal ar ba bynnag obaith oedd ar ôl o'u bodolaeth gylchol. Roedd bywyd yn gylch. Sawl gwaith oedd hi wedi cael ei siomi gan ddynion ac yna wedi pigo'i hun fyny a chario mlaen i obeithio y byddai'r nesaf yn wahanol? Gallai Thelma bellach weld olwyn ddŵr ei pherthynas hi a Rob: archwaeth, secs, hapusrwydd, brad, siom, tristwch, maddeuant ac yna'r cyfan yn ailddechrau. Wyth biliwn o bobl yn y byd a hithau'n dychwelyd at yr un person. On'd oedd cariad yn rhyfedd? Yn gwbwl ddibynnol ar amseru ac amgylchiadau ond eto yn rhywbeth oedd pobl yn ei drin fel y peth mwyaf rhyfeddol yn y byd. Beth oedd yn fwy gwyrthiol, o bosib, oedd anallu llwyr Thelma i ddal ei gafael ar unrhyw fath o gariad rhamantaidd a hwnnw i weld mor hawdd i bawb arall.

Ar ben pellaf y fainc, eisteddodd ddyn i lawr gydag ochenaid ysgafn.

'You got a light?'

Estynnodd Thelma ei leitar o'i bag a'i rhoi iddo, heb edrych arno'n iawn.

'Thanks,' atebodd gan danio'i smôc yntau. 'Filthy habit! But can't really stop now.'

'Mmm,' atebodd Thelma yn absennol ei meddwl. Roedd hi bellach yn ailddarllen yr ebost.

Nath o helpu mi sylweddoli bod priodi Chrissy yn opsiwn call.

'Should never have started.'

Anwybyddodd Thelma'r dyn, yn ysu am ddistawrwydd. 'Is smoking even fashionable these days?'

'Listen, I'm sorry but I came here to smoke in peace.'

'Can I have your number then?' gofynnodd y dyn yn aflednais.

Chwarddodd Thelma yn ffals gan droi ato, 'No.' Rowliodd ei llygaid, cymryd drag arall a throi at ei ffôn unwaith eto.

Chwarddodd y dyn, 'Well, fuck you then, you ugly bitch.'

Rhoddodd y geiriau ysgytwad i Thelma a throdd i edrych ar y dyn. Sgleiniodd yr haul ar ei lygaid brown a'i wallt tywyll, tonnog. Gwenodd gan ddangos ei ddannedd gwyn, peryg.

'Fuck you too,' poerodd hithau yn ôl arno wrth iddi godi ar ei thraed. Gafaelodd yn ei stwff a dechrau cerdded oddi yno.

'Nice ass,' gwaeddodd y dieithryn gyda chwarddiad.

Edrychodd y ddau ar ei gilydd mewn syfrdandod, yr ofn a'r chwilfrydedd yn hafal. Dechreuodd y dyn chwerthin. Syllodd Thelma arno, yn teimlo'n hunanymwybodol, ei chalon yn curo, ei bochau yn gwrido, chwys yn casglu o dan ei cheseiliau.

'Who the fuck do you think you are?' gofynnodd Thelma. Dechreuodd weiddi arno, pa hawl oedd ganddo fo siarad fel'na hefo hi? Pam fod dynion mor afiach, pam fod o'n ymddwyn fel oedd o, pam fod o'n siarad fel'na hefo merched, oedd o'n incel, 'chos roedd o'n ymddwyn fel un... y geiriau'n tasgu allan o'i cheg heb reolaeth. Mae'n rhaid fod y dyn wedi dychryn, ddim yn gwybod beth i wneud, felly cododd a brasgamu o'r parc yn reit handi.

Parhaodd Thelma i gerdded o'r parc drwy allanfa arall, ei chalon yn curo'n uchel. Aeth i fewn i dafarn gyfagos, y lle'n wag heblaw am ambell i hen ddyn yn eistedd yn nyrsio peintiau o Guinness.

'You can't drink that in here, love,' meddai'r ddynas tu ôl y bar.

'Sorry,' meddai Thelma a rhoi'r can i orffwys ar y bar. 'Can I have a gin and tonic, please?' gofynnodd iddi.

'That'll be eight pound fifty please, love,' dywedodd y ddynes wrth roi'r diod iddi. Roedd hi wedi tollti gormod o donic i'r diod i Thelma. Aeth i eistedd ar fwrdd yn y gongl, ei chorff yn dal i grynu.

Cerddodd rhywun tuag ati ac eistedd ar y bwrdd agosaf ati, hithau methu'n deall y rhesymeg o gwbwl â chymaint o fyrddau gwag eraill yn y dafarn, ymhell o fwrdd Thelma, nes iddyn nhw ofyn os fysa hi'n meindio pasio eu bag draw iddyn nhw, a'r papur newydd, roeddan nhw'n eistedd yno o'i blaen hi. Ymddiheurodd Thelma a chynnig newid lle, ond gwrthododd y dieithryn a gofyn oedd hi'n iawn.

'I just got verbally assaulted by this random man in the park, I just needed a second to gather myself,' meddai Thelma. 'I'll move, honestly.'

'I'm sorry that happened, men are... well...'

'Trash?' gofynnodd Thelma.

'Ha! Not all men, but a lot of men, right? There is no need for you to move. I'll just sit here,' meddai wrth eistedd wrth y bwrdd cyfagos. Roedd hi'n hen dafarn draddodiadol, paneli pin hyd yr ochrau a ffenestri lliw a'r person ifanc yma ddim yn ffitio fewn, yn rhy cŵl ac amgen i fod yma rhywsut. Roedd ganddyn nhw wallt lliw tywod yn sticio fyny ar eu pen, pâr o sbectols crwn a chrys llac gwyrdd yn gorchuddio hanner uchaf eu corff.

'Thanks,' atebodd Thelma. 'I see you're trying to keep newspapers in print then?' meddai wrth basio'r papur newydd.

Chwarddon nhw gan ddangos eu dannedd mawr. 'There's nothing quite like reading a physical newspaper in an old man's pub is there?'

'I'm sure I could think of a few other things...'

Gwenodd ar Thelma. 'I'm Charlie. You want a drink?' gofynnodd y person yn galonogol.

Ystyriodd Thelma y cwestiwn am 'chydig cyn ateb. 'Why not? Got nowhere else to be.'

Prynodd Charlie y botel gyntaf o win.

Roeddan nhw'n 26, ond yn 'old soul'. Darganfyddodd eu bod yn actor, neu'n bartender oedd yn trio bod yn actor. Fysa Thelma'n eu nabod o unrhyw beth? Flynyddoedd yn ôl, roedden nhw wedi bod mewn drama ar BBC1 oedd i fod i newid eu bywyd am byth, ond wnaeth hi ddim. Roedden nhw newydd fod am glyweliad aflwyddiannus ac wedi dod i'r dafarn am ddiod cyn cychwyn shifft yn y bar dros y lôn. Roeddan nhw'n ysgrifennu yn ogystal â bod yn actor, ac yn gweithio ar two-hander ar y funud. Gender non-conformist masterpiece, yn ôl y sôn. Efallai eu bod nhw'n ei ffansïo hi. Fflachiodd eu ddannedd eto wrth wenu, a wnaeth gyffroi Thelma.

Prynodd Thelma yr ail botel o win wrth iddyn nhw drafod pob math o bethau. Gwleidyddiaeth, eu dewis i fynd yn actor, i fod yn non-binary, dewis Thelma i fod yn gyfreithiwr, hanes ei thad, hanes Rob a'r briodas yn cael ei drafod, yn anorfod. Ceisiodd Thelma grynhoi'r sefyllfa ond mi wnaeth yr eglurhad gymryd potel gyfan o win i'w ddarfod. Cyffyrddodd Charlie law Thelma ar adegau.

'Shall we... pick up?'

'Yes.'

Yna digwyddodd y cyfan mewn blyr, mewn pytiau, mewn golygfeydd rhwng diodydd a snortiadau a snogs. Siarad heb stopio. Charlie'n tecstio'u rheolwr i ddweud na fydden nhw'n gweithio'u shifft. Codi i ddawnsio. Snogio. Pigo fyny. Snortio yn y toiledau. Siots. Yna yn ôl i fflat Charlie i snortio mwy. Roedd yn rhannu'r fflat gyda mêt oedd yn actores, ei rhieni hi'n berchen y fflat. Doedd hithau ddim yn llwyddiannus chwaith ond roedd ganddi rieni cyfoethog felly roedd hynny'n well na dim. Gwrando ar records, dawnsio'n araf ar y carped yng nghanol y stafell. Snortio mwy. Potel o wisgi drud yn cael ei hagor i godi llwncdestun. Fysa'r mêt ddim yn meindio. Beth yn union doedd Thelma ddim yn siŵr. Ffwcia Rob! Ffwcia casting directors! Meddwl yn crwydro tuag at Dyfed a Magw. Doedd hi ddim angen y bobl hyn! Snogio eto, ar y soffa'r tro hwn. Tynnu ei thop i ffwrdd er mwyn dawnsio yn ei bra. Sylwi ei bod hi'n bedwar y bore. Sut oedd hi'n bedwar yn barod? Leinio nhw fyny ar y bwrdd coffi, un lein arall, paid â gadael i hyn fod y diwedd! Byseddu ei gilydd ar y soffa, ond doedd ganddyn nhw fawr o libido ar ôl ffasiwn bowdwr. Dim libido, dim ots, wnawn ni gymryd mwy. Dwi'm isho'r noson 'ma orffen. Gweld yr haul yn dod fyny, yr awyr yn oren llachar dros y ddinas. Sŵn y ddinas yn deffro a nhwythau'n mynd i'w stafell wely. Snogio. Dwi'n meddwl mod i'n caru chdi. Nos da. Dwi'n meddwl mod inna'n caru chditha.

Y peth cyntaf sylwodd Thelma arno pan agorodd ei llygaid oedd bod ffan ar nenfwd y stafell. Roedd 'na rywbeth continental a hen ffasiwn amdano. Meddyliodd mor braf fyddai cael ffan ar y to yn ei fflat hi yn ystod yr haf, yn enwedig pan oedd tymheredd Llundain yn cyrraedd y tridegau uchel. Tybed faint oedd y ffasiwn beth yn gostio? Ond roedd y ffan yn troelli, y swisho'n gwneud iddi deimlo fel petai hi mewn helicopter, yn gwneud i'w stumog droelli ac i'w phen chwyrlïo. Roedd Charlie'n gorwedd wrth ei hochr, yn chwyrnu'n ysgafn. Lle oedd ei thop hi? Edrychodd Thelma ar ei ffôn, roedd hi'n ganol prynhawn. Gwelodd rif Magw, baneri gwyrdd negeseuon Whatsapp Jon, baneri piwslas Teams ei chydweithwyr yn gofyn a oedd hi'n gweithio heddiw, baneri gwyn Outlook, o god roedd hi wedi gyrru neges i Dwight, baneri glas Facebook. Sut oedd hi wedi llwyddo i greu cymaint o ddifrod ar declyn mor fychan? Roedd hi'n cofio gyrru negeseuon ffôn un fesul un, fel petai hi'n leinio pob un derbyniwr fyny, fel petaen nhw mewn gêm ffair, i gael eu hitio hefo sach o flawd; teimlad buddugoliaethus ar y pryd ond y gwobrau yn siom rŵan, pysgodyn aur roedd hi isho ei fflysho lawr y pan, tedi-bêr oedd yn rhy fawr i ffitio yn unrhyw le. Parhaodd y ffan i droi gan wneud i'r stafell deimlo fel ei bod yn cau arni, pob neges yn sugno'r aer o'i sgyfaint. Cododd Thelma o'r gwely a chwilio am rywle i chwydu'r teimlad echrydus i fyny.

Dau ddiwrnod yn ddiweddarach

Cerddodd Magw i fewn i fflat Jon yn Brixton efo potel o Brosecco a phacedi o greision a dipiau. Dim yn aml oedd hi'n cyrraedd unrhyw le ar ei phen ei hun y dyddiau hyn, Dyf neu Thelma wastad ar ei braich. Roedd hi'n teimlo'n sâl wrth gerdded i fewn ac wrth i Jon ei chroesawu, ei phen yn niwlog a'i choesau fymryn yn sigledig ar ôl y gwin roedd hi wedi'i yfed yn gyflym tra ei bod yn gwneud ei hun yn barod. Roedd o'n gwisgo band gwallt efo cacen a channwyll yn sticio fyny yn y canol a chrys pinc golau sgleiniog efo bathodyn 'Happy Birthday', rhag ofn fod y band gwallt ddim yn ei gwneud hi'n ddigon amlwg ei fod yn dathlu ei ben-blwydd. Ers eu dyddiau coleg, roedd Jon wastad yn dathlu ei ben-blwydd drwy drefnu parti o ryw fath i nodi'r achlysur. Ef oedd un o'r rhai cyntaf i ddathlu ei ben-blwydd yn eu blwyddyn gyntaf yn y coleg ac roedd y traddodiad wedi sticio.

'Happy Birthday, Jon!'

Roedd ei llais yn grynedig ac yn ffals wrth iddi roi'r blodau iddo.

'Thanks, Mags,' dywedodd wrth iddyn nhw gofleidio. 'Come in, we're all in the garden actually and Simon's going to light the chimnea soon.'

'Ah great. So lucky with the weather!'

'Yeah, we're so lucky, unseasonably warm today!' meddai

wrth iddi gerdded i fewn i'r gegin. Tolltodd Jon ddiod iddi.

'Thanks,' meddai wrth gymryd y gwydr. 'Cheers!'

'Cheers! Where's Dyf today then? Is he going to stop by?'

'He was playing golf this afternoon, with some clients, should be here very soon.'

Cilwenodd Jon. 'Ah great, I'm glad he can join. I haven't seen him in ages. Probably not since last year's birthday bash! So, how are you doing then?'

'I'm OK, thank you. Is...?'

'She's in the garden,' meddai Jon wrth wneud stumiau tua'r ardd. 'Holding court.'

Gwelodd Thelma yng nghongl yr ardd fel barnwr mewn llys, y bobl o'i chwmpas mewn parchedig ofn ac yn chwerthin arni'n adrodd stori. Dyma Thelma ar ei gorau; 'chydig wydrau i lawr, yn perfformio stori a phawb yn aros am ei gair neu'r jôc nesaf. Fel arfer Magw oedd y co-pilot yn grymuso'r straeon hyn, yn adio ei pherspectif hi. Ac roedd y ddwy mor slic, Magw'n gwybod yn iawn pryd i flodeuo ac addurno'r hanesion, pryd i adael i Thelma fod yn fwy blaengar, pa fanylion i'w dal yn ôl.

'Is she... OK?' sibrydodd Magw.

'Not too sure, she's had a *mad* few days, as I'm sure you know. She's here with someone she met on Thursday night. Anyway, let's head out...'

'Jon–'

'Listen, I don't really want to get involved. But you should know that she's upset. And I'd say rightly so, but I'm going to let you two sort that out,' dywedodd yn gadarn.

Teimlai Magw fel petai'r ddaear yn symud oddi tani, geiriau Jon yn gwneud iddi eisiau gadael y parti a chropian i'w gwely. Cerddodd allan at bawb. Meddyliodd sut deimlad fyddai cerdded i fewn i'r parti hefo Lars, ei weld yn cyfathrebu ac yn rhyngweithio gyda'i ffrindiau, ond diflannodd y cysyniad mor gyflym ag yr oedd wedi dod i'w phen. Fel arfer fysa Thelma wedi codi ar ei thraed i groesawu Magw i'r cylch ond wnaeth hi ddim codi, wnaeth hi ddim oedi, bron fel petai hi ddim hyd yn oed wedi ei gweld. Roedd hi'n gwisgo sbectols haul mawr oedd yn gorchuddio hanner ei hwyneb, ei gwallt hir yn flêr ar dop ei phen, rhywbeth am ei hosgo, neu ei gwisg, oedd ddim cweit yn taro deuddeg. Dim byd mor wahanol neu drawsnewidiol y byddai unrhyw un yn sylwi arno ond roedd o'n amlwg i Magw nad oedd y sglein arferol ddim arni.

Eisteddodd Magw wrth ochr Aimee, un o'u hen ffrindiau coleg, a'i phartner Theo. Roedden nhw newydd ddyweddïo ac aeth Magw ati i'w llongyfarch a holi'r cwestiynau arferol. Roedd Thelma'n dal i ddweud ei stori; aeth Magw rownd y cylch yn dweud ac yn gwneud stumiau 'helô' wrth bawb. Roedd ambell wyneb anghyfarwydd ond ar y cyfan dyma ffrindiau Magw yn Llundain, yr oedd wedi eu casglu dros y blynyddoedd, yr hen ffrindiau coleg, rhai roedd hi'n eu gweld unwaith neu ddwywaith y flwyddyn, rhai oedd hi ond yn eu gweld yn y parti yma ac ambell un roedd hi'n ei weld yn amlach am swper neu drip i'r theatr, y bobl oedd yn lliwio'i bywyd yn y ddinas, ei chymuned.

'Hey,' dwedodd Thelma wrthi, heb dynnu ei sbectols haul i ffwrdd a chario mlaen i adrodd ei hanes. Sylwodd Magw ar y person ifanc yn eistedd wrth ochr ei ffrind, eu coesau wedi croesi a'u braich yn ymlacio'n ysgafn ar dop cadair Thelma. Roedd 'na olwg fymryn yn flêr arnyn nhw, neu waeth fyth, budur. Ac roedd y ffordd roeddan nhw'n eistedd, mor llipa, mor gyfforddus yn eu cyffyrddiad yn gwylltio Magw, fel eu bod yn perfformio'r weithred o ymlacio.

'And then I ended up doing coke in the bathroom with the

girl off that Channel 4 sitcom–' cychwynnodd Thelma.

'The Irish one,' meddai'r dieithryn gyda gwên, gan glywed 'wows' y gynulleidfa. Mor hawdd oeddan nhw wedi cymryd lle Magw.

'No, no, it gets worse, guys. About ten mins later she comes running back to me saying she'd had a mix up... and it was K.'

Chwarddodd pawb.

'God, I thought my Ket days were far behind me, but turns out: not quite,' goractiodd Thelma ei hembaras ond yn amlwg roedd wrth ei bodd efo'r sylw.

Chwarddodd pawb eto.

'At one point I couldn't feel my bloody legs and I thought I was going to shit myself!'

Chwarddodd pawb yn uwch fyth. Roedd rhaid i Magw gyfaddef ei bod hi'n anodd osgoi cael ei dal yn y miri pan oedd Thelma'n siarad – fel hyn oedd hi wastad wedi bod, yn llwyddo i gyfareddu pawb.

'Yeah, not the sexiest pillow talk, when a woman is whispering she might shit herself in your ear,' dywedodd y llall.

Chwarddodd pawb ar y jôc. Roedd 'na rhywbeth mor chwerthinllyd, i Magw, am sut roeddan nhw mor agored am eu pillow talk yn barod.

'Oh Charlie! Charlie, I might be shitting myself,' meddan nhw gan ddynwared Thelma, mor slic eu symudiadau, mor gyfforddus.

Chwarddodd rhai ar eu stumiau, yn amlwg yn chwerthin arnyn nhw ac nid hefo nhw. Edrychodd eraill yn fwy tosturiol ar Thelma, y syniad o fod yn ei sefyllfa yn drist iddyn nhw. Agorodd Aimee ei cheg mewn anghrediniaeth a throi at Magw.

'Good god,' meddai'n anghymeradwyo.

Roedd 'na ambell un arall yn sibrwd wrth ei gilydd.

Edrychodd Magw ar Thelma, eisiau estyn allan ati a'i thynnu o freichiau Charlie ac o'r parti.

Dau ddiwrnod ynghynt, roedd Magw wedi cael y tecst cyntaf gan Thelma am 9 o'r gloch nos, yn gofyn a oedd hi'n gwybod. Doedd dim rhaid i Magw feddwl am eiliad beth roedd hi'n sôn amdano; dyma gwestiwn oedd hi'n ei ddisgwyl ers wythnosau. Gwyddai fysa Rob yn darganfod ffordd o gysylltu hefo Thelma ond doedd Magw ddim wedi disgwyl iddo gracio mor sydyn yn ei fywyd priodasol. Ar ôl rhai blynyddoedd efallai, pan oedd Thelma wedi symud ymlaen ei hun neu pan oedd Rob yn dechrau syrffedu. Ond tri mis ar ôl y briodas? Roedd 'na ran ohoni'n methu credu ei fod mor rhagweladwy a gwan.

Bore'r briodas, roedd Magw wedi deffro i stafell wag ac roedd hi'n gwybod yn syth lle roedd Thelma. Doedd ganddi ddim dowt. Cywilydd oedd y teimlad llethol ddaeth drosti: am y ffordd roedd hi wedi ymddwyn ond hefyd y ffordd roedd hi wedi annog Thelma i gyfaddef ei theimladau i Rob. Yna daeth yr edifarhau a'r euogrwydd. Yn y briodas, roedd hi wedi lluwchio o amgylch y lle, yn gwneud esgusodion dros absenoldeb Thelma ac yn osgoi Rob. Wrth gwrs roedd yntau'n ei hosgoi hithau, yn gwybod ei bod hi'n gwybod. Roedd hi eisiau chwdu pan oedd Rob yn gwneud ei araith ac yn cyhoeddi faint oedd o'n caru Chrissy, eisiau chwdu fwy byth yn eu gweld yn cusanu neu gyffwrdd. Perfformiad y dydd mor arbennig ganddo, roedd o'n haeddu gwobr. Tecstiodd Thelma lun o'r teledu am 8 o'r gloch, hithau'n gwylio *Pride and Prejudice* fel oedd hi wedi dweud y byddai'n ei wneud. Gwthiodd y llun Magw'n bellach i fewn i'w dicter, anniddigrwydd yn dew ynddi. Doedd hi ddim wedi mentro dweud dim wrth Dyf, ddim eisiau rhoi cyfle iddo fychanu Thelma neu ei galw hi'n wirion. Doedd hi'm yn siŵr oedd o wedi sylwi ei bod hi'n flin beth bynnag. Gadawodd y parti ar ôl y ddawns gyntaf gan gyhoeddi bod ganddi gur pen.

Doedd Dyfed ddim wedi dweud wrthi beth oedd wedi digwydd bore'r briodas tan ar ôl i Thelma adael ar y nos Sul, yr euogrwydd wedi dod drosto'n sydyn wrth roi'r bocsys take away Lucky Cat yn y sbwriel. Roedd hi mor flin efo Dyfed, y gynddaredd yn hyrddiau o weiddi a chwestiynau am sut oedd o wedi medru gwneud hyn i'w ffrind nhw. Fedrai Magw ddim dallt o gwbl, y ffordd oedd Dyfed wedi ymddwyn yn y briodas ac ers y briodas, dim gronyn o euogrwydd. Ystyriodd Magw beth fysa hi wedi ei ddweud wrth Rob petai hi yno y bore hwnnw, yn enwedig ar ôl yr holl bethau oedd hi wedi eu dweud wrth Thelma y noson cyn y briodas.

Derbyniodd Magw yr ail decst gan Thelma am un y bore: screenshot o ebost Rob yn galw Dyfed i gyfrif. Roedd Dyfed wedi cael ei ddal ac roedd hithau wedi cael ei dal yn cadw'r gwir wrth Thelma. Tybiodd mai dyna fysa wedi ypsetio Thelma fwyaf, ei thwyll hi, Magw, nid brad Dyfed o reidrwydd. Roedd Magw wedi troi a throsi drwy'r nos, ddim yn gwybod beth oedd y ffordd orau i ddelio hefo'r holl sefyllfa.

'Ma Thelma'n gwbod,' sibrydodd wrth Dyfed am dri o'r gloch y bore. Pwniodd ei wast efo'i phenelin i geisio'i ddeffro.

'Gwbod be?' gofynnodd Dyfed dan ei wynt.

'Ma Thelma'n gwbod beth ddudist ti wrth Rob bora'r briodas, i'w berswadio fo i briodi Chrissy,' dywedodd yn uwch a'i ysgwyd.

'Paid â poeni am hynny rŵan,' meddai gan droi ar ei ochr.

Disgynnodd Dyfed yn ôl i drwmgwsg mor hawdd ag oedd Magw wedi ei ddeffro. Gorweddai Magw yn y gwely yn mynd dros bob sgwrs oedd hi a Thelma wedi eu cael dros y misoedd diwethaf. Ar wahân i'r gwyliau, doedd hi ddim wedi gweld Thelma rhyw lawer – Thelma yn dêtio mwy, yn gweithio mwy a Magw yn ei hosgoi ac yn gweld Lars bob cyfle oedd hi'n gael. Erbyn iddi godi y bore hwnnw roedd 'na deimlad annifyr wedi setlo yn ei stumog, yn corddi ei horganau.

Doedd Magw erioed wedi bradychu Thelma o'r blaen, ddim yn bwrpasol a dim byd mor enfawr â hyn. Ceisiodd ei ffonio, gyrru negeseuon. Last active 05:09. Oedd Thelma wedi bod yn pendroni'r brad drwy'r nos hefyd? Aeth Magw i'w gwaith. Methodd ganolbwyntio. Ffoniodd a ffoniodd, gyrru neges ar ôl neges. Penderfynodd fynd i fflat Thelma yn syth o'r gwaith ond ddaeth hi fyth adref. Tecsiodd Magw hi i ofyn a oedd hi'n iawn. Last active funud ynghynt. Roedd hi'n fyw o leiaf.

Doedd Magw a Thelma erioed wedi treulio mwy na rhyw fis ar wahân ers iddyn nhw gyfarfod: pan oedd Jon a Thelma wedi mynd i dde-ddwyrain Asia yn yr haf ar ôl ysgol y gyfraith a mis wedyn pan oeddan nhw wedi mynd ar road-trip i orllewin America ar ôl cymhwyso. Doedd Magw ddim wedi cael gwadd, dim y byddai wedi medru cymryd amser i ffwrdd o'r gwaith a fyddai'r ddau ddim ei heisiau hi yna beth bynnag. Roeddan nhwythau'n ffrindiau gorau mewn ffordd wahanol i Magw a Thelma, y cysyniad hwnnw'n anodd i Magw ei lyncu ar adegau.

Roedd hi'n amhosib gwybod a fysai Thelma a hi yn ffrindiau petaen nhw'n cyfarfod rŵan, ond roedd hi'n rhy hwyr; roedd y ddwy yn rhan o'i gilydd. Doedd 'na ddim preifatrwydd yn eu perthynas, dim byd am ei gilydd nad oeddan nhw'n wybod. Yr un garreg na chragen ar draeth eu cyfeillgarwch heb ei throi. Doedd Magw a Thelma ddim ynghlwm yn gyfreithiol, fel hi a Dyfed, ond yn hytrach drwy hanes a straeon a math arall o gariad, mwy diamod. Gallai Magw weld y dylai hi fod wedi meddwl amdani'i hun yng nghyd-destun ei pherthynas hi a Thelma, gweld ei bywyd yng nghyd-destun beth roeddan nhw wedi ei wneud a'i gyflawni, y llefydd roeddan nhw wedi bod, y dadleuon, y prydau bwyd, y boc sets. Dyma'r person oedd wedi ei chario, oedd wrth ei hochr bob cam o'i bywyd. Doedd Thelma erioed wedi gofyn iddi newid, erioed wedi cymryd y berthynas yn ganiataol. A rŵan roedd Thelma yn ei hanwybyddu'n llwyr.

Cyrhaeddodd Dyfed y parti'n feddw, ar ôl prynhawn yn chwarae golff, er nad oedd o'n golffiwr, ac roedd ei weld mor ddi-boen am y sefyllfa yn gwneud i waed Magw ferwi. Sut nad oedd o'n gweld mor ofnadwy oedd hyn? Neu oedd o'n gwybod ond yn penderfynu anwybyddu'r broblem, fel oedd o wedi'i wneud efo'u perthynas nhw tan oedd hi'n amhosib peidio?

Ymhen 'chydig oriau, sibrydodd Charlie rywbeth yng nghlust Thelma a chwerthin yn ysgafn, y ffug agosatrwydd yn lladd Magw. Rhoddodd Simon logiau ar y chimnea, y fflamau'n oren. Dechreuodd pawb godi o'u seddi a symud o'u cwmpas, Dyfed bellach yn siarad efo Theo a Simon. Cododd Thelma a Charlie, gan adael y criw a cherdded tua'r gegin, yn chwerthin, llaw Charlie yn cyffwrdd gwaelod ei chefn yn feddiannol.

Llowciodd Magw ei diod a cherdded ar eu holau. Roedd y bybls wedi ei hybu. Daeth y ddau allan o'r toilet, yn sniffio ac yn tshecio trwynau ei gilydd. Cipiodd Charlie gusan gan Thelma, agosatrwydd y weithred yn gwneud Magw'n genfigennus.

'Hope it's not Ketamine this time,' dywedodd Magw, gan geisio cadw tôn ei llais yn ddi-farn. Roedd hi'n swnio fel rhywun oedd erioed wedi cymryd cyffuriau ac ar y tu fewn roedd hi eisiau dweud wrth Charlie am yr holl amseroedd roedd hi wedi cymryd cyffuriau fel eu bod yn meddwl ei bod hi'n cŵl.

Hyffiodd Thelma wrth weld Magw. Chwarddodd Charlie ac estyn eu llaw tuag ati, 'I don't think we've met, I'm Charlie.'

'Great to meet you, I'm Magw,' dywedodd drwy ddannedd wedi graenu, ei llais yn swnio mor ffals iddi.

'Ah, Magw. Heard a lot about you,' atebon nhw gan wneud i stumog Magw droi yn meddwl am yr holl bethau roeddan nhw wedi bod yn siarad amdanyn nhw. Roedd y cyfnewid yn boenus iddi. 'Can confirm it's not Ket this time,' chwarddodd Charlie.

Roeddan nhw'n edrych mor hunangyfiawn, mewn rhyw drywsus melfaréd oren tywyll, trainers Adidas budur a chrys T gydag enw Sigourney Weaver wedi ei ysgrifennu ar ei draws mewn ffont coch. Roeddan nhw mor wahanol i beth oedd Thelma wastad yn mynd amdano, nid fod ganddi hi deip, ond doeddan nhw ddim yn perthyn yn y parti yma.

'Hey,' meddai Dyfed wrth gerdded i'r gegin ac estyn ei law i Charlie. Doedd o ddim callach ei fod wedi cerdded i fewn i ffau'r llewod, ond roedd 'na gysur i Magw yn y posibilrwydd iddo ddod i'w hamddiffyn. Neu efallai mai dod i amddiffyn ei hun wnaeth o.

'I'm Dyf.'

'Like the bird?' gofynnodd Charlie.

'No, like the soap,' atebodd Dyfed yn ddifynadd.

'Ha ha, good one, man! I'm Charlie. Great to meet you,' meddan nhw wrth ysgwyd ei law.

Roedd 'na eiliadau o ddistawrwydd lletchwith, y pedwar fel petaen nhw'n trio seicio'i gilydd allan, ddim am fod y cyntaf i gracio.

Thelma oedd yr un i dorri â gwynt yn ei dwrn: 'How's non-monogamy treating you these days, guys?' gofynnodd yn fesuredig. 'How many men who *aren't* your husband have you shagged recently, Mags?'

Roedd Thelma wedi gosod y gêm ar waith. Cochodd Magw. Wnaeth Dyfed ddim edrych arni. Edrychodd Jon a Simon ar ei gilydd a gwneud wyneb o ben draw'r gegin. Roedd Charlie'n chwerthin iddyn nhw eu hunain wrth gymryd swig o'u diod. Dechreuodd rhai pobl oedd yn sefyll ym mhen arall y gegin ddistewi ac arafu eu sgyrsiau. Roedd Magw eisiau gwthio pawb allan i'r ardd a chau drysau'r patio.

Doedd Magw ddim wedi arfer â siarad am berthynas agored hi a Dyfed yn gyhoeddus, yr eirfa heb ymffurfio eto. Roedd hi'n dal yn gyfrinach, ac yn sicr ddim yn rhywbeth oeddan nhw eisiau ei gyhoeddi ym mharti pen-blwydd un o'i ffrindiau. Doedd Magw ddim yn siŵr a oedd yn rhywbeth fyddai hi eisiau ei gyhoeddi fyth. Dim ots faint o amser oedd wedi pasio a faint o bobl oeddan nhw wedi ffwcio neu am ffwcio, roedd Magw'n dal i deimlo cywilydd, yn teimlo fel methiant ac roedd hynny'n mynd yn erbyn holl bwrpas y set-up.

Methodd Magw feddwl am unrhyw beth ffraeth neu ddiddorol i'w ddweud yn ôl.

'Y bitsh,' dywedodd mewn llais isel, ei hateb yn teimlo mor wirion.

'Yeah, well, takes one to know one,' atebodd Thelma cyn codi a chychwyn am yr ardd.

'Gawn ni siarad, Thel? Heb Charlie. Jest ni,' plediodd Magw gan afael yn ei llaw.

'Dwi'm isho siarad. Gollwng fi.'

'Dim fi nath, Thelma,' meddai Magw wrth ei hatal rhag mynd allan i'r ardd. 'Do'n i'm callach be o'dd Dyfed 'di ddeud wrth Rob dan hwyrach mlaen. Dwi'n gaddo 'nes i'm deud *dim* wrth Rob.'

'O, diolch, dallt yn iawn lle ma loyalties chdi, Mags,' poerodd Dyfed wrth yfed ei botel gwrw yn wag.

'A dwi'n dallt lle ma loyalties chditha, Dyf,' meddai Thelma wrth droi ato. 'Be oedd? Do'ddach chi jest ddim isho fi fod yn hapus ne rwbath?'

'O'n i'n gwatsiad allan am 'yn ffrind *i*.'

'A be amdana *i*?'

'Do'dd o'm byd i neud efo chdi, Thelma! Am unwaith doedd o *ddim byd* i neud efo chdi!'

'*Diolch* am hynna, ond nid dyna o'n i'n feddwl. Dwi'm yn ffrind i chdi hefyd?' torrodd ei llais a gwneud iddi ymddangos yn fwy trist na blin.

'O'n i jest yn gwbod be o'dd am fod ora i Rob,' meddai Dyfed, ei lais yn ddiemosiwn.

'Be ma hynny'n olygu?'

'Dim,' dywedodd Dyfed.

'Na, deud,' ffyrnigiodd Thelma.

'Ocê, 'sa chdi heb fod yn dda i Rob. Ti ddim yn cut out i fod mewn perthynas, nagw't? Come on, ti'n gwbod hynna,' dywedodd Dyf wrth estyn potel o gwrw arall oddi ar y cownter. Roedd ei ffordd ddiemosiwn yn gwylltio Magw.

'Be ti'n wbod? Ella 'sa'n talu i chdi roi mwy o sylw i dy berthynas dy hun,' brathodd Thelma yn ôl.

'A rŵan mod i'n gweld y golwg arna chdi, dwi mor falch mod i wedi. Sbia llanast ti. Ti'n embarassing.'

'Dyf, 'di hynna'm yn deg,' ceisiodd Magw achub y sefyllfa.

'Ffwcio chdi,' poerodd Thelma yn ôl arno. Doedd y ddau ddim yn gwrando ar ei gilydd erbyn hyn. Yr angen i luchio insults yn gorchfygu unrhyw ffyddlondeb. ''Nest di wthio fo i briodi Chrissy a mae o'n difaru! Ydi o 'di deud wrtha chdi fod o wedi gadal hi?' Craciodd llais Thelma wrth iddi ychwanegu, 'Fysan ni wedi medru bod yn hapus.'

'Dwi'n ama hynny'n gryf, Thelma. Ti erioed wedi llwyddo i ga'l perthynas iach efo unrhyw ddyn.'

Camodd Charlie a phwyso ar y cownter dros ffordd i'r ynys lle roedd y tri yn sefyll o'i gwmpas, y ffaith bod ganddyn nhw ddim cywilydd a'u bod yn parhau i sefyll yno yn eu gwylio nhw yn cythruddo Magw.

'Sbia arna chdi, taflu dy hun at y person cynta sy 'di dangos diddordeb,' meddai Dyfed.

'Wel, o leia ma pobl *yn* dangos diddordeb yndda fi,' poerodd Thelma, cyn ychwanegu'n sarhaus, 'Clwad dy fod di heb gael llawer o lwc efo'r ladies, Dyf.'

'Cau dy geg, 'nei di Thelma?' gwaeddodd. 'Jest 'chos bo gen i bach o standards.'

'O, ffwcia chdi, Dyfed.' Roedd fel petai rhywun wedi bod yn troi'r foliwm i fyny yn araf wrth i'r sgwrs fynd yn ei blaen, ac roedd hi bellach yn boddi sŵn pawb arall. 'A ffwcia chditha hefyd, Magw. Ella na dim chdi nath ddeud wrth Rob, ond 'nest di'm deud wrtha fi. A ti 'di gadal i fi fynd rownd a rownd yn 'y mhen ers misoedd yn pendroni. Pam fod o heb ddod yn ei ôl, sut oedd o wedi newid ei feddwl mewn cyn lleiad o amser? A mi o'ddat ti'n gwbod. A 'nest di adal i fi neud fy hun yn sâl yn gorfeddwl. Deud wrtha fi am anghofio am bob dim a symud 'mlaen, a rŵan dwi'n gwbod pam – i arbad dy hun oedd o. Ti mor hunanol.'

Edrychodd Magw arni. 'Dwi'n hunanol? Chdi 'di'r un

hunanol, Thelma. Ti yn llwyddo i droi *bob dim* amdana chdi.'

'Be, sori ond be?'

'Ti byth yn gwneud dim byd os na 'di o'n fuddiol i chdi.'

'Wel, o leia dwi'n gwneud rhywbeth efo 'mywyd i. Ti'n meddwl bod ca'l secs efo dyn arall 'di gneud chdi'n ddiddorol ond 'dio heb.'

Doedd Thelma ddim angen dweud mwy ond llifodd y geiriau allan cyn iddi gael cyfle i feddwl.

'O, a gyda llaw, Magw. Ma Dyfed *yn* gwbod bo chdi'n dal i ffwcio Lars. A dim non-monogamy ydio os ti ond yn mynd efo'r un person, by the way. Dwi'm yn hollol siŵr o'ch *so-called* rheolau chi, ond dwi'n eitha sicir fod peidio deud wrth dy ŵr dy fod ti'n gweld rhywun ddim yn rhan o'r deal. Affêr 'di hynna.'

Roedd pen Magw'n troi. Trodd at Dyfed ac edrych arno yn sefyll a'i sgwyddau yn pwyso i'r llawr. 'Dyfed, ti'n gwbod?'

'Yn amlwg! 'Dio'm yn thick, nadi,' gwaeddodd Thelma, ei hamynedd efo'r sefyllfa yn pallu.

'Paid â gweiddi,' brathodd Dyfed, yn annisgwyl amddiffynnol. Roedd y tri'n gallu gweld bod y bobl o'u cwmpas wedi tawelu ac yn edrych arnyn nhw bellach.

Cerddodd Simon atyn nhw, 'Is everything–?'

'Sorry, Si, we're just in the middle of something–'

'Yeah, we know...' meddai Simon wrth droi ar ei sawdl a gwneud stumiau ar Jon.

'Ti'n gwbod. Wrth gwrs.'

Roedd Magw'n amau bod Dyfed wedi gweld post Instagram Thelma y noson ddaethon nhw'n ôl o Sbaen. Roedd hi'n disgwyl stŵr pan gyrhaeddodd hi'r fflat o'r diwedd ar ôl noson gyda Lars, ond cafodd ei synnu pan ddywedodd Dyfed ddim byd. Dim ond ei holi'n siort sut aeth y gwyliau, ei hatebion hithau'n siort. Doedd ganddi ddim y gyts i gyfaddef. Roedd hi wedi twyllo ei hun efallai nad oedd Dyfed yn gwybod wedi'r cyfan.

Ond rŵan, roedd ei hamheuon wedi eu cadarnhau. Roedd hi wedi cael ei dal, a sylwodd mai'r unig berson oedd hi wedi bod yn twyllo oedd hi ei hun. Dechreuodd ei hanadliadau fynd yn fwy pytiog, ei cheseiliau wlitho, y dagrau'n bygwth dod.

''Nest di ddeud rwbath wrtho fo?' ffyrnigiodd Magw.

'Do'dd ddim rhaid i mi, Magw,' poerodd Thelma yn ôl.

'Dwi'm yn thick, nadw, Mags,' dywedodd Dyfed yn ddistawach. 'Dwi'n gwbod ers y dwrnod ddois di adra o dy wylia.'

Roedd Dyfed yn amlwg wedi digalonni bellach, ei osgo a'i lais fel petai wedi plygu i fewn i'w hunain. Teimlai pawb fel petai 'na gyfyngder yn y ddadl, 'chydig eiliadau i bawb gasglu eu hunain, 'chydig fomentau i benderfynu i ba gyfeiriad fyddai'r sgwrs yn mynd nesaf. Magw oedd gyntaf.

'God, dy fai di ydi hyn i gyd yn y lle cynta,' poerodd Magw yn ôl ar Thelma, ei dwylo i fyny am ei phen.

'Be uffar wyt ti'n sôn am?' gofynnodd Thelma mewn anghrediniaeth. Roedd hi wedi arfer cael bai ar gam dros y blynyddoedd – am arwain Magw ar gyfeiliorn, am fod yn ddylanwad drwg ar bobl. Roedd o'n eironi mawr mewn gwirionedd, gan mai hi oedd yn ennill y mwyaf o bres ac yn gweithio'r oriau hiraf o bawb arall. Hi oedd high flyer y criw ac eto, roedd hi'n dal i gael ei gweld fel plentyn y grŵp. 'Sori, dwi'm yn dilyn, be sy'n fai arna fi rŵan?'

'Bod Dyf a fi yn y sefyllfa 'ma'n y lle cynta. Os fysa chdi heb ofyn i fi os o'ddan ni 'di setlo, fyswn i byth 'di gofyn yr un cwestiwn i Dyf a fysa hyn *byth* 'di digwydd.'

Caclodd Thelma, 'God ma hynna'n stretsh hyd yn oed i chdi, Magw. A ma gen ti'r gwyneb i 'ngalw fi'n hunanol?'

Edrychodd y tri ar ei gilydd, Charlie yn edrych tua'r llawr. Roedd awyrgylch y parti wedi newid, rhyw densiwn ac oerfel wedi lledaenu fel tarth yn dod fewn o'r môr ac yn gorchuddio popeth.

Cerddodd Jon i fewn i'r gegin a dod i sefyll ger yr ynys efo pawb. 'Guys, do you think you want to maybe take this elsewhere?' meddai.

Dywedodd Charlie rhywbeth o lle roedden nhw'n dal i bwyso ar y cownter, diod yn eu llaw ond ddaru neb gymryd sylw. Y tu allan roedd pawb yn eistedd yn ddistaw o amgylch y chimnea, y golau festoon yn goleuo'r ardd fechan.

'Pam na 'nei di'm tyfu fyny a cymryd cyfrifoldeb dros y petha ti'n neud? Ti'n sbio am atebion i dy broblema di yn *pawb* arall. Ti'n ca'l affêr a'r peth cynta ti'n neud ydi rhoi bai arna fi? Chwerthinllyd,' poerodd Thelma.

'Dwi erioed wedi gneud *dim byd* i fi fy hun – dwi jest 'di dilyn chdi neu Dyfed a ti methu delio efo'r ffaith bod gen i rwbath i fi fy hun rŵan,' meddai Magw'n orffwyll. 'A mod i wedi medru cyfarfod rhywun drwy ap a chditha methu ffendio neb.'

Chwarddodd Thelma yn wynab ei ffrind ond roedd o'n amlwg ei fod yn ffals a daeth allan yn rhy stiff a chaled. 'Ffwcia chdi,' meddai, ei llygaid yn wydraidd. 'God, ti wastad 'di meddwl bo chdi gymaint gwell na fi. Ti *wastad* mor hunangyfiawn. Pam?'

'Chdi sy'n meddwl bo chdi'n well na pawb! Ti meddwl bo chdi'n ddelach ac yn glyfrach na pawb,' gwaeddodd Magw yn galed.

'Nage, Magw, *chdi* sy'n meddwl hynna amdana fi.' Edrychodd Thelma i fyw ei llygaid.

Erbyn hyn roedd jest sŵn llais Thelma yn gwylltio Magw.

'Ffwcia chdi.'

'Dwi'n casáu chdi,' meddai Thelma wrth edrych ar Magw ac yna trodd ar ei sodlau a chychwyn hel ei bag a'i chôt.

''Nei di *fyth* gasáu fi gymaint â dwi'n casáu fy hun,' meddai Magw yn ôl, rhyw ymgais olaf i berchnogi'r teimlad. Doedd hi ddim am adael i neb gymryd hynny ganddi.

Edrychodd y ddwy ar ei gilydd.

'Guys?' gofynnodd Jon yn ymdrechu unwaith yn rhagor.

'It's over now,' meddai Thelma wrth edrych arno wedi ei threchu. 'And we're leaving.'

'Thelma, you don't need to–' cychwynnodd Jon.

'Come on, Charlie, we're leaving,' dywedodd Thelma.

Diolchodd ac ymddiheurodd Thelma i Jon a Simon. Gadawodd hi a Charlie'r parti a chau'r drws yn glep ar eu holau.

Sefyllodd Dyfed a Magw mewn distawrwydd yn y gegin, bob ochr i'r ynys, eu llygaid yn sgimio dros gyrff ei gilydd. Am 'chydig funudau, gadawon nhw i'r malurion emosiynol ddisgyn fel y llwch yn yr aer ar ôl bom atomig. Roedd fel petaen nhw wedi bod yn storio'r meddyliau a theimladau hyn tu fewn fel cronfeydd wrth gefn ar gyfer adeg fel hyn.

Roedd pawb wedi troi yn ôl at eu sgyrsiau, yn ddistaw, yr atmosffer heb adfywio, pawb fel petaen nhw yn disgwyl am y ffrwydrad nesaf – fel aftershocks ar ôl daeargryn.

'Dyf–'

'Ma'r Uber yma,' cyhoeddodd Dyfed a cherdded allan o'r gegin heb air pellach. Doedd hi ddim yn gwybod ei fod o wedi archebu Uber, oedd o'n arwydd da ei fod o heb adael hebddi?

Cerddodd Magw at Jon a Simon, y ddau yn sefyll ger y drws, hanner yn yr ardd, hanner yn y gegin, ac ymddiheuro.

'I'm *so* sorry,' craciodd ei llais. 'We're leaving.'

'Probably for the best, I'm not sure what you were all saying, but it didn't sound good...' dywedodd Jon. 'Don't worry about it.'

'I'm not sure how that even happened. I'm so – we're so sorry.'

Eisteddodd y ddau yng nghefn y car. Roedd hi'n cymryd awr i gyrraedd adref.

'Dyfed,' cychwynnodd Magw.

'Jest paid, iawn?'

'Plis, Dyf.'

'Dwi'm isho ffycing siarad efo chdi,' dywedodd fel dyn addfwyn oedd yn ceisio swnio'n gryf.

Roedd fel petai'r aer i gyd wedi ei sugno o'r car a theimlai Magw fel petai mewn bocs, sŵn y byd ar y tu allan. Roedd yr air-con yn rhy oer ac yn gwneud i Magw lapio'i chôt yn dynn am ei chorff, fel rhyw fath o arfwisg. Eisteddon nhw mewn distawrwydd llethol wrth i'r Uber deithio ar hyd Llundain a dechreuodd Magw feddwl am yr holl dripiau Uber dros y blynyddoedd a'r ffaith eu bod wedi cymryd cannoedd o bunnoedd, os nad miloedd, o'i phres. Pendronodd sut oedd Ubers hyd yn oed yn cyfrifo'r costau, gallai'r trip yma gostio ugain punt yn llai ar ddiwrnod arall. Fflachiodd goleuadau'r stryd heibio'n wyn a melyn ac oren. Meddyliodd Magw am ei pherthynas hi a Dyfed a sut doedd ganddi ddim syniad beth oedd yn mynd i ddigwydd nesaf. Teimlad anesmwyth i rywun oedd wastad wedi clodfori ei hun am fedru darllen sefyllfaoedd a phobl. Oedd, roedd hi wedi dysgu lot dros y flwyddyn ddiwethaf – bod clwyddau'n dod yn hawdd iddi, ei bod hi'n dwyllodrus, ei bod hi'n berson drwg. Y peth mwyaf dadlennol i ddod allan o'r flwyddyn oedd y ddealltwriaeth ei bod hi ddim y person oedd hi'n meddwl oedd hi o gwbwl – er da neu ddrwg doedd hi ddim yn rhy siŵr. A gallai rai feddwl bod 'na lai o resymau i licio'r person honno ond doedd hi ddim eisiau mynd yn ôl i fod y person oedd hi chwaith.

Dros y blynyddoedd roedd Thelma wedi chwilio am ddilysiad a derbyniaeth drwy fynd efo dynion, llwyth ohonyn nhw. Ac roedd Magw, yn ddiarwybod iddi hi ei hun, wedi chwilio am ddilysiad a derbyniaeth drwy Thelma; doedd Magw ddim wedi sylwi mor broblemus oedd hynny. A rŵan roedd hi wedi dweud y pethau gwaethaf posib wrthi.

Caeodd Magw ei llygaid am eiliad a cheisio gwagio'i meddwl fel mai dim ond düwch oedd hi'n feddwl amdano. Ar ôl cyrraedd a diolch i'r gyrrwr, cerddon nhw i fewn i'r fflat, tynnu amdanynt ac aeth y ddau i'r gwely heb olchi eu dannedd. Gorweddon nhw ochr yn ochr yn y gwely, yn noeth ac yn ddistaw, a chyn ei bod yn gwybod beth oedd yn digwydd, roedd Dyfed yn ei chusanu, gyda ffyrnigrwydd ac anfodlonrwydd. Nadreddodd ei ffordd rhwng ei choesau. Sut oedd o eisiau hyn rŵan?

'Dyf–' ceisiodd wrth drio troi ei phen rhag ei gusanau pytiog.

'Deud bo chdi isho fi,' sibrydodd yn ei chlust.

Wnaeth Magw ddim ateb.

'Deud bo chdi isho fi,' dywedodd yn uwch y tro hyn. Craciodd ei lais, tristwch neu siom neu'r ddau yn glir.

'Dim fel'ma–' sibrydodd Magw, dagrau'n pigo ei llygaid.

'Magw!' gwaeddodd allan yn rhwystredig.

'Dyf–' ceisiodd eto ond roedd hi'n rhy hwyr a hyd yn oed yn lled-dywyllwch eu stafell gallai ddychmygu'r sglein yn gadael ei lygaid. Carlamodd o'r stafell gyda slam ar y drws.

Ac er nad oedd hi eisiau i'r bore gyrraedd, mi ddaeth. Ac mi aeth bywyd Magw yn ei flaen.

/

Bore ar ôl y parti, deffrôdd Thelma yn ei gwely i hangofyr – corfforol ac emosiynol – gwaethaf ei bywyd. Roedd hi'n noeth ond gallai deimlo'r mascara yn dew ar ei hamrannau o hyd, ei chroen yn seimllyd ac yn sych ar yr un pryd. Roedd ei cheg yn blasu'n stêl a medrai glywed ei chalon yn curo yn ei chlustiau, ei chorff yn dirgrynu, ei chyhyrau'n boenus, fel petai wedi rhedeg marathon. Diolchodd fod Charlie wedi mynd yn eu blaen i barti, ar ôl gollwng Thelma yn y fflat, gan ddatgan bod y cyfan 'a bit too intense for me right now'.

'No shit,' oedd Thelma wedi ei ddweud wrth gau'r drws yn eu gwyneb. Siom neithiwr yn rhyddhad erbyn y bore. Roedd hi'n barod i anghofio am y tridiau diwethaf a'r peth olaf oedd hi eisiau oedd Charlie wrth ei hochr yn ei hatgoffa. Cododd a cherdded tua'r drych. Roedd ei gwyneb yn welw, ei llygaid yn goch a'r bagiau oddi tanyn nhw'n ddu ac yn ddyfn, yn gwneud iddi edrych fel cymeriad o un o ffilmiau Tim Burton. Taflodd ei dresin gown amdani a cherdded tua'r gegin, hoel cyrraedd adref y noson cynt wedi ei daenu ar hyd y stafell fyw: goriadau ar y grisiau, ei chôt ar y soffa, esgidiau ar y ryg ar ganol y llawr, ei theits yn y gegin. Ffeindiodd ei ffôn ar yr ynys a'i roi i wifro. Berwodd y teciall ac yfed peint o ddŵr. Cymerodd paracetamol, y tabledi yn crafu ei gwddf fel sialc ar fwrdd du.

Suddodd ddifrifoldeb y dyddiau diwethaf, y ffantasi roedd hi wedi bod yn ei byw wedi troi'n realiti poenus. Er nad oedd hi eisiau, byddai'n rhaid i Thelma wynebu ei gwaith, yr holl negeseuon, ei ffrindiau, Magw. Bosib mai dyma oedd y rhan waethaf o fod yn oedolyn: gorfod cymryd cyfrifoldeb, methu rhedeg i ffwrdd.

Hyd yn oed ar y pryd, gwyddai ei bod hi'n gwneud camgymeriad, ond allai hi ddim helpu ei hun. Roedd fel petai wedi ei meddu ac er fod pob rhesymeg yn ei chorff yn dweud wrthi am beidio, parhaodd i ddinistrio ei hun. Yr ysfa i chwalu bob dim yn gryfach nag unrhyw ymateb rhesymegol – sut oedd hi'n dal i droi at hunanddinistr pan oedd pethau'n mynd o'i le iddi? Doedd hi ddim yn rhy siŵr os oedd ei pherthynas gydag alcohol a chyffuriau a phobl ar wahân yn iach, heb sôn am gymysgu'r tri hefo'i gilydd. Doedd 'na ddim arwyddocâd o gwbl i Charlie, ond y ffaith iddyn nhw fod yno. Gallai unrhyw un fod wedi eistedd wrth ei hochr ond yr un peth fyddai'r difrod yn y pen draw.

Eisteddodd Thelma ar y soffa hefo'i phaned, ei phen yn troi ond y boen yn curo yn ei chlustiau hefyd. Estynnodd ei laptop, y math hwn o edifeirwch angen peiriant yn hytrach na ffôn symudol. Crinjodd wrth weld y negeseuon yn llwytho ar ei laptop.

Dechreuodd gydag ebost i Dwight yn ymddiheuro am yrru neges iddo nos Iau yn gofyn iddo a oedd o'n meddwl ei bod hi'n dda yn gwely. 'Totally inappropriate obviously' a gobeithio gallai anghofio am hynny, os nad oedd o wedi ei reportio i HR yn barod.

Yna cysylltodd â'i rheolwr i ymddiheuro ei bod hi'n dal yn sâl ac yn annhebygol o fod i fewn yfory.

Tecstiodd Jon a Simon yn eu grŵp Whatsapp yn gofyn os oeddan nhw wedi codi ac ymddiheuro eto am ei hymddygiad yn y parti neithiwr.

Ystyriodd ymateb i Rob. Parciodd hynny am eiliad.

Ac wrth gwrs roedd Magw a Dyfed, er ei bod hi'n teimlo fel petai'r ddwy berthynas yn mynd i fod yn anodd i'w hachub. Dirmyg llwyr oedd y tri wedi ei ddangos at ei gilydd yn y parti; doedd hi ddim yn gallu meddwl am adeg pan oeddan nhw wedi siarad efo'i gilydd fel'na o'r blaen. Roedd yr holl bethau roedd Magw wedi eu dweud yn gadarnhad o'r pethau roedd Thelma yn meddwl amdani ei hun erioed. Ac roedd 'na boen dyfnach yn y ffaith bod y person oedd hi'n ei charu fwyaf yn y byd yn ei gweld hi fel oedd hi wastad wedi gweld ei hun. Roedd hi a Magw yn ymwybodol o ba mor bell oeddan nhw'n medru gwthio'i gilydd, byth yn mynd heibio'r llinell ddychmygol ers eu bod nhw'n blant.

Ffoniodd Jon toc wedi deg. 'How are we this morning then?' chwarddodd.

'Well, I obviously feel horrendous. I'm sorry that I ruined your party,' meddai Thelma wrth roi'r ffôn ar speaker a chodi i wneud paned arall iddi hi ei hun.

'Babes, you didn't ruin it at all. In fact it gave us a second wind cause it's all we could talk about for the rest of the night. No one could believe the news about Magw and Dyf. And you and Charlie, they were very funny to be fair. Plus you left a baggy on the kitchen counter so it wasn't all bad.'

Chwarddodd Thelma'n ysgafn, 'God, I'm *so* embarrassed.'

'Honestly it's fine. How's Charlie this morning?' heriodd Jon.

'Oh god, please don't. They left last night. I'm not sure I could handle them being around right now. So young and wily.'

Chwarddodd Jon ar ben arall y ffôn ac roedd 'na ddistawrwydd am eiliad.

'Have you spoken to Magw yet?' holodd Jon. 'She and Dyf

looked fucking awkward when they left ours, both of them on the verge of tears.'

'No I don't think I'll be speaking to them for a while,' atebodd Thelma gan egluro yr holl bethau oedd wedi cael eu dweud.

Dechreuodd Thelma grio'n ysgafn, Jon yn clywed y sniffio dros y lein.

'It was awful, like, truly awful. The things we said, oh–' dechreuodd Thelma grio, yn methu cael y geiriau allan.

'Do you want to come over, babes?'

'No. I don't think I do. This sounds so weird, but I want to go to Wales and I want to be with Liz. I just feel like... I don't know. I want to get away for a while.'

'Are you sure you don't want to come here? Or I can come over if you want?'

'No, I don't want to, thank you.'

'Ok, well if you're sure. But don't let things fester for too long with Magw. That one loves the bones of you and I'm not sure what she'd do without you.'

Sniffiodd Thelma. 'I'm not sure we'll ever be able to recover from last night. I just–'

'Don't let it fester for too long, Thelma. I know you're stubborn but you don't want to lose her. And I think she's going to need you.'

'The things she said, well, I guess, we both said.'

Ar ôl iddi orffen siarad efo Jon, roedd yr ysfa i adael a mynd yn ôl i Gymru yn gryfach nag erioed. Roedd Llundain yn oeraidd ac yn ddigroeso, yr adeiladau a'r bobl yn fwll, yr aer yn dew ac yn ei mygu – dyma'r ffordd roedd adref yn gwneud iddi deimlo fel arfer. Dim yn aml oedd hi'n teimlo fel hyn, dim yn aml oedd 'na unrhyw beth yn ei galw hi adref. Paciodd ei bagiau a theithio i Euston i ddal y trên i Ogledd Cymru y prynhawn hwnnw.

Cyrhaeddodd Thelma Fangor, Liz yn aros amdani ar y platfform, ei ffrâm eiddil yn gwneud i Thelma deimlo fel crio. Roedd hyd yn oed Begw, y Jack Russell bach, oedd fel arfer yn ei chythruddo yn gwneud i'w chalon chwyddo. Chwifiodd ei chynffon nôl a mlaen a dechrau neidio arni gan wneud synau wrthi iddi agosáu, Thelma'n mynd lawr ar ei phengliniau i'w chyfarch a gadael iddi neidio arni a llyfu ei dwylo.

Teithion nhw ar hyd yr A487 tua Pen Llŷn, y lôn droellog yn fflachio heibio: lliw ym mhobman. Gwyrddni'r caeau a'r tirwedd diddiwedd yn ei llonyddu. Llwyd a brown y mynyddoedd yn gwneud i Thelma deimlo'n saff ac ehangder a dyfnder glas y môr yn gwneud iddi deimlo fel petai hi'n methu cuddio ei theimladau am unwaith. Dyma'r lle oedd Thelma wedi ceisio dianc rhagddo; y lle oedd wastad yn ei chroesawu'n ôl gyda breichiau agored, cysurus. A rhywsut neu'i gilydd, dyma'r lle wnaeth ei hachub.

Misoedd wedyn

Roedd yr awyr yn las ac yn ddigwmwl, y diwrnod yn dechrau setlo. Cerddodd Magw i fyny'r grisiau gan deimlo bob cam, y ddinas yn dod i'r golwg wrth iddi ddringo allan o'r ddaear. Adeiladau, adar, awyr. Bywyd.

Am unwaith, nid hi oedd y gyntaf i gyrraedd. Gwelodd Thelma yn aros amdani, yn pwyso yn erbyn y wal o flaen prif fynedfa Marchnad Borough, yn ei chôt hir ddu, ei bŵts pinc yn sgleinio yn yr haul, ei gwallt wedi ei glymu'n ôl fel bod Magw'n gweld pob tamaid, pob crebachyn ar ei hwyneb. Roedd hi'n edrych ar ei ffôn, gallai Magw ddweud ei bod yn ddiamynedd neu'n nerfus, ei choesau'n croesi ac yn dadgroesi a'i phwysau'n newid o un ochr ei chorff i'r llall. Edrychodd Thelma i fyny yn ddiamcan a gweld Magw'n sefyll ar ochr arall y lôn, yn aros i'r goleuadau droi'n goch. Llonyddodd Thelma a sefyll i fyny'n syth, codi llaw ar ei ffrind a chadw ei ffôn yn ei bag. Gwenodd y ddwy.

'Ti'n fuan,' meddai Magw wrth agosáu ati.

'Wel, do'n i'm isho ffrae genna chdi am fod yn hwyr heddiw o bob dwrnod, nago'n?' heriodd Thelma.

Chwarddodd Magw, sŵn oedd wedi bod mor absennol o'u bywydau ers misoedd.

Ac yna roedd eu breichiau o amgylch ei gilydd, yr holl oriau yr oedden nhw wedi eu treulio ar wahân yn diflannu, y dyddiau'n plicio i ffwrdd a'r ddwy'n teimlo yn union yr un fath ag arfer, eu cyrff yn gwybod lle i blygu o amgylch y troeon, eu breichiau'n gwybod lle i dwcio fewn, y ddwy'n crio ac yn chwerthin i ochr gyddfau ei gilydd.

'Dwi'm isho bod yn rhy sentimental, ond dwi *rili* 'di methu chdi,' meddai Thelma.

'Dwi 'di methu chditha.'

'Dwi'n meddwl bo fi 'di methu chdi fwy.'

'Dim yn bosib,' atebodd Magw, a gwasgu Thelma'n dynnach.

'Dwi mor sori.'

'Na, dwi'n sori.'

Safodd y ddwy yno a'u breichiau o amgylch ei gilydd, yn siglo'n araf o ochr i ochr.

'Lle ti ffansi mynd?' gofynnodd Thelma gan chwerthin.

'Be am drio rhywle newydd heddiw?' gwenodd Magw.

Dros y misoedd diwethaf roedd Magw wedi teimlo'r fath hiraeth am Thelma bod y gair 'hiraeth' ddim yn cyfleu'r boen, ddim yn ddigon actif. Llwyddodd ar y dechrau i sgubo'r teimlad dan y carped a darbwyllo'i hun mai *hi* oedd yn iawn ac mai Thelma oedd wedi croesi'r llinell ddychmygol. Teimlai Magw anghyfiawnder emosiynol. Sut oedd Thelma'n gwybod sut oedd hi Magw'n teimlo? Roedd yr hyn oedd Thelma wedi ei ddweud yn gwbwl afresymol ac anghywir, y geiriau fel cyllell drwy ei chefn. Nid yn unig oedd Thelma wedi achosi ffrae enfawr, y waethaf erioed, rhyngddi hi a Dyfed, roedd wedi codi cywilydd ar Magw o flaen eu ffrindiau, ac roedd y syniad bod pawb yn gwybod eu hanes hi a Dyfed bron yn waeth i Magw na'r ffrae ei hun.

Ond wrth i'r wythnosau fynd heibio, y misoedd o ddistawrwydd bentyrru, roedd fel petai'r distawrwydd wedi dod â'r gwirionedd i'r amlwg. Doedd Magw ddim yn hollol siŵr pam ei bod hi wedi bod mor benderfynol o frifo Thelma'r noson honno. Eisiau tynnu'r sylw oddi arni ei hun o bosib neu, efallai, ei bod hi yn ei hisymwybod jest eisiau bod yn gas, dyna'r math o berson oedd Magw yn y bôn. Yr holl flynyddoedd o frathu ei thafod wedi dod i ben.

Roedd y teimlad yn rhy boenus, yr angen i weld Thelma, i'w chyffwrdd, i eistedd wrth y bwrdd yn siarad efo hi mor anferth ac all-consuming, nes ei fod yn ei mygu. Byddai Magw'n ei gweld hi ym mhobman. Yn sleifio fewn i siopau; yn camu ar gerbydau trên. Weithiau byddai'n ei dychmygu yn y fflat, y ddwy yno fel oeddan nhw ganwaith o'r blaen, yn siarad neu'n dawnsio neu'n eistedd ar y soffa. Ac yna byddai'r realiti yn ei hitio: hi a Dyfed prin yn siarad am y wythnosau cyntaf, yna'n siarad am wahanu, 'chos pwy fedr fyw fel'na mewn gwirionedd? Nid y parti oedd dechrau'r diwedd; y parti oedd y catalydd oedd wedi gwneud iddyn nhw wynebu'r problemau anorfod yn eu perthynas. A'r peth gwaethaf oll oedd nad oedd hi'n medru siarad gyda'i ffrind gorau am unrhyw beth.

Lars oedd y broblem arall, yn amlwg. Doedd Magw erioed wedi meddwl am eu perthynas fel un hirdymor ond wedi twyllo'i hun nad oedd hi'n affêr. Ac roedd hi wedi cymryd cryn amser iddi dderbyn mai affêr oedd ei pherthynas hi a Lars, yn union fel yr affêrs twyllodrus oedd hi wedi darllen a gwylio a chlywed amdanynt dros y blynyddoedd. Sut oedd hi wedi darbwyllo ei hun ei bod hi'n gwneud rhywbeth da? Roedd yr hyn oedd yn teimlo mor dda iddi hi yn achosi poen i bawb arall. Oedd hynny'n golygu nad oedd yn dda o gwbwl, tybed?

Roedd Magw'n gwbwl ymwybodol o fyrhoedledd y sefyllfa. Ac eto, Lars oedd yr un i'w gwthio i wneud penderfyniad am eu dyfodol. Yntau eisiau mwy, Magw ddim yn gwybod beth oedd hi'n medru ei roi iddo.

Digwyddodd y sgwrs dyngedfennol yn fflat Lars ganol dydd rhyw ddydd Mercher glawog. Y tro olaf iddyn nhw ffwcio, yn ddiarwybod i Magw. Gorweddai'r ddau yn wynebu ei gilydd. Roedd hi wrthi'n dweud nad oedd hi wedi gweld na siarad efo Thelma ers y noson yn nhŷ Jon a Simon.

Roedd hi'n disgwyl i Lars gychwyn herio ac i'r sgwrs fod yn graff ac yn glyfar. Ond yn lle hynny mi wnaeth o droi ati a dweud, yn gwbwl ostyngedig, 'You know, I've never even met Thelma. And you've never met any of my friends.'

'Lars–'

'I know, it's not that easy. I'm just saying, this relationship has been going on for what now? Over six months? But I want you, Magw, properly. I want to build a life with you. I want us to be able to do things other couples do, without feeling guilty or having to book a random Wednesday off in November. I love you, but I want more. I *need* more. This isn't enough for me any more.'

'I–'

'You don't have to say anything now, but I want you to know that I'm serious about you and this can't go on like this.'

'Lars, you knew what this was when we met–'

'Don't turn this on me. This has been more than you experimenting with non-monogamy for a long time. And you know that.'

'I don't want to lose you,' meddai Magw'n isel ac yn hunanol.

'Then don't.

'It's not that easy. It's–'

'This can't go on, Magw.'

A doedd o'm yn medru mynd ymlaen. Gwyddai Magw hynny. Roedd y misoedd diwethaf wedi bod yn gyfle i Magw fewnedrych. Doedd hi erioed wedi meddwl amdani ei hun fel rhywun ag egwyddorion a chredoau y gallai pobl eu cwestiynu, Thelma oedd yr un yna ym meddwl Magw a'u ffrindiau. Yr un oedd wastad yn plygu'r rheolau ac yn cwestiynu moesau, y person di-hid. Ond roedd Magw'n gwybod y gwahaniaeth rhwng da a drwg, roedd hi wedi cael ei *magu* i wybod y gwahaniaeth a wastad wedi trio bod yn berson da. Mor naïf oedd hi i feddwl bod pobl y naill neu'r llall: yn dda neu'n ddrwg. Roedd pobl yn lot mwy cymhleth na hynny. Roedd da un person yn ddrwg person arall. Tecstiodd Lars y noson honno i ddweud nad oedd hi'n syniad da iddyn nhw weld ei gilydd mwyach. Doedd Magw ddim hyd yn oed yn medru bod yn berson da efo'r dyn roedd hi'n ei garu.

Eidiolegwr oedd Magw, wedi llwyddo i ddarbwyllo ei hun fod beth oedd hi'n ei wneud yn *iawn*. Dyna sut oedd hi wastad wedi cyfiawnhau yr hyn roedd hi'n wneud; gydag 'ond' ac 'o leiaf'. Roedd hi'n cael affêr 'ond o leiaf' roedd o am fod yn dda i'w phriodas yn yr hirdymor. Roedd hi'n smocio'n gymdeithasol 'ond o leiaf' doedd hi ddim yn gwneud hynny'n llawn amser. Roedd hi'n gweithio mewn swydd roedd hi'n ei chasáu 'ond o leiaf' roedd ganddi swydd.

Y gwirionedd oedd fod ei phriodas yn disgyn yn ddarnau a doedd yr un 'ond' neu 'o leiaf' am ei helpu. Dros y blynyddoedd, roedd hi a Dyfed wedi llwyddo i aros ar yr un ochr: roeddan nhw'n dîm. Yn eu dadleuon, doedd 'na fyth ddirmyg, y ddau'n teimlo sicrwydd bod pethau am weithio yn y pen draw. Ond roedd 'na rywbeth wedi newid dros y flwyddyn ddiwethaf. Mewn gwirionedd, roeddan nhw wedi bod yn newid yn araf dros y blynyddoedd, yn gwahanu'n ara deg, fel platiau tectonig. Dim newidiadau mor fawr roeddat ti'n sylwi arnyn nhw o ddydd i ddydd, nid nes fod 'na sink-hole enfawr yn ymddangos yn y tirwedd yn mynnu sylw; oedd Magw'n dal heb fedru pin-pwyntio yr union adeg oedd y twll anferthol wedi ymddangos yn eu perthynas – y ddêt gyntaf efo Lars? Y bore Sul tyngedfennol pan ddaru Dyf ofyn iddi fod yn agored? O bosib. Ond roedd hi hefyd yn bosib fod y pethau bach roeddan nhw'n eu hanwybyddu wedi troi'n bethau mawr. Doedd hi ddim yn siŵr pa mor gariadus oeddan nhw wedi bod dros y blynyddoedd diwethaf, y ddau wedi cymryd y berthynas yn ganiataol.

Efallai ei bod hi, yn ddiarwybod iddi'i hun, wastad wedi teimlo ei bod hi'n well na Thelma, yn bendant yn fwy egwyddorol. Erioed wedi ymddwyn fel petai hi'n well, ond yn sicr wedi teimlo hynny. Ac yn ddiarwybod iddi'i hun, yn waeth na'i deimlo, roedd Magw wedi beirniadu Thelma am flynyddoedd am y pethau diegwyddor roedd hi'n eu gwneud. Dim i'w hwyneb bob amser, ond yn sicr yn fewnol. Oedd egwyddorion yn golygu unrhyw beth os nad oeddat ti'n eu dilyn dy hun? Erbyn hyn gallai weld ei bod hi'n waeth na Thelma. Y ffordd roedd hi wedi dweud celwydd ers misoedd, cymharu Lars a Dyfed, cymharu ei hun efo Thelma.

Cerddodd y ddwy i fewn i fwyty bychan ar Bermondsey Street a disgwyl, mewn distawrwydd, i gael eu harwain at eu bwrdd, yr un ohonynt yn gwybod yn union beth i'w ddweud. Arweiniodd y weinyddes nhw at fwrdd bychan yng nghefn y bwyty, y byrddau eraill yn llawn yn barod. Eisteddai Magw gyferbyn â Thelma, eu llygaid yn crwydro ar draws y bwyty ac yn cymryd ambell gip ar ei gilydd. Nid gwenwyn oedd y teimlad bellach, ond bodlondeb.

'Dwi'n teimlo fel taswn i ar ddêt gynta,' cyhoeddodd Thelma a chwerthin. 'So, sut wyt ti?'

Cawsai fflat Magw a Dyfed ei gwagio fis ynghynt ac roedd Magw'n byw mewn Airbnb dros dro. Roedd y cwmni removals newydd adael, dwy fan yn mynd â stwff Magw i strordy mawr a stwff Dyfed i fflat newydd fodern yn St John's Wood tra oedd o'n gweithio allan beth i'w wneud nesaf – roedd prynu rhywle ar ben ei hun yn bellach fyth i ffwrdd rŵan. Y wal fwstard wedi ei pheintio'n ôl yn wyn a'r lluniau wedi eu rhoi mewn bocsys, yr holl bethau roeddan nhw wedi'u casglu wedi cael eu rhannu rhyngddyn nhw neu'u gwerthu neu'u gwared. Roeddan nhw wedi eistedd ar y llawr pren yn rhannu potel gwrw oeddan nhw wedi cael hyd iddi yng nghefn rhyw gwpwrdd cyn gadael am y tro olaf.

'Mae o'n teimlo'n fwy rhywsut. Heb stwff yn bob man,' dywedodd Dyfed, ei lais yn adleisio ar hyd y waliau gwag.

'Yndi mae o, dydi?' atebodd Magw.

Roedd 'na fodlonrwydd distaw.

'Pam ti'n meddwl nathon ni briodi?' Yfodd Dyfed swig o gwrw a'i basio i Magw.

'O'ddan ni mewn cariad. Dyna o'dd pawb yn neud, 'de? A dyna o'dd pawb yn ddeud wrthan ni neud. O'dd deg mlynadd yn teimlo mor arwyddocaol, fel bo *rhaid* i ni wneud rhywsut. I farcio neu brofi rhywbeth.'

'Ti'n difaru?'

'Dwi'm yn difaru dim o'r bywyd 'da ni 'di rannu, Dyf. Ma bod yn gariad ac yn wraig i chdi wedi dod â gymaint o falchder i mi.'

Llenwodd llygaid Dyfed â dagrau, ac wrth weld deigryn yn dianc, mi wnaeth ei llygaid hithau lenwi hefyd.

'Ditto,' meddai Dyfed.

Penderfynon nhw wahanu yn swyddogol fis ynghynt, y broses yn weddol hawddgar, y ddau yn barod i wynebu'r gwirionedd: roedd eu perthynas drosodd. Y ddau yn barod i ildio; cadoediad. Doedd 'na ddim cytundebau nac addewidion ar ôl i'w torri na'u ffurfio. Doedd 'na ddim cyfleon i'w cynnig a'u dwyn yn ôl.

'Yr unig beth dwi'n difaru ydi'r flwyddyn ddwytha 'ma a cychwyn hyn i gyd. Fy mai i 'di hyn. Ella os fyswn i heb–'

'Paid â meddwl fel'na, do's 'na ddim pwynt,' torrodd Magw ar ei draws.

'Ti'n meddwl os fysan ni 'di symud adra 'run pryd â Rob fysan ni yn y sefyllfa yma?'

Chwarddodd Magw a cheisio dychmygu hynny. 'Ella 'sa gynnon ni ddau o blant erbyn rŵan.'

Ceisiodd Dyfed chwerthin hefyd.

''Sa hyn ddim 'di digwydd os 'sa ni adra, na fysa? 'Di pobl adra ddim yn cael open relationships, nagdyn?'

'Hei, ella'u bod nhw! Be 'da ni'n wbod be sy'n mynd mlaen behind closed doors?' ceisiodd Magw.

'Hm,' meddai Dyf.

'Wel sbia ar Rob. O'dd o'n briod hefo Chrissy am 'chydig fisoedd, yn doedd?'

'Dwi'm yn meddwl na adra oedd y broblem yn fanna, rhywsut,' chwarddodd Dyfed yn ysgafn.

Roedd 'na ddistawrwydd wrth i'r ddau fyfyrio ar y sefyllfa. Gwahanu ac ysgariad oedd prif ofid Magw am mor hir, ond am gyfnod oedd yn teimlo'n hirach fyth, aros efo Dyfed oedd y boen fwyaf. Roedd eu perthynas ar ben ac roedden nhw angen derbyn hynny.

'Ond doeddan ni'm yn barod i symud adra bryd hynny, nag o'ddan?'

''Swn i rioed 'di ca'l y syniad a'n gorfodi ni i–'

''Ti'm haws meddwl fel'na,' cynigodd Magw.

''Nesh i wthio chdi fewn i hyn pan do'dda chdi'm isho, Magw.'

'Wel, do,' meddai Magw'n gytûn. 'Ond y peth ydi, Dyf, ddylwn i erioed wedi cytuno i fod mewn open relationship 'chos nid dyna o'n i isho, go iawn.'

Cymerodd swig o'r botel cyn ei phasio i Dyfed. Roedd y ffenest yn gored a sŵn y parc yn ffrydio i'r stafell.

'O'n i'n anhapus hefyd, sti. Wrth sbio'n ôl,' meddai Magw wrth edrych arno.

''Dan ni'n dau yn gwbod na fi gychwynnodd hyn. So, dwi'n sori.'

'Dwi'n madda i chdi.'

Sniffiodd Dyfed a rhwbio'i lygaid.

'A dw inna'n sori hefyd. Am bob indiscretion, am bob tro 'nes i fychanu chdi neu droi i ffwrdd, am bob tro nesh i weiddi am rywbeth gwirion, am bob tro nesh i roi Thelma neu bawb arall cyn chdi.' Cymerodd Magw saib cyn parhau. 'A dwi'n sori am ddisgyn mewn cariad efo Lars a deud clwydda am hynna i gyd. Dwi'n sori hefyd.' Roedd ei thôn yn feddalach a bron yn drist erbyn rŵan.

'Dwi'n madda i chditha am y cwbwl.'

Roedd 'na eironi yn y ffaith eu bod yn siarad yn fwy agored nag erioed ar ddiwedd eu perthynas. Dyma oeddach chi'n glywed am bobl oedd ar fin marw hefyd.

''San ni medru ailgychwyn? Llechan lân...'

'Dyfed–'

'Plis paid â deud bod hi'n rhy hwyr,' erfyniodd. 'Plis,' sibrydodd.

'Dw i 'di newid. A dwi'm–'

'Ti'm isho nago's?'

'Dwi'm ofn bod hebdda chdi ddim mwy. Nath mynd efo

Lars helpu fi ffendio'n hun mewn ffor ryfadd. Dwi'm ofn bod ar ben fy hun. A dwi'm ofn be sydd o mlaen i.'

Doedd 'na ddim newid meddwl Magw, roedd hi'n gwneud hyn iddi hi ei hun. Estynnodd ei llaw, cymryd ei law yntau a'i gwasgu.

'Am mor hir o'n i'n poeni be fyswn i'n neud hebdda chdi. Ond dwi ddim rŵan. 'Dan ni am fod yn iawn, sti.'

Nodiodd Dyfed a gwasgu ei llaw hithau'n ôl. ''Dan ni am fod yn iawn,' ailadroddodd.

Gorffennon nhw'r botel gwrw, mynd o amgylch y fflat unwaith eto fel petaen nhw yn ffarwelio gyda phob stafell yn unigol. Cerddon nhw allan o'r fflat am y tro olaf efo'i gilydd. Rhoddodd Dyfed y goriad yn y bocs wrth ochr y drws. Cofleidion nhw, y cyffyrddiad olaf.

'Diolch,' cychwynnodd Magw, ei llais hi'n torri a'i hatal rhag dweud mwy. Gwasgodd law Dyfed. 'Jest diolch.'

Nodiodd gyda gwên dan straen, dagrau yn llenwi ei lygaid ac yntau'n methu siarad. Gwasgodd Dyfed ei llaw hithau.

'Wela i di'n fuan,' gwenodd Magw wrth gamu i'r Uber.

'Wela i di'n fuan,' atebodd Dyfed.

/

Cyrhaeddodd y weinyddes efo potel o ddŵr a gwydrau a chymryd eu harcheb coffis, y ddwy ffrind dal fymryn yn nerfus yng nghwmni ei gilydd.

'And you just need to scan the QR code to access the full menu,' meddai'r weinyddes, ei llais yn codi ar y gair olaf fel petai hi'n gofyn cwestiwn. 'It's just there on the table.'

Gwenodd Magw a Thelma ac estyn eu ffonau i sganio'r côd.

'Dwi'n casáu pan ti'n goro gneud hyn,' cychwynnodd Magw.

'Ma Cofid drosodd ers pum mlynadd, dwi'm yn gwbod pam na chawn ni jest fwydlenni call. Ma hyn fel the death of propriety,' cyhoeddodd Thelma.

'Thelma, 'dan ni mewn caffi bach lawr rhyw side street yn London Bridge, nid y Ritz,' cychwynnodd Magw'n heriol.

'Ond dal, ydi hi'n ormod i ofyn am rywbeth i afael ynddo fo, dyddia yma?' atebodd Thelma, ei llygaid yn rowlio. 'Dwi'm wir isho bod ar fy ffôn, ti'n gwbod?'

Chwarddodd Magw'n hawdd. Ffliciodd y ddwy drwy'r fwydlen, yn rhannu distawrwydd bodlon.

'So... ma gen i newyddion,' cychwynnodd Magw ymhen ychydig wrth gychwyn tollti dŵr i wydr y llall.

Cymerodd Thelma swig o'i dŵr a'i ailosod ar y bwrdd yn ofalus. Roedd y caffi'n brysur, llwyth o bobl o bob oedran yn yfed flat whites ac yn bwyta tôst efo afocado. Roedd 'na fwrdd o ferched wrth eu hochr, yn siarad yn uchel am sut oedd Donald Trump ac Elon Musk yn mynd i chwalu'r byd, Magw a Thelma'n clustfeinio ar yr hyn oedd ganddyn nhw i'w ddweud wrth edrych ar y fwydlen ar eu ffonau.

'Ma nhw'n deud y gwir,' meddai Thelma. 'Ma America am ffwcio'r byd 'ma fyny, dydi?'

Swigiodd Magw ei diod a chilwenu. 'Wel, sôn am America, dwi 'di derbyn swydd yn Efrog Newydd. Contract blwyddyn i... gychwyn,' cyhoeddodd.

Gwenodd Thelma ond roedd o'n teimlo'n ffals.

'Wow, waw, do'n i'm yn disgwl hynna,' cychwynnodd, ei gwyneb ddim yn gwybod ai gwenu neu riddfan ddylai hi.

'Dwi 'di ca'l swydd efo rhyw start-up, angen rhywun i

headio fyny'r adran HR. O'n i'n meddwl 'sa hi'n braf ca'l *change*. Cliché, ynde?'

'But I just got you back, Bells,' dywedodd Thelma gan chwerthin.

Chwarddodd y ddwy, y sŵn mor bleserus. 'Plis *paid â* gneud jôc *Twilight* rŵan.'

'Dwi'm yn credu bo chdi'n mynd i Efrog Newydd, be dwi am neud hebdda chdi?'

'Fyddi di'n iawn, Thelma. Ti wastad yn iawn.'

'Pryd ti'n mynd?' gofynnodd Thelma'n ddagreuol a chodi ei bys i gongl ei llygaid.

'Mewn pythefnos. A paid â deud wrtha fi beidio mynd, 'chos dwi meddwl 'sa gair genna chdi'n newid fy meddwl,' meddai Magw, ei llygaid yn llenwi. 'O god, dwi'm isho crio, 'chos dwi isho mynd ond dwi rili ofn.'

'Iawn. O god, dwi am fethu chdi gymaint.' Dechreuodd Thelma grio hefyd. Trodd rhai o'r merched ar y bwrdd wrth eu hochr i edrych arnyn nhw wrth glywed y ddwy fymryn yn orffwyll.

'Ond New York! Waw, ma hyn mor gyffrous! Ti am fod yn yr un lle â Carrie Bradshaw a Harry a Sally! Yn y Big Apple! Fyddi di yn Manhattan yn yfad Manhattans.'

'Fydd raid i ni feddwl am yr holl betha ti isho gneud yn Llundain y bythefnos nesa 'ma,' ceisiodd Thelma.

'A fydd raid i chdi ddod i 'ngweld i yn New York. Ella fedri di weld Dwight hefyd,' ceisiodd Magw.

'O dwi'm yn meddwl fydda i'n gweld Dwight byth eto.'

'Pam?'

'Mae o'n briod, dydi? Fysa hynny'n ddiegwyddor,' heriodd Thelma. 'A dwi'n gweld rhywun, acshli.'

Gwenodd Magw a dechrau chwerthin yn hapus.

'Dim Charlie?' heriodd.

'Ha, nage. Nathon nhw adal noson y parti, never to be seen again, diolch byth! Ond dal tecstio bore Llun yn gofyn i mi dransffyrio can punt am y Coke. O'dd hynna'n eitha tragic. Sôn am y parti...' cychwynnodd Thelma, gan gyfeirio at yr eliffant yn y stafell o'r diwedd. 'Dwi'n sori am bob dim 'nes i ddeud.'

'A fi. Dwi'm yn gwbod be ddoth drosta fi a dwi'm yn gwbod pam 'nes i ddeud y petha 'na 'chos dwi'm yn golygu nhw o gwbwl,' estynnodd Magw ei llaw ar hyd y bwrdd, ei llais yn cracio fymryn. 'O'n i'n uffernol efo chdi. A do'dda chdi'm yn haeddu hynny o gwbwl. Dwi wir jest mor, mor sori.'

Daeth y weinyddes efo'u coffis ac i gymryd eu harcheb.

'Can we have a few more minutes to order our food please?' gofynnodd Thelma. Trodd yn ei hôl at Magw. 'Dwi'm yn gwbod pam 'nes i ddeud be 'nes i ddeud chwaith. O'n i isho brifo chdi 'chos o'n i'n brifo gymaint. O'n i'n un coctel o gyffuria ar y pryd a dwi'm yn gwbod... O'n i jest mor conffiwsd pam fod Dyf 'di deud wrth Rob am briodi Chrissy, a dwi dal ddim yn dallt, dwi dal *methu* dallt ond dwi 'di symud ymlaen rŵan. Neshi'm ymateb yn y ffor ora i'r holl sefyllfa.'

'Neshi'm ymateb yn dda chwaith,' meddai Magw'n ddagreuol eto.

'Ti'n gwbod be sy 'ngha'l i?' gofynnodd Thelma ymhen ychydig. 'Ein bod ni mor debyg ac erioed wedi sylwi.'

Chwarddodd Magw, yn dosturiol wrth roi gwasgiad i law Thelma.

'Pam 'nest di'm deud wrtha fi bo chdi'n gwbod? Am be ddeudodd Dyf wrth Rob ar fore'r briodas?' gofynnodd Thelma.

Datododd eu dwylo. Estynnodd Thelma am baced o siwgr brown fel fod ganddi hi rywbeth i wneud a gwasgarodd 'chydig o'r cynnwys ar dop ei flat white.

Cymerodd Magw swig o'i choffi. Ochneidiodd, yn methu edrych i lygaid Thelma.

'Mi o'n i isho, ond o'dd Dyfed 'di gofyn i mi beidio, ag o'n i'n meddwl os fyswn i'n medru cadw hyn oddi wrtha chdi o'ddo'n ryw symbol mod i a Dyf am fod yn iawn. Fatha am unwaith mi o'n i'n medru bod ar ei ochr o fwy nag o'n i ar dy ochr di,' dywedodd Magw. 'Ond. Dwi'm yn gwbod, o'dd hynna'n feddylfryd hollol wirion, doedd? A wedyn bob tro o'n i'n meddwl mod i'n mynd i ddweud wrtha chdi o'n i'n meddwl am Dyf a mor flin fysa fo. Ag o'n i jest yn meddwl os fyswn i'n medru gneud yr *un* peth bach yma fysa bob dim arall yn amherthnasol.'

Gwenodd Thelma'n drist.

'Sut mae Dyf?' holodd Thelma.

''Dan ni heb gysylltu rhyw lawer ers i ni adael y fflat. Am y gora dwi'n meddwl. Do'dd petha ddim yn grêt yn diwadd.'

'Glywish i amball i beth. Dy fam 'di deud wrth Liz... ti'n gwbod fel ma pobl adra'n siarad. Be ddigwyddodd?'

'Nathon ni drio gweithio drw petha ond o'dd y berthynas jest 'di torri lawr. O'ddan ni'n ffraeo o hyd, cysgu mewn stafelloedd gwahanol. A dwi'n meddwl o'dd o'n rhyddhad pan nathon ni gytuno i wahanu. Nathon ni gofio bo ni'n caru'n gilydd! Ond o'ddan ni'n fwy o ffrindia erbyn diwadd, o'dd Lars 'di gneud i mi sylweddoli hynny.'

'Dwi'n dallt. Lle mae Dyf 'di mynd, ta?' gofynnodd Thelma.

'Mae o 'di ca'l batchelor pad yn St John's Wood,' meddai Magw a chymryd swig o'i choffi.

'Ella neith o ga'l y dyrchafiad 'na o'r diwadd rŵan,' heriodd Thelma.

'Ma 'na ran ohona i'n meddwl na dyna pam fod o 'di deud wrth Rob i briodi Chrissy y bore hwnnw, sti. I ga'l one-up arna chdi. Oedd o mor genfigennus ohonat ti ond 'nes i rioed wynebu hynny. Neshi rioed gymryd arnaf.'

'Ti meddwl?' gofynnodd Thelma.

'O'n i'm yn dallt. O'dd o'n deud o hyd na gwarchod Rob oedd o, ond dwi'n meddwl na gwarchod ei ego ei hun oedd o. O'dd o wastad yn genfigennus o' chdi, dy swydd di, perthynas ni, a wedyn o'dd 'na risg bo ti am gymryd Rob hefyd–'

'Ma hynna mor wirion, 'chos 'neshi rioed feddwl am Rob a fi *hebdda* chdi a Dyf. Yn 'y mhen i mi oedd o wastad yn rhywbeth efo'n gilydd,' cododd Thelma ei breichiau'n anobeithiol.

'Mi oedd Dyf mor... ansicir, mewn ffor wahanol i fi, ond dwi'm yn meddwl 'neshi helpu dros y blynyddoedd. A dwi'n meddwl o'dd yr open marriage i fod yn ffor iddo deimlo bod rhywun... isho fo. Dwi'm yn gwbod os 'di'r ddau beth yn gysylltiedig ond...' meddai Magw, yn methu gorffen ei brawddeg, yn edrych ar ei choffi, yr ewyn wedi troi'n swigod.

'Ti'n gwbod be? O'n i'n ama bo chdi'n anhapus. Ond do'n i'm isho chi orffan 'chos 'sa hynny'n newid gymaint... yn hunanol, do'n i ddim isho i betha newid 'chos ella 'sa hynny'n cau'r drws ar Rob a fi hefyd,' chwarddodd Thelma'n dosturiol. 'Sydd yn amlwg yn hurt bost.'

'Fyswn i'm 'di gwrando os fysa chdi 'di deud unrhyw beth. Difôrs o'dd y peth gwaetha i fi ar y pryd,' meddai Magw.

'Ia, ond ella fyswn i wedi medru... dwi'm yn gwbod. Helpu chdi 'chydig mwy... A be am Lars?'

"Neshi orffan efo fo hefyd. Wel, *technically*, fo wnaeth orffan efo fi 'chos fod o isho... mwy. A mi o'n i isho... rhyddid? O'n i'n meddwl mod i'n caru Lars ond dwi'n meddwl na caru... rwbath arall o'n i.'

'Pam 'nest di'm deud wrtha i bo chdi'n dal i' weld o?' holodd Thelma, ei llaw yn crwydro i rwbio ei gwâr.

Gollyngodd Magw wynt dwfn cyn ateb. 'Ofn be 'sa chdi'n ddeud, ofn gwynebu be o'n i'n neud, ofn gwynebu mod i'n hypocrite. Sori. Pam 'nest di'm deud bo chdi a Dyf yn gwbod cyn y parti?'

'Ofn be 'sa chdi'n ddeud,' heriodd Thelma. 'Dwi'n meddwl o'n i'n meddwl 'sa chdi'n deud wrtha i pan odda chdi'n barod.'

'Sori–' cychwynnodd Magw.

'Sdim rhaid i chdi ymddiheuro, Mags.'

A doedd dim rhaid i'r naill ddweud mwy am y sefyllfa, y maddau wedi digwydd ers misoedd yn barod.

Daeth y gweinydd yn ei hôl i ofyn beth oeddan nhw eisiau i fwyta.

'Be ti am ga'l i fwyta?' gofynnodd Magw. 'Dwi am ga'l y grempog hefo compot a iogwrt.'

'Dwi am ga'l wy a salmon,' dywedodd Thelma.

Cymerodd y gweinydd eu harcheb a cherdded tua'r gegin.

'So ti'n nabod divorce lawyer da?' gofynnodd Magw gyda chwerthiniad.

'Gei di mates rates gen i,' heriodd Thelma.

'God hyd yn oed efo mates rates dwi'm yn meddwl fyswn i'n medru dy fforddio di! So, llai amdana fi. Deud, pwy ti'n weld?' holodd Magw.

Edrychodd Thelma tua'r bwrdd a chwerthin yn swil.

Gwenodd Magw a gwasgu llaw Thelma. Dechreuodd y

ddwy chwerthin, llawenydd pur yn cymryd drosodd. Wrth gwrs fod Magw'n gwybod.

/

Doedd Thelma ddim wedi meddwl y bysa hi adref mor hir, ond roedd 'na rywbeth braf am fod yn ei chartref, am gael cyfle i fod efo Liz. Doedd hi ddim wedi meddwl rhyw lawer amdani'n heneiddio, y syniad wedi troi'n fwy o realiti wrth dreulio mwy o amser efo hi. Cawson nhw rwtîn yn handi, yr undonedd yn gysurus i Thelma. Dechreuodd fyw a gweithio yn Llundain ddechrau'r wythnos a gweithio adref o dŷ Liz weddill yr wythnos, ei rhelowr yn hapus os oedd o'n golygu ei bod hi'n osgoi 'burnout' arall. Roedd ei gwaith wedi bod yn rhyfeddol o dda gyda hi ar ôl y digwyddiad, Dwight heb ddweud gair wrth neb a Thelma'n dechrau credu ynddi ei hun fwy wrth i'r dyddiau fynd heibio. Roedd 'na lot o gerdded ar hyd y traeth a holi Liz am y math o berson oedd ei mam. Nosweithiau ar y soffa yn gwylio'r teledu neu'n gwrando ar *The Archers*. Cychwynnodd ddarllen llyfrau am wleidyddiaeth y dwyrain canol. Cyrhaeddodd ryw le o dderbyniaeth ynglŷn â'r ffaith ei bod hi'n defnyddio dynion ac alcohol yn bennaf i drio dianc o'i bywyd a'i phoendodau. Cychwynnodd gael therapi. Perswadiodd Liz i fynd i ddosbarthiadau pilates gyda hi. Anghofiodd am y pethau oedd ddim ganddi a ffocysu ar yr hyn oedd yn gwneud ei bywyd mor llachar a chyfoethog. Roedd ei dyddiau'n llonyddach, ei meddwl yn arafach. Ac roedd hi'n hapusach.

Un prynhawn, roedd Liz a hithau wedi bod yn siopa yn y dref, y ddwy'n cerdded â'u neges i fewn i'r tŷ, Begw yn eu croesawu o'r portsh.

'Hei,' meddai llais roedd hi heb ei glywed ers talwm.

Trodd Thelma, ac yno roedd Rob yn sefyll yn y dreif. Edrychodd arno a'i gymryd i fewn. Oedd bosib ei fod o wedi tyfu? Roedd o'n ymddangos yn dalach. Roedd ei ysgwyddau yr un mor llydan a'i wên yr un mor gyfarwydd ond roedd 'na dristwch wedi llygru ei fynegiant, bron nad oedd o'n edrych yn hapus o gwbwl. Dyma'r dyn oedd wedi torri ei chalon a gyrru ebost iddi yn ceisio egluro pam ychydig fisoedd yn ddiweddarach. Deffrôdd y pili palas yn ei bol, fel oeddan nhw bob tro roedd hi'n ei weld. Cwffiodd y wên oedd yn bygwth ymddangos ar ei hwyneb ond waeth iddi heb. Dechreuodd Liz chwerthin wrth ei hochr.

''Na'i fynd â'r neges i fewn,' meddai wrth gymryd bagiau Thelma a rhoi gwasgiad ysgafn i dop ei braich. 'Helô, ers talwm, Rob,' dywedodd gyda gwên hael.

Dyma'r dyn oedd wedi bod yn gyson ddigroeso yn ei bywyd ers blynyddoedd. Am mor hir roedd teimladau Thelma tuag ato wedi bod yn rhywbeth oedd yn codi cywilydd arni, bron nad oedd hi'n barod i gyfaddef ei bod hi'n ei garu o. Ac yna roedd o wedi gwneud iddi deimlo bod yr hyn oedd hi'n ei deimlo, yr hyn oedd hi eisiau y tu hwnt i'w gafael. Fel petai'r hyn roedd hi'n ddymuno – sef bod efo Rob – yn gysyniad ffôl. Er gwaethaf ei hun, roedd hi'n gwenu wrth gerdded tuag ato, y dicter yn anweddu i ryw fath o dderbyn.

Safodd Thelma o flaen Rob, yn chwerthin yn gwbwl ostyngedig. Dechreuodd yntau wenu. Ac yna rhywsut neu'i gilydd dechreuon nhw chwerthin yn ysgafn. Ac roedd 'na rywbeth heintus am y ffordd roedd ei lais dyfn yn codi'n uwch gyda phob chwerthiniad. Doeddan nhw ddim yn medru stopio, yr effaith yn gorfforol, yr endorphines yn gwneud i'w cyrff blygu. Roedd Thelma eisiau estyn ei llaw i gyffwrdd Rob, yntau'n gwneud hynny'n reddfol, fel petai eu meddyliau'n gysylltiedig. Gorffwysodd ei law ar dop ei braich, ei fawd yn symud i fyny ac i lawr.

'Helô,' dywedodd Thelma gyntaf, ei llais bron yn gerddorol wrth yngan yr un gair yna.

'Helô,' dywedodd Rob.

'Pam ti'n chwerthin?' gofynnodd hi.

'Pam *ti'n* chwerthin?' gofynnodd yntau.

''Chos dwi'n...' ystyriodd Thelma fflyrtio neu chwarae'r hen gêm. Ond setlodd ar onestrwydd am unwaith. 'Dwi'n hapus i dy weld di.'

'Dw inna hefyd,' gwenodd yntau wrth gamu yn agosach ati. 'Dwi'n ofnadwy o hapus i dy weld di.'

'Be ti'n neud yma?' holodd Thelma.

'Dwi'm yn hollol siŵr, ond nath Dyf ddeud bo' chdi adra ers sbel... a wedyn 'neshi jest neidio i car.'

'Ti'n iawn?'

Roedd 'na ddistawrwydd wrth i Rob ystyried ei ateb.

'Dwi mor sori, Thelma. Am bob dim.'

Edrychodd arno, yn ei jeans blêr, a fflachiodd yr holl flynyddoedd drwy ei phen – cyfarfod, yr amseroedd roeddan nhw wedi bod efo'i gilydd, yr holl amseroedd ar wahân. Yr amseroedd roedd hi wedi'i gasáu o, i gyd am ei bod hi'n garu fo.

''Nest di rili brifo fi, Rob,' dechreuodd Thelma, ei llais bron â thorri.

'Dwi'n gwbod. A dwi'n gwbod mod i'm yn haeddu maddeuant. Dwi 'di gneud lot o gamgymeriadau dros y blynyddoedd. A dwi 'di bod yn ofnadwy efo chdi dros y flwyddyn ddwytha 'ma. Gwaethaf oll, priodi Chrissy yn amlwg. O'n i'n gwbod mod i'm isho, ond 'nes i dal wneud.'

'Dwi 'di gneud camgymeriadau hefyd–'
'Dim gymaint â fi.'
'Naddo,' cytunodd Thelma.

'O'n i'n gachwr bore'r briodas,' cychwynnodd Rob, ei lygaid yn syllu i lygaid Thelma. 'A dwi'n methu credu mod i wedi bod mor... *wan*. 'Chos o'dd priodi Chrissy gymaint haws na gwynebu be o'n i'n deimlo tuag ata chdi. A dwi'n casáu fy hun. A dwi jest... dwi wir isho profi i chdi mod i'n medru bod y dyn sy'n haeddu chdi.'

'Dwi rioed 'di teimlo mod i'n haeddu chdi,' edrychodd Thelma tua'r llawr.

'Wel ma hynny'n deud mwy amdana i a'r ffor dwi 'di bod 'swn i'n ddeud,' meddai Rob yn ostyngedig. 'Fi 'di'r un sy'm yn haeddu chdi.'

Ystyriodd y ddau beth oedd am ddigwydd nesaf, yn aros i'r llall ddweud rhywbeth gyntaf.

'Tisho dod fewn?' gofynnodd Thelma, ei gwên yn llydan. 'Ma Liz yna yn amlwg ond–'

'Fyswn i wrth fy modd.'

'A finna.'

Y Dyfodol
(Pen Llŷn)

Mae'r awyr yn stremps tew o gandi fflos dros Ynysoedd Sant Tudwal a'r haul yn simsanu mymryn ar ôl diwrnod hir o daflu gwres a goleuni ar y dref. Mae'r ddwy'n eistedd ar y traeth, eu hoff draeth yn y byd, yn edrych allan ar yr olygfa, y môr yn llonydd ac ambell i berson yn dal yn nofio, yn ceisio gwasgu pob eiliad o'u Sul.

'Ti meddwl 'nei di aros?' hola Thelma. 'Ma Efrog Newydd yn dy siwtio di.'

'Ti'n meddwl? Dwi'n dlotach nag o'n i'n Llundain yna, dim math o savings na gobaith prynu nunlla,' dyweda Magw. 'Mam a Dad yn meddwl mod i'n rhedeg i ffwr ac yn gwastraffu amser. Dim sôn am bartner sefydlog.'

Mae Thelma'n chwerthin. 'Tydi cynnydd ddim wastad yn gysylltiedig efo cyfoeth neu cael partner, sti. Ti weld gymaint hapusach hyd yn oed os wyt ti'n dlotach,' heria Thelma.

Myfyria Magw am ennyd, cysur yn sŵn y tonnau'n torri ar y traeth. Dyma'r tro cyntaf iddi fod ym Mhen Llŷn ers dros flwyddyn, y sŵn yn ei llonyddu a'i daearu. Mae ambell i grŵp arall wedi eu gwasgaru ar hyd y traeth, y rhain hefyd yn gwasgu pob eiliad posib o olau dydd, ambell un dewr yn nofio, ambell un yn tanio'u barbeciws. Mae'r traeth wedi parhau i brysuro dros y blynyddoedd, ond pwy all feio'r bobl hyn am heidio i le mor brydferth?

'Dwi'n licio bywyd yna. Dwi'n licio'r ffaith bod 'na ddim

hanes o gwbwl yna sy'n ymwneud efo fi. Ma 'na gymaint yn mynd mlaen, ga'i fod yn pwy bynnag dwi isho bod. Ma pawb mor grêt yna. Dynion cŵl,' chwertha. 'A hot.'

Mae Magw'n ysgafnach y dyddiau yma, ysgariad wedi achosi iddi roi'r gorau i orbryderu am yr hyn oedd pobl eraill yn feddwl ohoni. A bod ar ei phen ei hun wedi rhoi gofod iddi dyfu, neu gychwyn tyfu i fod y person oedd hi wastad eisiau bod.

'Fyswn i jest yn licio os 'sa chdi yna efo fi.'

'Ti mor sentimental heddiw, Mags,' chwardda Thelma.

'Dwi'n siriys!'

''Swn i'n licio hynna hefyd. Ond yn amlwg ma petha 'di newid i finna,' chwertha Thelma wrth afael yn ei bol crwn.

'Ti meddwl 'nei di aros?' gofynna Magw'n bryfoclyd. 'Ma fama'n dy siwtio ditha.'

Maen nhw'n chwerthin, y syniad y bysa Thelma yn symud rŵan yn ddoniol iddyn nhw. A rhywle yn ei hisymwybod mae'r syniad mai Thelma ydi'r un sydd adra yn ddigri iddyn nhw hefyd. Ond rhywsut roedd hyn yn gwneud synnwyr.

'Rhyfadd 'di bywyd, ynde? 'Neshi erioed ddychmygu hyn i fi fy hun.'

Mae'r ddwy'n gwenu, y naill yn hapus dros y llall, er mor anwadal oedd bywyd yn ymddangos, pethau'n digwydd heb batrwm iddyn nhw.

'Ma hi'n bechod na dim cyfeillgarwch ydi canolbwynt bywyd, dydi?' dyweda Magw.

Mae Thelma'n myfyrio 'chydig cyn ateb ac yn rhedeg ei bysedd drwy'r tywod; 'Mae o wastad wedi bod yn ganolbwynt fy mywyd i, jest dim i gymdeithas.'

'Ac ella ddim rŵan,' meddai Magw gan edrych allan tua'r môr, gyda gwên hapus ar ei hwyneb.

'Dwi o ddifrif. 'Neshi erioed ama chdi. *Ni. Hyn*,' meddai Thelma gan estyn ei llaw i gyffwrdd Magw. 'Dwi rioed 'di mynd yn ffed up ohona chdi.'

'Pwy sy'n sentimental rŵan?' chwertha Magw.

Mae Thelma'n oedi cyn ateb. 'Dwi'n gwybod bod petha wedi newid i mi rŵan, a mod i'n swnio fel hypocrite yn deud hyn, ond ma hi'n ddoniol sut ma cymdeithas yn neud i chdi feddwl na'r berthynas bwysica ydi'r un efo dy bartner–'

'A cael perthynas rywiol efo'ch gilydd!'

'Ond ma hynna'n wirion, dydi, 'chos 'dan ni rioed 'di ca'l secs a 'dan ni 'di bod yna i'n gilydd fwy na neb arall.'

'Ella na dyna pam bo ni'n ffrindia mor dda, 'di'r secs erioed 'di bod yn issue i ni,' chwarddodd Magw.

Dechreuodd Thelma chwerthin. 'A mae o wedi bod yn *gymaint* o issue i fi a Rob, so o'ddan ni *methu* bod yn ffrindia am mor hir.'

'Sbia ni, yn ein tridegau ac yn *dal* i siarad am Rob Jones,' chwardda Magw.

Chwardda Thelma, 'Mi fyddan ni'n siarad amdano fo am byth, mae'n siŵr, byddan?'

Maen nhw'n eistedd yno, yn mwynhau'r olygfa. Nid dyma'r lle sydd wedi eu diffinio, mae'n rhan ohonyn nhw, yn union fel maen nhw'n rhan o'i gilydd, am byth. Maen nhw wedi eu gwreiddio i'r lle yma, dim ots pa mor bell fyddan nhw'n mynd; maen nhw wedi eu gwreiddio i'w gilydd.

'Ma'n dod i fyny o hyd, dydi: sut ti'n comitio i rywun sydd *ddim* yn bartner i chdi? Do's 'na ddim fframwaith. Ma pobl automatically yn rhoi ffrindia yn is ar y list, pan ti'n ffendio rhywun i fod efo nhw, yn rhamantus,' dyweda Magw wrth edrych ar Thelma.

'God, o'n i'n meddwl am hyn gymaint ers talwm,' chwertha

Thelma. 'A be ydi dy rôl di mewn bywyd os oes gen ti ddim partner? Pam bo ni'n ca'l 'yn magu i feddwl na priodi ydi'r peth pwysica fedri di wneud? A dwi'm yn dweud bod o ddim yn bwysig, ond god, ma 'na betha erill ma pobl yn wneud yn haeddu eiliad o gydnabyddiaeth weithiau.'

Maen nhw'n gadael i'r geiriau luwchio rhynddynt am 'chydig, sŵn ambell i chwerthiniad o ben arall y traeth, ambell i wylan yn crawcian uwchben.

'Gobeithio 'nes i rioed neud i chdi deimlo... dwi'm yn gwbod. Yn llai pwysig i mi.'

Mae Thelma'n rhoi ei phen ar ysgwydd Magw.

'Weithia, ond doedd hynny ddim byd i neud efo chdi, dwi'm yn meddwl,' meddai Thelma.

Edrycha Magw ar ei ffrind, 'Dwi'n sori os dwi 'di cymyd chdi'n ganiataol. A dwi'm yn deud mod i *byth* isho ca'l partner eto, ond dwi jest isho chdi wbod mor bwysig wyt ti i mi.'

'Ti'n bwysig i fi hefyd.'

Maen nhw'n edrych yn eu blaenau, ar yr ewyn yn casglu ar y tywod. Mae'r awyr yn biws-binc erbyn hyn. Maen nhw'n gwybod mor bwysig ydyn nhw i'w gilydd.

'Dwi'n siŵr fydd swpar yn barod mewn 'chydig bach, fysa hi'n well i ni gychwyn am adra,' dweda Thelma. 'Helpa fi fyny,' meddai wrth estyn ei breichiau.

Chwardda'r ddwy wrth i Magw ei helpu fyny. Maen nhw'n meddwl am y dyfodol yn aml: lle fyddan nhw, pwy fyddan nhw, pwy arall fydd efo nhw, pwy fydd wedi eu gadael? Maen nhw'n meddwl am stad y byd a chreulondeb dyn; maen nhw'n poeni am y ddaear fyddan nhw'n ei gadael i'w plant.

Tydyn nhw ddim yn meddwl am hapusrwydd fel cyflwr parhaol, maen nhw'n ymwybodol bod sbectrwm i hapusrwydd. Ac maen nhw'n gwybod bod pobl eraill yn gallu ychwanegu at hapusrwydd yr unigolyn ond ei bod hi'n bwysig i sicrhau eich hapusrwydd eich hun hefyd. Yr eiliad hon, wrth gerdded efo'i gilydd ar eu hoff draeth, eu cyrff yn cyffwrdd yn ysgafn, yn edrych allan ar y tonnau yn torri ar y lan, maen nhw *mor* hapus.

Ydyn, maen nhw mor hapus.

Diolch:

I'r Cyngor Llyfrau am eich cymorth ariannol wrth ddod â *mor hapus* i'r byd, a diolch i Lenyddiaeth Cymru am eich cefnogaeth dros y blynyddoedd diwethaf. Mae eich anogaeth wir yn galonogol.

I holl staff y Lolfa am eich gwaith caled a'ch cydweithrediad.

Diolch anferth i Meleri Wyn James am dy lygaid craff a gonestrwydd wrth olygu'r nofel ac am fy atgoffa bod darllenwyr angen mymryn o obaith i ddal arno!

Mawr iawn yw fy niolch i'r orwych Elin Gruffydd am adael i mi ddefnyddio ei ffotograff ar y clawr blaen a diolch i Non a Sian am adael i mi ddefynyddio'r llun ohonoch yn Malaga fis Ebrill, 2025 – mae'n cyfleu gymaint i mi: harddwch, difrifoldeb, doniolwch, pleser, poen ac yn adlewyrchu'r holl emosiynau sy'n medru bodoli rhwng dwy ffrind ar yr un amser.

I'r ffrindiau ddaru drafod y cymhlethdodau a'r llawenydd o fod mewn perthnasau agored gyda mi – ddaru ethical non-monogamy ddim gweithio i'r cymeriadau yma ond mae'n gweithio i lawer.

I Elin Wyn Jones am dy sgwrs am ewyllysiau a trusts ac i Elin Hughes am dy sgwrs am y gyfraith a'r system hyfforddi. Fy ngwallau i yw unrhyw rai sydd ynghlwm â'r pynciau hyn.

I'r ddwy Elin (fy chwaer a Babs) am fod yn ymgynghorwyr plot penigamp pan o'n i'n gweithio ar ddrafftiau cynnar o'r llyfr yn Huntspill Street. Dwi'n gwerthfawrogi'r holl drafodaethau am Rob Jones – *wrth gwrs* mai fel yna oedd ei stori am weithio allan.

I fy narllenwyr cyntaf: Brennig Davies, Alaw Hughes, Mirain Povey, Eiri Sion, Alys Williams, am eich geiriau caredig, am ateb fy nghwestiynau (lu!), am gynnig newidiadau ac am dawelu fy meddwl. Ac i Mared Llywelyn – dwi'n andros o ddiolchgar i ti am y dyfyniad bachog ar gyfer y clawr ac am helpu hefo'r broliant.

Marged Tudur, fydd 'diolch' *byth* yn ddigon i ti am dy gefnogaeth. Dwi'n ddiolchgar i ti am y sylwadau ar ddrafft cyntaf *mor hapus* ddaru'n sicr wneud y drafft olaf gant gwaith yn well. Diolch am dy haelioni, dy gyfeillgarwch, am fy annog a fy ngwthio – ni fyddai'r nofel hon, na *Sgen i'm Syniad* mae'n debyg, yn bodoli hebddat ti.

Mae ysgrifennu nofel yn waith ynysig, myfyriol ac unig ar brydiau, felly dwi'n ddiolchgar i'r bobl gig a gwaed sydd wedi gwneud yn siŵr bod fy mywyd ar y ddaear yn llawn hwyl, chwerthin, cerddoriaeth, paneidiau te, prydau bwyd, poteli gwin, tripiau i wledydd pell, priodasau a phartis bythgofiadwy. A diolch yn enwedig i Mirain ac aelodau'r Squad Squat am wneud yn siŵr mod i'n parhau i edrych ar ôl fy hun.

Dwi'n ffodus iawn o fy nheulu, sydd wastad yn gefn i mi. Diolch i Mam, Dad, Elin a Gwion am fod mor chwilfrydig a disgwylgar – newch chi byth wybod faint mae eich cefnogaeth a'ch cariad diamod yn ei olygu.

Diolch i'r holl gyplau hapus yn fy mywyd sydd wedi ei gwneud hi'n hawdd i ysgrifennu am gwpl sydd ddim yn hapus. Mi ydach chi'n cadw fy ffydd bod cariad rhamantus yn gwbl gyraeddadwy.

Yn olaf, diolch i'm ffrindiau agosaf am fy ngrymuso a'm hysbrydoli – fy hoff stori gariad, am byth.

Hefyd gan yr awdur:

£9.99

Hefyd o'r Lolfa:

£10.99

£9.99

£9.99

Casglu Llwch

Georgia Ruth

y Lolfa

£9.99